साध्वी ऋतंभरा
और
श्रीरामजन्मभूमि आंदोलन

साध्वी ऋतंभरा
और
श्रीरामजन्मभूमि आंदोलन

देवेंद्र शुक्ल

प्रभात
प्रकाशन

प्रकाशक
प्रभात प्रकाशन प्रा. लि.
4/19 आसफ अली रोड, नई दिल्ली–110002
फोन : 011–23289777 • हेल्पलाइन नं. : 7827007777
इ-मेल : prabhatbooks@gmail.com ❖ वेब ठिकाना : www.prabhatbooks.com

संस्करण
प्रथम, 2024

पेपरबैक मूल्य
तीन सौ रुपए

मुद्रक
आर–टेक ऑफसेट प्रिंटर्स, दिल्ली

SADHVI RITAMBHARA AUR SHRIRAMJANMABHOOMI ANDOLAN
by Shri Devendra Shukla

Published by **PRABHAT PRAKASHAN PVT. LTD.**
4/19 Asaf Ali Road, New Delhi-110002

ISBN 978-93-5521-728-8

₹ 300.00 (PB)

मनोगत

'अयोध्या' अर्थात् जहाँ कभी युद्ध नहीं हुआ हो। ऐतिहासिक तथ्यों के अनुसार वर्ष 1528 में अयोध्या पर बाबर की सेना द्वारा आक्रमण किए जाने से पहले यहाँ कभी युद्ध नहीं हुआ, परंतु इसके बाद लगभग साढ़े चार शताब्दियों तक अयोध्या ने कुल 77 युद्धों या संघर्षों को देखा। विडंबना यह कि अयोध्या में अपने आराध्य मर्यादा पुरुषोत्तम प्रभु श्रीराम की जन्मस्थली पर पूजन-अर्चन का अपना स्वाभाविक अधिकार प्राप्त करने के लिए हिंदू समाज को चार सौ इक्यानबे वर्षों का संघर्ष करना पड़ा, यह तथ्य सारे विश्व को आश्चर्यचकित करता है। कोटि-कोटि हिंदुओं के देश में अपने रामलला की जन्मभूमि से एक तथाकथित 'मजहबी कब्जे' को हटाकर मंदिर बनाने के लिए लाखों रामभक्तों को अयोध्या में बलिदान देने पड़े, यह आश्चर्य तो है ही।

ईसवी सन् 1528 के जून माह से आरंभ हुआ यह संघर्ष विभिन्न युद्धों, संघर्षों और कानूनी गलियारों से होता हुआ अंततः 9 नवंबर, 2019 के दिन अपने सुखद अंत को प्राप्त हुआ, जबकि भारत के माननीय सर्वोच्च न्यायालय की संविधान पीठ पर विराजमान होकर चीफ जस्टिस माननीय श्री रंजन गोगोई के साथ जस्टिस माननीय श्री एस.ए. बोबड़े, जस्टिस माननीय श्री डी.वाई. चंद्रचूड़, जस्टिस माननीय श्री अशोक भूषण, जस्टिस माननीय श्री एस.ए. नजीर ने अयोध्या के इस संपूर्ण विवादित भूखंड को विराजमान रामलला के स्वामित्व में घोषित करते हुए उन्हें सौंपा। यह एक ऐसा दिन था, जो इस बात का परिचायक है कि जन-जन के मन में बसी हुई उनकी शाश्वत आस्था को रौंदने का प्रयास अंततः उसी रूप में सामने आता है। चार सौ इक्यानबे वर्षों

तक अपने आराध्य मर्यादा पुरुषोत्तम प्रभु श्रीरामचंद्र की जन्मभूमि पर उनका भव्य मंदिर और स्वतंत्रतापूर्वक पूजा-अर्चना का अधिकार प्राप्त करने के लिए हिंदुओं ने अप्रतिम बलिदान दिए। अपने ही देश में अपनी आस्था के लिए चले इस लंबे संघर्ष में लाखों जिंदगियाँ राम देहरी पर न्योछावर हो गईं। अंततः धैर्य का बाँध टूटा और हिंदू जन-ज्वार में पाँच शताब्दियों पुराना वह बाबरी कलंक देखते-ही-देखते ढह गया। वह जैसे बलपूर्वक बनाया गया था, ठीक वैसे ही ढहा दिया गया। कुछ लोग कहते हैं कि यह ध्वंस गलत था, लेकिन विचारणीय बिंदु है कि यदि यह ध्वंस न हुआ होता तो श्रीराम का जन्मस्थान हिंदुओं को कभी नहीं मिलता। ध्वंस होने के बाद ही उस स्थान पर पुरातात्त्विक प्रमाणों की खोज में खुदाई हो सकी और वहाँ से प्राप्त प्रमाणों के आधार पर ही यह सिद्ध हो सका कि उस ढाँचे के नीचे एक विशालकाय मंदिर की संरचना दबी हुई है, अर्थात् वह ढाँचा किसी खाली जगह पर नहीं, बल्कि मंदिर तोड़कर ही उस पर बनाया गया था।

9 नवंबर, 2019 एक ऐसे ऐतिहासिक दिन के रूप में स्मरण रखा जाएगा, जिसने सारे विश्व में भारत की न्याय प्रणाली के प्रति विश्वास उत्पन्न किया है। विश्व के करोड़ों हिंदू भारत के उच्चतम न्यायालय के प्रति सदैव आभारी रहेंगे, जिसने एक संतोषजनक कानूनी प्रक्रिया के बाद श्रीरामजन्मभूमि-बाबरी मसजिद का विवादित स्थल श्रीरामलला विराजमान को सौंपने का आदेश दिया। रामलला विराजमान की ओर से केस लड़ रहे वकील श्री परासरन ने अपनी 92 वर्ष की आयु में अत्यंत ही परिश्रमपूर्वक जिस प्रकार हिंदू आस्थाओं और जन्मभूमि के प्रमाणों को न्यायालय में प्रस्तुत किया, वह वंदनीय होकर अविस्मरणीय रहेगा। इस निर्णय के बाद सारे देश में अभूतपूर्व सांप्रदायिक सौहार्द दिखाई दिया। न तो कहीं प्रसन्नता का उन्माद था और न ही कहीं हताशा की हिंसा। हिंदुओं और मुसलमानों, दोनों का ही धैर्य अनुकरणीय है। उच्चतम न्यायालय के मुख्य न्यायाधीश श्री रंजन गोगोई सहित पंच परमेश्वर ने भारत की आस्था का जो सम्मान किया, वह हमारी न्याय व्यवस्था का स्वर्णिम इतिहास है। इस संपूर्ण प्रक्रिया में अपनी प्रबल राजनैतिक इच्छाशक्ति का प्रदर्शन करने वाली मोदी सरकार अपनी भूमिका के माध्यम से सदैव ही हिंदू जनमानस में बनी रहेगी।

'अयोध्या विवाद' की इन साढ़े चार शताब्दियों को यदि बारीकी से देखा जाए तो इसका निराकरण केवल हिंदू समाज की आपसी फूट और वोटों की राजनीति में मुस्लिम तुष्टीकरण के चलते अटकता और भटकता रहा। पहले ब्रिटिश साम्राज्य ने इस मुद्दे को हिंदू-मुस्लिम एकता खंडित करते रहने वाले औजार के समान प्रयोग किया और उसके बाद यही औजार भारतीय राजनीतिज्ञों के हाथ लगा, जिससे थोकबंद वोटों की फसलें काटी जाती रहीं। यही कारण था कि वर्षों से चले आ रहे इस विवाद को वर्ष 1858 के मार्च महीने में अयोध्या के तत्कालीन मौलवी आमिर अली ने श्रीराम जन्मस्थान का स्वाभाविक अधिकार अपने हिंदू भाइयों को दे देने के लिए बाबा रामचरणदास के साथ एक समझौता किया तो अंग्रेज अधिकारियों ने उन दोनों को अयोध्या के 'कुबेर टीला' स्थित इमली के पेड़ पर फाँसी देकर मार डाला। ब्रिटिश सत्ता चाहती ही नहीं थी कि इस विवाद का अंत हो।

स्वाधीन भारत में भी 'श्रीरामजन्मभूमि-बाबरी मसजिद विवाद' को जीवित रखा गया। वर्ष 2014 के पहले भारत की किसी भी सरकार ने इस बात का प्रयत्न नहीं किया कि इस विवाद को हिंदू-मुस्लिम सहमति या किसी त्वरित न्यायिक प्रक्रिया से हल किया जा सके। उन्हें हमेशा यही लगता रहा कि इस विषय पर हिंदू समाज या उसका नेतृत्व करने वाले संगठनों का दमन करके मुसलमानों के थोकबंद वोट लेकर देश पर शासन किया जा सकता है। आश्चर्य तो इस बात का है कि 'अयोध्या विवाद' पर कभी भी देश का मुस्लिम समाज मुखर हुआ ही नहीं! शायद उसे भली प्रकार से यह ज्ञात था कि अयोध्या ही श्रीराम का जन्मस्थान है और बाबर के सेनापति ने वहाँ पर बने भव्य मंदिर को तोड़कर ही उस पर बाबरी ढाँचा खड़ा किया था। बाबरी मसजिद के पक्ष में मुस्लिम समाज से कई गुना अधिक चीख-पुकार तो हमारे देश के राजनैतिक दलों ने मचाई। विवादित स्थल के गर्भगृह का ताला खोलना अथवा उसपर विश्व हिंदू परिषद द्वारा शिलान्यास होने देना, इस मामले को 'हिंदू-मुस्लिम बैलेंस' बनाने से अधिक कुछ नहीं रहा। अंततः एक लंबे हिंदू जनजागरण के बाद देश में राजनैतिक परिस्थितियों ने करवट बदली और फिर लाखों कारसेवकों ने 6 दिसंबर, 1992 को अयोध्या में श्रीरामलला की जन्मभूमि पर एकत्रित होकर मीर

बाकी द्वारा बलपूर्वक बनाए 'बाबरी ढाँचे' को मिट्टी में मिला दिया, जिसका सविस्तार वर्णन आप इस पुस्तक में पढ़ेंगे।

अयोध्या संघर्ष को एक जनांदोलन का रूप देने में विश्व हिंदू परिषद और भारतीय जनता पार्टी ने व्यापक भूमिका निभाई, जिसके अंतर्गत देश की पूज्यपाद संत शक्ति के साथ सामाजिक और राजनैतिक क्षेत्र के कुछ प्रमुख लोगों ने अपना अहर्निश योगदान दिया। इन्हीं में से एक आध्यात्मिक व्यक्तित्व हैं साध्वी ऋतंभराजी। अपने पूज्य सद्गुरुदेव युगपुरुष अनंतश्री विभूषित स्वामी परमानंदजी महाराज की प्रेरणा से इन्होंने 'श्रीरामजन्मभूमि मुक्ति यज्ञ समिति' के महत्त्वपूर्ण सदस्य के रूप में विश्व हिंदू परिषद के मंचों से देशभर में हिंदुत्व की घनघोर गर्जना की। 1990 के दशक में उनके धाराप्रवाह भाषणों ने भारत के हिंदू समाज को झकझोरकर जगाया। श्रीरामजन्मभूमि के लिए हिंदू समाज निर्णायक संघर्ष के लिए तैयार रहे, इसके साथ ही उनके तेज-तर्रार भाषणों में जनता से सत्ता परिवर्तन करने का आह्वान भी होता था। वे जब कहतीं—

लोकसभा बासंती चोला पहन के जिस दिन आएगी,
गली-गली मेरे भारत की वृंदावन कहलाएगी।
गली-गली में मात भवानी का गूँजा जयकारा है,
कहो गर्व से हम हिंदू हैं, हिंदुस्तान हमारा है।

तो हिंदू समाज गर्वित हो उठता। उनके भाषणों से समाज के बीच यह संकेत स्पष्ट रूप से जा रहा था कि अब बिना 'विधायी शक्तियों' के हिंदू हितों की रक्षा नहीं हो सकेगी। इधर 'श्रीरामजन्मभूमि मुक्ति आंदोलन' को भारतीय जनता पार्टी ने अपने वचन-पत्र में सम्मिलित करते हुए उसे अपना राजनैतिक समर्थन दिया। जनता के सामने अब यह साफ हो चुका था कि कानूनी रूप से अयोध्या विवाद का निर्णय भारतीय जनता पार्टी के शासनकाल में ही संभव हो सकेगा। वर्ष 1990 में अयोध्या का कारसेवक नरसंहार भारत की राजनीति का निर्णायक मोड़ था, जहाँ से भारतीय जनता पार्टी 'दिल्ली विजय' की राह पर चल पड़ी। संतों ने कहा, "जो हिंदू हित की बात करेगा, वही देश पर राज करेगा।"

भगवा ध्वज हाथ में उठाए, माँ भारती के जयकारे लगाती हुई दीदी ऋतंभरा भी निकल पड़ीं, देशव्यापी हिंदू जनजागरण पर। उनकी सभाओं में लाखों-लाख

हिंदू उमड़ते। एक-एक दिन में आठ-आठ धर्मसभाएँ। भोजन और विश्राम तक की चिंता नहीं। अहर्निश एकमेव लक्ष्य कि कैसे भी हिंदू समाज को 'कुंभकर्णी नींद' से जगाना है। उन्होंने कहीं किसी मंच से यह नहीं कहा कि भारतीय जनता पार्टी को वोट देना है। उनका बस इतना ही संकेत होता कि 'लोकसभा बासंती चोला पहन के जिस दिन आएगी...' और लोग झूम उठते। अपने मन में यह सुनिश्चित कर लेते कि अपना वोट किसे देना है। भारत की अनेक आध्यात्मिक विभूतियों के साथ दीदी ऋतंभराजी के इस तूफानी जनजागरण और जनता-जनार्दन के दृढ़ निश्चय के पहले दौर ने मध्य प्रदेश, उत्तर प्रदेश और राजस्थान राज्यों की बागडोर भारतीय जनता पार्टी के हाथों सौंपी। जनता को स्पष्ट अंतर समझ आ गया कि मुलायम सिंह सरकार शासित उत्तर प्रदेश में 2 नवंबर, 1990 को अयोध्या का कारसेवक नरसंहार क्यों हुआ था और उसके बाद 6 दिसंबर, 1992 को कल्याण सिंह शासित उत्तर प्रदेश में अयोध्या का विवादित ढाँचा कैसे गिराया जा सका।

देश के कोटि-कोटि हिंदू समाज को समझ आ चुका था कि कौन सा राजनैतिक दल सनातन और उसके मानबिंदुओं की रक्षा के लिए उपयुक्त ढंग से काम कर सकता है। कालांतर में इसी समझ के सहारे भारतीय जनता पार्टी दिल्ली की गद्दी पर बैठी और फिर उसने कैसे सनातन की पुनर्स्थापना का कार्य किया, हम सभी ने देखा और देख रहे हैं। इस सत्ता-परिवर्तन के पार्श्व में बड़ी भूमिका साध्वी ऋतंभराजी की रही है।

यह पुस्तक उन्हीं दुर्गा स्वरूपिणी पूज्यपाद साध्वी ऋतंभराजी को समर्पित है, जिनके हिंदू जनजागरण ने देश को एक नई और हिंदू हितैषी राजनैतिक व्यवस्था देने में अपनी अविस्मरणीय भूमिका निभाई। मेरा परम सौभाग्य है कि मुझे उनके आंदोलनकारी जीवन को निकट से देखने का अवसर मिला। अयोध्या आंदोलन के साथ ही वे 'वात्सल्य सृष्टि' की सृजक भी बनीं, जिसकी चर्चा फिर अगली पुस्तक में करेंगे। पूर्वजन्म के किसी पुण्य प्रारब्ध के फलस्वरूप और दीदी ऋतंभराजी की प्रेरणा से मैंने पूज्य सद्गुरुदेव युगपुरुष अनंतश्री विभूषित स्वामी परमानंदजी महाराज से गुरुदीक्षा प्राप्त की और उन्हीं की प्रेरणा से श्रीरामजन्मभूमि आंदोलन में अपना किंचित् योगदान देने का सौभाग्य मिला।

इस पुस्तक का प्रत्येक शब्द मेरी आराध्या माँ सरस्वती की कृपा है। मैं कोटि-कोटि नमन करता हूँ अपने पिता श्री लक्ष्मीनारायण शुक्ल और माता श्रीमती प्रेमलता शुक्ल को, जिन्होंने मुझे यथोचित पालन-पोषण के साथ ही संत-चरणों में प्रणत होने का संस्कार दिया। मैं ऋणी हूँ अपने पूज्य गुरुदेव अनंतश्री विभूषित युगपुरुषजी महाराज का, जिन्होंने मुझे अपना शिष्य स्वीकार कर मुझपर असीम कृपा की। मैं ऋणी हूँ पूज्या दीदीमाँ साध्वी ऋतंभराजी के स्नेह का, जिन्होंने मेरी कलाई को अपनी राखी से सजाकर हर क्षण मुझे अपने स्नेहांचल में समेटे रखा। मैं ऋणी हूँ विश्व हिंदू परिषद के राष्ट्रीय उपाध्यक्ष श्री हुकुमचंदजी सावला का, जिन्होंने मुझे विश्व हिंदू परिषद के कार्यकर्ता रूप में दीदी ऋतंभराजी का प्रथम आशीर्वाद दिलवाया था, तब जिनका निकट से केवल दर्शन कर लेना ही मेरे लिए स्वप्नवत् था।

मुझे पुण्य स्मरण आता है अपने दिवंगत भैया श्री इंदर पांचाल का, जिन्होंने अपने जीवन का उत्तरार्द्ध पूज्य दीदीमाँ साध्वी ऋतंभराजी के सेवा-कार्यों को समर्पित कर दिया था। दीदीमाँ की इच्छा ही जिनके लिए आदेश हुआ करती थी। आज वे होते तो बहुत प्रसन्न होते, इस पुस्तक के विमोचन पर। मेरे छोटे भाई के रूप में आनंद कानड़कर हमेशा मेरे साथ खड़े रहे, आंदोलन के दिनों से लेकर आज तक। अयोध्या आंदोलन से जुड़े उन सभी सहयोगियों के प्रति मैं कृतज्ञ भाव से नमित हूँ, जिनकी जीवटता ने अयोध्या में भव्य राम मंदिर के स्वप्न को साकार कर दिया।

मैंने प्रयत्न किया है कि पुस्तक 'साध्वी ऋतंभरा और श्रीरामजन्मभूमि आंदोलन' में पूज्या दीदीमाँ साध्वी ऋतंभराजी के बाल्यकाल सहित जीवन के अनसुने पहलुओं और अयोध्या आंदोलन की सिलसिलेवार घटनाओं को एकसूत्र में पिरोया जा सके। मेरी विनती और विश्वास है कि आप एक सुधी पाठक के रूप में इस पुस्तक के लेखन में जाने-अनजाने हुई मेरी तथ्यात्मक, भाषा अथवा व्याकरण संबंधी त्रुटियों को अपने उदार हृदय से क्षमा करेंगे।

अंत में मेरी एक गहरी भावानुभूति कि पूज्या दीदीमाँ साध्वी ऋतंभराजी ने इस आंदोलन में अपने शुद्ध अंत:करण और निष्काम भाव से भाग लिया। इसका एक प्रमुख चेहरा बनते हुए उन्हें कभी यह चाह नहीं रही कि मैं इस आंदोलन से

भारत की राजनीति में अपना कोई स्थान बनाऊँगी। अन्यथा वर्ष 1990 का वह दशक जब उनकी लोकप्रियता भारत भर में शिखर पर दमक रही थी, उन्हें किसी भी लोकसभा क्षेत्र से चुनाव लड़वाकर भारतीय जनता पार्टी का तत्कालीन शीर्ष नेतृत्व राजनीति में लाना चाहता था, परंतु उन्होंने यह कहते हुए आदर सहित यह प्रस्ताव स्वीकार नहीं किया कि "राजनीति मेरी रुचि का विषय नहीं है। मैं सामाजिक संस्था के माध्यम से राष्ट्रसेवा करने को भी बड़ा लक्ष्य मानती हूँ।" मैं श्रद्धा से भर उठता हूँ अपने पूज्य गुरुदेव श्री युगपुरुषजी महाराज के प्रति, जो आध्यात्मिक आकाश पर एक जगमगाते हुए नक्षत्र की भाँति होने के बावजूद सहजता, सरलता और सर्वजन के लिए सदैव ही उपलब्धता की धरती पर विचरण करते हैं। ठीक वैसा ही अनुकरण एक आदर्श शिष्या के रूप में दीदीमाँ साध्वी ऋतंभराजी ने किया है। अयोध्या आंदोलन को उन्होंने एक 'क्रांति' के रूप में जिया, परंतु इसकी पूर्णाहुति के पश्चात् वे अपने स्वभाव 'करुणा' में विराजकर आज सैकड़ों बच्चों, जरूरतमंद बहनों और वृद्धा माताओं के लिए वात्सल्य का एक ऐसा निर्झर बनी हुई हैं, जो इन सबके अंतर्मनों को गहराई तक तृप्त करता है। 'क्रांति से करुणा तक' उनका जीवन दर्शनीय और अनुकरणीय है।

येन-केन-प्रकारेण और यदि आवश्यकता पड़े तो भगवा ओढ़कर ही सही, राजनीति में प्रवेश के प्रयत्न करने वाले बंधु-भगिनियों से भी मेरा निवेदन है कि उन्हें पूज्या दीदीमाँ साध्वी ऋतंभराजी की जीवन-यात्रा का दर्शन करके यथासंभव उसे अपने आचरण में लाने का प्रयास करना चाहिए, क्योंकि सच्ची राष्ट्रसेवा के लिए राजनैतिक गलियारों में परिक्रमा की कोई आवश्यकता नहीं होती। विशेष परिस्थितियोंवश कदाचित विधायी सदनों में भगवा आभा की आवश्यकता पड़े भी तो राजनीति ने इसका आग्रह करने संतों के आश्रम जाना चाहिए, न कि संतजन इसके लिए लालायित होकर राजनीति के फेर में पड़ें। मैं स्वयं को गर्वित अनुभव करता हूँ कि मेरी गुरुबहन पूज्या दीदीमाँ साध्वी ऋतंभरा आज गैर-राजनैतिक क्षेत्र में रहकर भी देश के लगभग सभी राजनेताओं की 'दीदीमाँ' बनकर उन्हें अपने स्नेह, प्रेम और वात्सल्य भाव से सिंचित करती रहती हैं।

उनके जन्मदाता पिता श्री प्यारेलालजी और माता श्रीमती कलावतीजी को कोटि-कोटि नमन, जिनकी संस्कारपूर्ण और आध्यात्मिक परवरिश ने भारत को

एक ऐसा रत्न दिया है, जो विश्वाकाश पर अपनी संपूर्ण आभा के साथ दमकते हुए संसार को स्नेह, प्रेम, वात्सल्य, त्याग, तपस्या और बलिदान के पथ पर अग्रसर करते रहता है।

अयोध्या आंदोलन के सभी पुरोधाओं को प्रणाम तथा बलिदानियों का कृतज्ञ स्मरण।

—देवेंद्र शुक्ल

अनुक्रम

बाल्यकाल

1 जनवरी, 1964 को पंजाब के लुधियाना जिला के एक छोटे से गाँव 'दोराहा' में पिता प्यारेलालजी और माता कलावतीजी के घर एक कन्या का जन्म हुआ, जिसका नाम रखा गया—निशा। इस मध्यमवर्गीय परिवार के अन्य बच्चों के साथ वह भी धीरे-धीरे बड़ी होने लगी। गाँव के अन्य बच्चों से कुछ अलग थी निशा। अपने गाँव की प्रत्येक घटना उसे कौतूहल लगती थी। दिन भर यहाँ से वहाँ भागती रहती। कभी भड़भूँजे के भाड़ को असमंजस से देखती, जो कच्चे अनाज को भाड़ की गरम रेत में डालकर भूनता था। मक्का और चने के कच्चे दाने उस गरम रेत में गिरते और कुछ ही क्षणों के बाद फूट-फूटकर उछलने लगते। जिन दानों को कच्चा चबाना आसान नहीं होता था, वही अब भुन जाने के बाद न केवल खाने में आसान हो जाते थे, बल्कि स्वादिष्ट भी हो उठते थे।

निशा कभी किसी गली के कोने पर बैठकर बरतनों पर कलई कर रहे कलईकार को देखती। कच्ची सड़क के कोने पर बैठा वह व्यक्ति कोयलों का एक ढेर बनाकर उसमें आग लगाता, फिर धौंकनी से उस पर हवा करता। पीतल के बरतन को उस पर औंधाकर उसे गरम करने के बाद थोड़ी सी कलई छुआकर उसे लोगड़ से रगड़ता। कोयले के जलने से निकल रही नीली लपटों के बीच उस बरतन में से सफेद धुआँ निकलता। कुछ ही क्षणों के बाद कलईकार जब उस बरतन को पलटता तो उसका कायाकल्प हो चुका होता था। थोड़ी देर पहले तक गंदा सा दिखने वाला वह पीतल का बरतन कैसा चमकदार हो उठा है, यह निशा के लिए अचरच भरा होता।

कभी वह गाँव के बढ़ई की झोंपड़ी के पास खड़ी हो जाती। बढ़ई लकड़ी के लट्ठे को उठाकर बीच से चीरता। ऊबड़-खाबड़ सी दिखने वाली वह लकड़ी बढ़ई के चलते रंदे के बीच एक सीधा-सपाट आकार लेने लगती। धीरे-धीरे वह उसे कोई आकार देता। कुरसी, मेज और न जाने क्या-क्या चीजें उस अनगढ़ लकड़ी में से प्रकट हो जातीं।

गाँव के उस सुनार की बारीकी उसे दंग कर देती थी, जो सोने के एक टुकड़े को आग में तपाता। जब वो पिघलने लगता तो वह उसे साँचे में डालकर कुछ आकार देता। इसके बाद अपने महीन औजारों से उसे लंबी मेहनत के बाद जिस प्रकार से आभूषणों में बदलता, वह निशा के बालमन पर गहरा प्रभाव छोड़ने वाली घटना होती थी।

कभी-कभी वह दर्जी की दुकान पर जा खड़ी होती। किसी कपड़े को काटकर वह दर्जी उसे सिलाई मशीन पर चढ़ाकर उसकी सिलाई करता। सिलाई मशीन के दो दाँतों के बीच दबकर वह कपड़ा धागे से सिलता जाता। निशा का आश्चर्य यह रहता कि कैसे एक सीधा-सपाट कपड़ा देखते-ही-देखते एक सुंदर परिधान में बदल गया!

इन सभी घटनाओं से उसके मन में यह भावना प्रबल हो उठती थी कि इनमें से प्रत्येक चीज को अपना आकार लेने के लिए आग की तपिश या काट-छाँट की कड़ी प्रक्रिया से गुजरना पड़ा है। यानी जीवन में कुछ ऐसा आकार, जो औरों को भी अच्छा लगे, पाने के लिए तपस्या तो करनी ही पड़ती है। इन सब घटनाओं को देखते हुए उस नन्ही सी बच्ची की भावनाओं को शब्द तो नहीं मिल पाते थे, परंतु उसे इतना जरूर समझ आता था कि जब कोई अनगढ़ चीज किसी कलाकार के हाथों में आ जाए तो उसका रूप निखर उठता है।

और भी बड़े अजीब कौतूहल थे निशा के जीवन में। एक भिखारिन प्रायः उसके दरवाजे भीख माँगने आती। युवा थी, लेकिन आँखों में दृष्टि नहीं। सुंदर नेत्र, लेकिन किसी काम के नहीं। गाँव वालों की दया पर ही उसका जीवन चलता। एक दिन उसने निशा के घर पर आवाज लगाई। वह इसके लिए कुछ लेकर आई और उसकी झोली में डाल दिया। पलटकर जाती उस भिखारिन के पैरों पर जब उसकी दृष्टि गई तो रक्त की एक धारा उसके पैरों से बहती नीचे की

ओर गिरती जा रही थी। निशा का मन करुणा से भर उठा। सारा दिन वह उसके पीछे-पीछे घूमती रही, यह देखने के लिए कि उसे कहाँ चोट लगी है, जहाँ से वह रक्त की धार गिर रही थी। घर आकर माँ से पूछा तो माँ ने कोई उत्तर नहीं दिया। शायद माँ का मौन यही कह रहा था कि आखिर कैसे बताऊँ निशा को भिखारिन के बहते रक्त का राज? कैसे इस नन्ही निशा को बताया जा सकता है कि वह रजस्वला है।

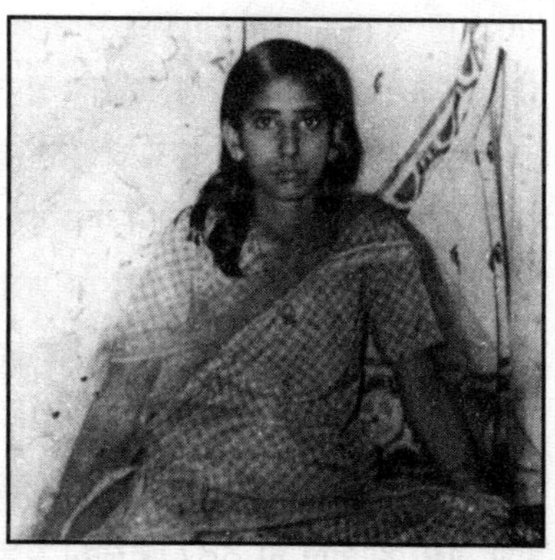

कुछ अंधे भिखारी भी थे गाँव में। दिन भर वे गाँव के घरों से भिक्षा माँगते। जो कुछ पैसे मिलते, उन्हें लेकर दोपहर बाद वे सभी रेलवे स्टेशन पर इकट्ठा होते। निशा वहाँ भी पहुँच जाती। सबके पैसे अलग-अलग गिन देती। सबको आगाह भी करती कि अपने-अपने पैसे सँभालकर रखना। कोई दूसरा लेकर चलता न बने। माँ समझाती कि ऐसे कहीं भी जाकर नहीं बैठ जाते, लेकिन निशा को लगता कि जीवन में न कोई अपना है और न कोई पराया। किसी ने कहा, "चलो हमारे साथ" तो चल देती। फिर वहाँ जाकर माँ की याद आती। निशा का स्वभाव बचपन से ही कुछ ऐसा था कि दूसरों की पीड़ा से द्रवित हो उठना, किंतु अपने कष्टों का खयाल ही नहीं।

निशा का ननिहाल था चंडीगढ़ जिले की खरड़ तहसील का गाँव रडियाल। एक बार वह अपने ननिहाल गई। गाँव से एक बैलगाड़ी शहर की ओर जा रही थी। निशा भी उसमें सवार हो गई। काँच से भरी उस बैलगाड़ी में जैसे-तैसे बैठ गई। गाँव की ऊबड़-खाबड़ पगडंडियों पर इधर-उधर खिसकते काँच में से किसी एक का कोना निशा के पैर में घुस गया। रक्त बहने लगा, लेकिन उसने किसी को बताया नहीं। शाम को जब बैलगाड़ी के साथ वापस गाँव लौटी, तब माँ ने वह घाव देखा। कुछ ऐसा स्वभाव कि अपनी पीड़ा केवल अपनी माँ को ही बताना। किसी और से उसका जिक्र भी नहीं करना।

अपनी माँ से उसका बड़ा गहरा लगाव था। हर जगह माँ के साथ ही जाना। गाँव वाले उसे 'माँ की पूँछ' कहते। कहीं किसी के घर किसी की मृत्यु को जाए तो माँ को जाना होता। अब निशा को वहाँ भी जाना है माँ के साथ, लेकिन माँ उसे कैसे ले जाए? माँ साथ ले जाने को मना करती और निशा साथ जाने के लिए बुक्का फाड़कर रोने लगती। तमाशा खड़ा हो जाता। जब पास-पड़ोस के लोग उसे भैंसों के तबेले में बंद कर देने की धमकी देते, तब कहीं माँ उसे छोड़कर जा पाती। माँ कलावती को भी बड़ा प्यार था अपनी इस बेटी से। उसकी कोई इच्छा होती तो उसे पूरा करने के लिए वह अपनी सीमा से ज्यादा श्रम करतीं।

इन सारी स्थितियों के बीच एक दिन गाँव में बड़ी बीभत्स घटना निशा ने देखी, जिसके बाद उसके मन में एक डर बैठ गया। हुआ यों कि गाँव की लक्कड़ मंडी के पास एक नवजात बच्चे के शव को कुत्तों का झुंड नोंच रहा था। गाँव वालों की चर्चा से पता चला कि वह बच्चा गाँव की ही किसी कुँवारी लड़की के गर्भ से पैदा हुआ था, जिसे बदनामी के डर से कपड़े में लपेटकर लक्कड़ मंडी में फेंक दिया गया। उस नवजात बच्चे की लाश को देखने के बाद निशा के प्राण जैसे व्याकुल हो उठे। किसका बच्चा है ये? किसने और क्यों यहाँ लाकर इसे फेंका है? जैसे अनेक प्रश्नों ने उसके मन-मस्तिष्क को मथकर रख दिया।

दोराहा गाँव की नहर पर एक लोहे का रेलवे पुल था। एक और घटना के बाद उस पर से गुजरने वाली प्रत्येक रेलगाड़ी की आवाज निशा के लिए जैसे बीभत्स हो गई थी। गाँव भर में हल्ला मचा कि पुल के नीचे लाश है। लोग वहाँ पहुँचे तो देखा कि एक सुंदर सी गर्भवती युवती की लाश पुल के नीचे पड़ी थी। उसकी छाती का एक हिस्सा खुला था। संभवत: किसी ने उसकी हत्या करके उसको चलती हुई ट्रेन से वहाँ फेंका था या फिर वह स्वयं ही ट्रेन से कूद गई होगी। इस घटना के बाद से पुल से गुजरती हुई प्रत्येक रेलगाड़ी निशा के दिल को दहला जाती। उसका नन्हा मन इन विचारों से भर उठता कि यह दुनिया कैसी है? ये दोनों ऐसी घटनाएँ थीं, जिनका निशा के परिवार से कोई संबंध न था, परंतु इनको देखने के बाद उसके मन पर गहरा असर हुआ था। कोई छह-सात वर्ष आयु की उस नन्ही बच्ची को ऐसी घटनाओं का आधा सच पता होता था और आधा नहीं। वो इनके बारे में सोचती हुई अजीब सी दुविधा में झूलती रहती।

कोई सोच भी नहीं सकता था कि निशा जैसी चुलबुली और तितलियों की तरह यहाँ-वहाँ उड़ती रहने वाली लड़की कभी गंभीर भी हो सकती है। गाँव के किसी आँगन में कोई मांगलिक या उत्सवी आयोजन हो और उसमें निशा के कदमों की धमक न हो, ऐसा हो ही नहीं सकता था। गाना हो या किसी की मिमिक्री करना हो, वह हमेशा आगे रहती। दो पात्रों की भूमिका एक साथ निभा लेना उसकी विशेषता थी। जैसे किसी नाटक में पिता और पुत्र का संवाद वह बारी-बारी स्वयं ही कर लेती थी। कुल मिलाकर वह गाँव की एक बहुमुखी प्रतिभा थी।

कुछ समय बाद निशा की बड़ी बहन का ब्याह निश्चित हुआ। पुराने समय में विवाह अर्थात् घर परिवार में आठ से दस दिनों का उत्सव हुआ करता था। आज की तरह नहीं कि दो दिनों में ही सारे मांगलिक आयोजन समेट दिए जाते हैं। निशा की माँ की भतीजी के पुत्र और पुत्रवधू भी इस आयोजन में सम्मिलित होने के लिए आए। विवाह से पहले जब वे एक या दो दिनों के लिए वापस अपने गाँव जाने के लिए बस अड्डे पर पहुँचे तो उन्हें विदा करने के लिए गई निशा भी उन लोगों के साथ बस में बैठ गई। उनके साथ ही जाने की जिद। साथ में कोई कपड़े-लत्ते भी नहीं, फिर भी वे लोग उसे साथ ले गए। दिन भर तो अच्छा लगा, लेकिन रात्रि को माँ की याद ने बेचैन कर दिया। जैसे-तैसे उन लोगों ने उसे समझाया। कोई कपड़े इत्यादि खरीदकर उसे दिए। विवाह के एक दिन पहले वह उन्हीं कपड़ों में पुनः अपने गाँव पहुँची।

घर पहुँचते ही सबसे ज्यादा नाराज वह दीदी ही हुई, जिसका विवाह था। नहलाते हुए उन्होंने उसे दो-चार धप्पे लगाते हुए कहा, 'क्या जरूरत थी, ऐसे चले जाने की। क्या घर में कोई काम नहीं था?' तू तो कहती थी कि 'मैं ही बताशे बाँटने के लिए गाँव भर के घरों में जाऊँगी।' मार पिटाई के बाद प्यार दुलार भी हो गया। अब बात आई कि दीदी की सगाई करने घर के कुछ लोग जालंधर उनके ससुराल जाने वाले हैं। फिर वही दृश्य हुआ। घर के लोगों के साथ निशा भी बस में चढ़ गई। कोई ढंग के वस्त्र भी नहीं। बस चल दी, तब लोगों की दृष्टि पड़ी कि निशा तो उनकी सीट के नीचे छुपी बैठी है। बड़े भाई साहब हताश से होकर बोल पड़े—'अब इसका क्या किया जाए?' दीदी के ससुराल में सब लोगों ने उसे

बड़ा लाड़-दुलार किया। परिवारजन बोले, "इस बच्ची को हम नहीं जाने देंगे। जब बारात जाएगी, उसके साथ ही भेज देंगे।" निशा यह सुनकर प्रसन्न हो उठी। कहीं भी उठकर चल देने का ऐसा विचित्र स्वभाव था निशा का। परिवार वाले हर समय उस पर दृष्टि रखते कि कहीं किसी के साथ कहीं चल न दे।

इसी बीच एक घटना ने उसका मन हिला दिया। गाँव की किसी महिला के युवा बेटे की लाश घर पर आई थी। उस माँ का हाहाकार, उसका बिलखना, उसका छाती पीट-पीटकर दहाड़ें मारना निशा को स्तब्ध कर गया। बीतते समय के साथ वह इन घटनाओं से उबर ही रही थी कि अचानक एक दिन निशा के जीवन में एक और वज्रपात हुआ।

उसके एक भाई बैंक मैनेजर थे। बड़े ही खूबसूरत व्यक्तित्व के धनी। उनसे मिलकर निशा को जैसे जीवन की सारी खुशियाँ मिल जातीं। वह घुटनों के बल घोड़ा बन जाते और निशा उनकी पीठ पर बैठकर खिलखिला उठती। जीवन के इस सारे उल्लास के बीच एक दिन अचानक उनकी भी लाश घर पर आई। एक बेटी के पिता और निशा के वे भैया पिछले तीन दिनों से लापता थे। कहीं पर मृत अवस्था में मिले, जहाँ से उनके शव को घर लाया गया था। इसके पहले की सभी घटनाओं में गली-मोहल्ले की बहुत सारी बातें सुनने में आती थीं। लेकिन यह तो निशा के घर में ही बड़ा हृदय विदारक घट गया था। ये उसके मानस-पटल पर बड़ा वज्राघात था। निशा ने अपनी माँ को अपने पुत्र के वियोग में बिलखते देखा। ऐसी अनेक घटनाओं के बीच बड़ी हो रही थी निशा।

कहते हैं कि किसी मानसिक चोट की तीव्रता चाहे जितनी भी क्यों न हो, शनैः-शनैः वह विस्मृति के गर्त में समाती जाती है। यह घटना भी धुँधला गई। एक बार निशा ने लंबे-चौड़े शरीर वाले एक साधु को विक्षिप्त अवस्था में देखा। वह नग्नावस्था में अपने ही मल को खा रहा था। इन सारी घटनाओं ने निशा के मन में कहीं बहुत गहराई पर चिंतन का एक बीज छोड़ दिया। अपने आस-पास उसने शराबी पतियों के द्वारा अपनी पत्नियों को पीटे जाते देखा। किसी नवजात की लाश को देखा। अपने सबसे प्यारे भैया की लाश को देखा। अपने पुत्र की उस लाश पर अपनी माँ को हृदयविदारक करुण क्रंदन करते देखा।

□

घर छोड़ने की घटना

बस यहीं से विचार शुरू हुआ कि जीवन में आखिर सुखी कौन है? इन प्रश्नों का उत्तर तो निशा के पास नहीं था, लेकिन जिन लोगों को भी वह स्नेह, प्रेम करती थी, उनके रोने, बिलखने और कुछ न कर पाने के वैवश्य ने उसे गंभीर बना दिया। किसी ताल पर बरखा की बूँदों जैसा उसका नृत्य कहीं खो गया। निशा के व्यक्तित्व पर इन घटनाओं ने ठीक वैसा की प्रभाव दिखाया, जैसे कि जंगल की आँधी में वृक्षों के आपसी घर्षण से आग पैदा हो जाती है। उसका मन एक गहरे मंथन की ओर जाने लगा। धीरे-धीरे चित्त की चंचलता कहीं खो गई और चरित्र ने गांभीर्य को धारण करना आरंभ कर दिया।

हर समय निशा को उसके अंदर से एक ध्वनि उठती सी सुनाई देने लगी कि 'मैं यहाँ की नहीं हूँ, मैं यहाँ की नहीं हूँ।' निशा की एक अध्यापिका कुसुम शर्मा, जो अत्यंत ही धार्मिक प्रवृत्ति की महिला थी, उनके पास कोई एक पुस्तक आती थी गीतोपदेश से संबंधित। निशा उनसे प्रभावित थी और वे भी उसे बहुत प्यार करती थीं। निशा हर महीने उनसे वह पत्रिका लेकर पढ़ा करती। हर दोपहर वह माँ के साथ मंदिर जाती और वहाँ बुजुर्गों के बीच बैठकर अपने ग्रंथों की चर्चा सुना करती। सनातनी धर्मग्रंथों का अध्ययन-अध्यापन और मनन जैसे निशा की दिनचर्या का एक अंग बन गया था।

धीरे-धीरे आस्था प्रगाढ़ होती गई। दोराहा गाँव के उस घर के एक कोने में छोटा सा पूजास्थल था। नवरात्रों में निशा उसमें बैठकर घंटों देवी की आराधना करती। घर और गाँव के लोग जब उसे ध्यानावस्था में बैठे देखते तो उन्हें लगता, जैसे वह स्वयं ही देवी स्वरूप है। हर नवरात्रों के बाद वह किसी धार्मिक स्थल

की यात्रा पर जाती। निशा के पिता प्यारेलाल मन से उच्चाटन वाली स्थिति के थे। थोड़े-थोड़े दिनों में वे घर से कहीं चले जाते और कई दिनों बाद लौटते। लेकिन इस सबके बीच एक अच्छी बात यह थी कि वे जब भी जाते तो घर के लिए आवश्यक खर्च का प्रबंध कर के जाते। बीतते समय के बाद उनके जीवन में व्यापक परिवर्तन आया और वे इतने भजनानंदी बने कि प्रत्येक रात्रि दो बजे के बाद उठ जाना और फिर भजन करना उनकी दिनचर्या बन गया। निशा के पूरे परिवार के लगभग सभी पुरुषों के भीतर घर से पलायन की प्रवृत्ति थी, संभवतः वही अब निशा के भीतर भी जन्म ले रही थी। मन का कोई संस्कार ऐसा था, जो उसे कहता था कि घर से चले जाओ, तुम केवल इस घर के लिए ही नहीं हो। तुम्हारी आवश्यकता और भी कहीं है। जीवन की प्रत्येक अवस्था में वैज्ञानिक रूप से जो प्रवृत्ति आती है, वह अपवादस्वरूप कुछ लोगों को छोड़कर लगभग सभी में आनुवंशिक होती है।

तो निशा का इस प्रकार का सारा चुलबुलापन तब गंभीरता में बदलने लगा, जब उसने अपने आस-पास घट रही मृत्यु की घटनाओं को देखा। वैसे भी बचपन तो केवल प्रेम से परिपूर्ण होता है। आप जैसे-जैसे दुनिया को देखते और समझते हैं, वैसे-वैसे आपके भीतर व्यक्तित्व का निर्माण होता है। आप जब अपना संसार बनाते हैं, तब फिर माया, मोह, करुणा, आसक्ति या घृणा जैसे भावों का भी जन्म होता है। लोक मान्यताएँ भी आपके भीतर कुछ नवनिर्माण करती हैं। वर्जनाएँ भी आपको बनाती हैं। इसके भी दो प्रकार हैं—एक, अन्य वर्जता है आपको और दूसरा, अनन्य वर्जता है आपको। दोनों में फर्क होता है। उदाहरण के रूप में हमें कोई कुछ समझाए तो किसी 'अन्य' की वर्जना हमारे भीतर क्रोध पैदा करती है, परंतु जब हमें 'अनन्य' वर्जता है तो फिर आपको कहीं-न-कहीं लगता है कि यदि हमारे अग्रज हमें कुछ समझा रहे हैं तो फिर निश्चित रूप से इसमें हमारा हित ही होगा।

वर्ष 1979 के रक्षाबंधन पर्व का पवित्र दिन था। सोलह वर्षीया निशा ने अपने भाइयों को रक्षासूत्र बाँधे, भाइयों ने भी उसे अपने प्रेम में पगे हुए कुछ रुपए दिए। भाई-बहन के इस स्नेह पर्व को बीते हुए मात्र चार दिन ही हुए थे कि एक घटना घटी। रक्षाबंधन के दिन भाइयों से मिले पैंसठ रुपए और गीताजी की एक

पत्रिका लेकर निशा अचानक किसी को बिना बताए घर से बाहर निकल पड़ी। कहाँ जा रही है, यह उसे भी पता नहीं था। बस जैसे कोई अदृश्य शक्ति उसे खींच ले रही थी अपनी ओर।

नियति का क्या गजब खेल था! निशा के गाँव की एक ओर रेलवे स्टेशन था तथा दूसरी ओर हाईवे। वो किसी अनजान शक्ति के वशीभूत हाईवे की ओर चलने लगी। एक बस आती दिखाई दी। निशा को यह भी नहीं पता था कि वह किस ओर जा रही है। हाथ का संकेत देकर बस को रोका और उसमें बैठ गई। कंडक्टर ने पूछा, 'कहाँ जाना है?' निशा ने यंत्रवत् उत्तर दिया, 'इस बस के आखिरी बस स्टॉप का टिकट दे दो भैया।' कंडक्टर ने उसे रुड़की का टिकट थमा दिया। एक लंबा सफर तय करते हुए वह बस हरिद्वार के पास रुड़की में जाकर अपने गंतव्य पर रुक गई। वहाँ से उतरकर निशा किसी दूसरी बस में बैठ गई। यह बस हरिद्वार जाकर रुकी।

बस से उतरकर वह सोलह वर्ष की एक सुंदर लड़की, बिल्कुल अकेली, हर की पौड़ी पर गंगाजी के किनारे बैठी है। इधर गंगाजी के धाराएँ बह रही हैं और उधर निशा की आँखों से अश्रुओं के पनाले। क्यों वह अश्रुपात हो रहा है, उसे भी नहीं पता। झर-झर आँसुओं के बीच निशा का कुरता सराबोर हो गया। वह जाने कहाँ खोई हुई है। उसे बिल्कुल भी नहीं पता कि उसे आगे जाना कहाँ है। धीरे-धीरे रात गहरा गई। तन्मयता इतनी गहरी कि घाट पर अकेली पाकर कौन नजर उसे कैसे देख रही है, कुछ भान नहीं।

रात भर गंगाजल और आँसुओं के बहाव में जैसे प्रतिस्पर्धा चलती रही। जहाँ वह बैठी थी, वहाँ से दो-चार कदमों की दूरी पर प्रवाहित हो रही गंगा मैया के आँचल से एक अंजुली जल भरकर भी वह मुख में न डाल सकी। जाने कैसी तन्मयता थी उसकी! सुबह उठकर चल दी। हरिद्वार का भूगोल नहीं जानती थी वह। जिधर मुख था, बस उधर ही चल पड़ी। वह रास्ता सप्त सरोवर की ओर जाता था। चलते-चलते जाने कितने आश्रम पीछे छूट गए होंगे। पहला आश्रम 'उमेश्वर धाम' आया, जहाँ कदम रुके। वह साध्वियों का आश्रम था। आश्रम के व्यवस्थापकों में से किसी ने सवाल किया—'कौन?' निशा ने उत्तर ही नहीं दिया। कुछ विस्मृत नहीं हुआ था, परंतु जैसे उसके मुँह से कोई शब्द

ही नहीं निकला। कुछ समझकर वहाँ की अन्य किसी साध्वी ने उसे आश्रम के भीतर ले लिया। कहा गया कि अब तुम्हें आश्रम के वस्त्र, मतलब सफेद साड़ी पहननी होगी।

एक विचित्र सा मौन था निशा के भीतर। चुपचाप अन्य साध्वियों के साथ वह आश्रम के नियमों का पालन तो करती रही, परंतु उसे बार-बार यह लगता था कि 'यह मेरी मंजिल नहीं है।' इन सबके बीच एक बड़ा आश्चर्य था कि एक बार भी निशा को अपनी उस माँ की स्मृति नहीं आई, जिसका पल्लू पकड़े-पकड़े वह सारा दिन घूमा करती थी। जाने किस वैराग्य भावना के वशीभूत वह निशा हरिद्वार के पावन तट की उस घनघोर निशा में जाने कहाँ छूट गई थी, जिसे गाँव वाले 'माँ की पूँछ' कहा करते थे।

□

गुरुदेव का प्रथम दर्शन

अगस्त में निशा ने अपना घर छोड़ा था और नवंबर आ गया। दीपावली के पहले निर्मल निकेतन आश्रम, अमृतसर में एक दस दिवसीय बड़ा ही भव्य आध्यात्मिक आयोजन होता था। इसमें देश की मूर्धन्य आध्यात्मिक संत शक्तियों का पदार्पण होता। पूज्य स्वामी अखंडानंदजी महाराज (आनंद वन वाले), पूज्य आनंदमयी माँ, पूज्य स्वामी निरंजनानंदजी महाराज, पूज्य स्वामी तुरियानंदजी महाराज और आचार्य रजनीश सहित जाने कितनी दिव्य आध्यात्मिक शक्तियों के साथ पूज्य सद्‌गुरुदेव अनंतश्री विभूषित युगपुरुष स्वामी परमानंदजी महाराज के आशीर्वचन प्राप्त कर श्रद्धालु धन्य हो जाते। निशा भी इस आयोजन में अपने हरिद्वार स्थित आश्रम की मंडली के साथ आई।

मंच पर अनेक आध्यात्मिक विभूतियों के बीच विराजमान थे ब्रह्मलीन पूज्यपाद संत शिरोमणि स्वामी अखंडानंदजी महाराज के परम शिष्य अनंतश्री विभूषित युगपुरुष स्वामी परमानंदजी महाराज। जैसे ही निशा के कानों में उनके घन गंभीर प्रवचनों की आवाज पड़ी, उसे लगा कि बस यही है मेरी मंजिल। यही तो हैं मेरे वे गुरुदेव, जिनकी मुझे खोज थी। अचरज यह कि निशा ने न तो उनके बारे में पहले कभी कुछ सुना था और न ही कहीं उनका दर्शन किया था।

मंचीय कार्यक्रम का समापन हुआ और जैसे ही युगपुरुषजी महाराज मंच से नीचे उतरे, निशा का मस्तक उनके चरणों में दंडवत् प्रणत हो गया। इतने महीनों की चुप्पी जैसे भरभराकर ढह गई। आँखों से अश्रुओं की जलधारा बह निकली। बड़ी देर तक अश्रुपात होता रहा।

गुरुदेव ने पूछा कि 'कौन हो ?' लेकिन सत्य का उद्‌घाटन निशा ने वहाँ भी

नहीं किया। बस हठ पकड़ ली कि 'मुझे आपके सान्निध्य में ही रहना है।' गुरुदेव ने कहा, 'अच्छा ठीक है ज्ञानज्योति।'

और यहीं से निशा को नया नाम मिला 'ज्ञानज्योति।' जब वहाँ से चलने का समय हुआ तो निशा जिस मंडल के साथ हरिद्वार स्थित उमेश्वर धाम आश्रम से आई थी, उसके लोग उसे ढूँढ़ने लगे। अब उसे उनके साथ तो जाना नहीं था, इसलिए वह उनकी दृष्टि से बचने के लिए एक तख्त के नीचे छुप गई। गुरुदेव स्वामी परमानंदजी महाराज को उसी दिन अमृतसर स्टेशन से दिल्ली के लिए ट्रेन पकड़नी थी, जहाँ से वह हरिद्वार जाते। चूँकि निशा इस मंडल के साथ अनपेक्षित यात्री थी, इसलिए जल्दबाजी में वह बिना टिकट ही गुरुदेव के साथ ट्रेन में सवार हो गई। गुरुदेव ने उसे एक तौलिया दिया, जिसे ट्रेन के फर्श पर बिछाकर वह सारी रात बैठी रही। पल-पल उसे आते-जाते यात्रियों के कदमों की आहट डरा देती कि कहीं उसके आश्रम वाले उसे ढूँढ़ न रहे हों। हरिद्वार पहुँचकर गुरुदेव ने अपनी एक शिष्या नीरजा श्रीवास्तव (ये संन्यास के बाद अब साध्वी चैतन्य सिंधु के नाम से जानी जाती हैं) से कहा, 'ज्ञानज्योति को वस्त्र दे दो।'

अपने इस अलौकिक अनुभव को बताते हुए दीदीमाँ साध्वी ऋतंभरा कहती हैं कि 'वह क्षण मेरे जीवन का ऐसा चरम आनंद था, जिसे शब्दों में व्यक्त ही नहीं किया जा सकता। मुझे 'ज्ञानज्योति' नाम और वस्त्र मिल गए। स्नान करके वह श्वेत वस्त्र धारण कर जैसे ही मैं पूज्य गुरुदेव के चरणों में बैठी, मेरे शरीर में अनेक क्रियाएँ जाग्रत् हो उठीं। मेरी नाभि में जैसे किसी चक्र का जागरण हो उठा। आत्मा को ऐसी स्वादानुभूति हो रही थी, जिसे शब्दों में प्रकट ही नहीं किया जा सकता। इसके पहले मैंने ऐसी कोई साधना नहीं की थी, जिसे शरीर में 'चक्र जागरण' का कारण माना जा सके। हुआ यह कि जैसे ही मैं पूज्य गुरुदेव के चरणों में प्रणत हुई, गुरुदेव ने मेरे माथे पर अपने अँगूठे का स्पर्श करते हुए 'शक्तिपात' किया। उसके बाद मैंने वटवृक्ष के पत्तों से निकला दूध अपने बालों पर उड़ेल लिया। टाट की बोरी को अपने शरीर पर एक संपूर्ण वस्त्र की भाँति पहन लिया। अपने साथ हमेशा एक त्रिशूल रखती। भगवती गंगा के तट पर रेत में जब ध्यान लगाती, मेरे शरीर में अनेक क्रियाएँ जाग्रत् हो जातीं। घंटों तक मैं उसी दशा में ध्यानस्थ रहती। फिर धीरे-धीरे संतुलन बना।

□

भाई द्वारा पुनः घर लाया जाना

अब तक निशा को अपना घर छोड़े हुए आठ महीने बीत चुके थे। फिर प्रयागराज का पूर्ण कुंभ आया। उसी में एक दिन अचानक निशा ने कहा कि 'गुरुदेव मेरा गाँव है लुधियाना का दोराहा।' महीनों तक अपनी पहचान छुपाए हुए ज्ञानज्योति की इस बात को सुनते ही गुरुदेव गंभीर हो गए। एक गहरी चुप्पी थी कक्ष में। विधाता की योजना एक नई करवट ले रही थी, जिसके बीच एक और घटना जन्म लेने वाली थी। ज्ञानज्योति को पता ही नहीं चला और गुरुदेव ने एक टेलीग्राम उसके द्वारा बताए हुए गाँव में उसके पते पर कर दिया। उस समय में किसी को कोई संदेश पहुँचाने का सबसे तेज तरीका 'टेलीग्राम' ही हुआ करता था।

एक दिन पूज्य गुरुदेव के सान्निध्य में सभी लोग फूस की कुटिया में बैठे थे कि तभी अचानक एक व्यक्ति ने आकर उन्हें प्रणाम किया। सभी शिष्यों के साथ ज्ञानज्योति कुछ इस प्रकार से बैठी हुई थी कि उसे उस व्यक्ति का पृष्ठ भाग ही दिखाई दिया। उसे ऐसा लगा, जैसे कि इस व्यक्ति को वह पहचानती है। उस व्यक्ति ने गुरुदेव के हाथ जोड़कर कहा, 'मेरी बहन आपके पास है।' यह सुनते ही ज्ञानज्योति एकदम सन्न रह गई, क्योंकि यह स्वर तो उसके अशोक भैया का था।

गुरुदेव का घन गंभीर स्वर उभरा—'अच्छा! तो आप दोराहा गाँव से आए हो? यह बैठी है आपकी बहन।' अशोक भैया ने पलटकर ज्ञानज्योति को देखा। अपनी बहन को देखते ही जैसे वह अपनी सुधबुध खो बैठे। फूट-फूटकर रोने लगे। गुम हो गई अपनी बहन को देखते ही, जैसे उन आठ महीनों का दुःख-दर्द

सैलाब बनकर आँखों से बहने लगा। उस कुटिया के सन्नाटे को अशोक भैया का दर्दनाक रुदन चीर रहा था। कुछ क्षणों के बाद गुरुदेव और अन्य संतों ने अशोक भैया को सँभाला। इन दोनों भाई-बहन को कुछ देर का एकांत चाहिए, यही सोचकर गुरुदेव ने कहा कि 'जाओ ज्ञानज्योति, अपने भैया को गंगास्नान करा लाओ।'

गुरुदेव की यह आज्ञा सुनकर ज्ञानज्योति एक मूर्ति के समान अशोक भैया के साथ चल पड़ी हरिद्वार के सप्त सरोवर गंगा घाट की ओर। आश्रम से बाहर निकलते ही अशोक भैया ने ज्ञानज्योति का हाथ पकड़कर कहा, 'तेरे घर से अचानक चले जाने के बाद पूरे गाँव में हमारी बड़ी बदनामी हुई है। लोग जाने कैसी-कैसी बातें करते हैं। कोई कहता है कि घर में जाने क्या हुआ, जो लड़की कहीं जाकर डूब मरी। कोई कहता है कि इनकी जवान लड़की जाने किसके साथ भाग गई। जाने किस-किस के साथ तुम्हारा नाम जोड़ा जा रहा है। जाने कितनी बकवास लोग कर रहे हैं। पिताजी ने घर से बाहर निकलना बंद कर दिया है। कभी निकलते भी हैं तो गाँव की गलियाँ पार करते हुए उनका सिर शर्म से झुका रहता है। सबसे नजरें तो चुरा लेते हैं, लेकिन कानों में पड़ रहे तानों को कैसे रोकें।

माँ की रातों की नींद गायब हो गई है। तुम्हारी कोई खबर मिल जाए, इस उम्मीद में हर देवी-देवता को मत्था टेकती रहती हैं। किसी तांत्रिक ने उन्हें बताया कि 'तुम्हारी लड़की तब लौटेगी, जब तुम उसके पहने हुए वस्त्र किसी भारी वजन के नीचे दबा दो।' यह सुनकर माँ ने अपने भारी संदूक के नीचे तुम्हारे कपड़ों को दबाकर रखा है। बीतते हुए हर दिन के साथ वह उस संदूक पर ईंट-पत्थरों को रखकर और ज्यादा वजन बढ़ाती जाती है। देवी-देवताओं से होकर उसका विश्वास अब ईंट-पत्थरों में जमने लगा है। इस उम्मीद में कि शायद तुम कहीं से भी लौट आओ। पता नहीं वह उस संदूक पर और कितना वजन रख देना चाहती है।

हम लोगों ने तुम्हारी तलाश में अपने गाँव की नहर के साथ-साथ जाने कितनी दूर तक की नहरों की तलाशी ले ली। मेरे जूतों पर जाने कितने खेत-खलिहानों और पगडंडियों की मिट्टी लगी हुई है। तुम बचपन में गाँव के रेलवे स्टेशन पर अंधे भिखारी के पैसा गिना करती थीं, इसलिए हमें यह भी लगा कि

शायद तुम किसी भिखारी के साथ चली गई हो। भिखारियों के डेरे भी छान मारे, इस उम्मीद में कि तुम कहीं उनके पैसे गिनती हुई मिल जाओ। चारों तरफ तुम्हारी तलाश करते हुए हम सब लोग जीते-जी लाशों के समान बन गए हैं।

अशोक भैया बीच-बीच में बहते अपने आँसुओं के साथ अनवरत कहते जा रहे थे। ज्ञानज्योति अवाक् थी। उसे तो इस बात की कल्पना भी नहीं थी कि उसके पीछे घर और गाँव में इतना बवंडर उठा होगा। अशोक भैया बोलते रहे और ज्ञानज्योति की आँखों से भी झर-झर आँसू बहते रहे। कुछ देर बाद अशोक भैया ने कहा, 'अब तुम्हें मेरे साथ गाँव चलना होगा।' इस सारे वार्त्तालाप के दौरान गंगा का तट भी आ चुका था। ज्ञानज्योति ने उनसे कहा, 'ठीक है, मैं चलूँगी, लेकिन आपको गंगाजल हाथ में लेकर शपथ लेनी होगी कि आप बाद में मुझे वापस इसी आश्रम में लाकर छोड़ोगे।' अशोक भैया ने कहा, 'हाँ, मैं वचन देता हूँ कि तुम्हें घर पर सबसे मिलाने के बाद वापस यहीं छोड़ जाऊँगा।'

सप्त सरोवर घाट पर गंगाजी में स्नान करने के बाद दोनों भाई-बहन आश्रम लौटे। अशोक भैया ने गुरुदेव से निवेदन किया—'तो गुरुदेव मैं अपनी बहन को ले जाऊँ?' गुरुदेव ने कहा, 'हाँ, ले जा सकते हो।'

हरिद्वार से दिल्ली जाने वाली रेलगाड़ी में उनका रिजर्वेशन तो था नहीं, इसलिए अशोक भैया ने एक सीट पर अपना बैग रखकर जगह रोक ली। जब गाड़ी चली, तब पूरे समय वह अपनी बहन का हाथ पकड़े रहे। जब रात हुई तो उन्होंने उसका सिर अपनी गोद में रखकर सीट पर लेटा लिया। डिब्बे में सारे लोग इधर-उधर टिके हुए ऊँघ रहे थे, लेकिन अशोक भैया एकदम चौकस बैठे थे। उनकी आँखों से नींद मानो गायब हो चुकी थी। घर पहुँचने से पहले ही बहन कहीं फिर न खो जाए, इस चिंता ने उनके अंतर्मन को एकदम सजग और सतर्क कर रखा था।

अगले दिन दिल्ली स्टेशन आने तक वे ऐसे ही बैठे रहे। दिल्ली स्टेशन पर उतरकर वे बल्लीमारान की ओर चल पड़े। ये वह जगह थी, जहाँ इन दोनों भाई-बहन के मामा का घर था। दोनों के वहाँ पहुँचते ही मानो कोहराम सा मच गया। परिवार के सदस्य महीनों बाद अपनी लाड़ली निशा को देखते ही रोने लगे। ज्ञानज्योति के लिए यह सारा दृश्य बड़ा ही डरावना और हैरान कर देने वाला

था। निशा को देखते ही उसकी मामी अपनी छाती पीट-पीटकर रोने लगी। वे निशा का हाथ खींचते हुए बोली, "उतारकर फेंक इस चोले को।" वे जबरदस्ती पकड़कर उसके बालों को सुलझाने लगीं। निशा ने कहा, "मैंने ब्रह्मचर्य की दीक्षा ली है।" यह सुनकर उन्होंने उसे पीले रंग का एक सूट लाकर दिया और कहा, "इसे पहन ले।"

दिल्ली के बल्लीमारान से पीत वस्त्रधारी 'ज्ञानज्योति' की अगली यात्रा शुरू हुई। अशोक भैया के साथ जब वह मंडी दोराहा गाँव पहुँची तो सारा गाँव उसे देखने के लिए उमड़ पड़ा। ऐसा लगता था, जैसे उन लोगों के वहाँ पहुँचने का समाचार गाँव वालों को पहले ही मिल गया था। कच्चे-पक्के घरों की छतों और गाँव की गलियों में सारे गाँव की भीड़ इकट्ठा थी। कई महीनों से गायब लड़की आज आ रही है, यह कौतुहल जैसे गाँव की हवा में घुल सा गया था।

गाँव के बीचोबीच पेड़ के नीचे बने एक चौबारे पर चढ़कर ज्ञानज्योति ने दृष्टि भरकर सबको देखा। कई लोगों की आँखें आश्चर्य और गर्व से उसे देख रही थीं तो कुछ की आँखों से अश्रुधारा बह रही थी। उनकी आँखों में पश्चात्ताप के आँसू थे, जिन्होंने बिना कुछ जाने-बूझे निशा की गुमशुदगी के बाद उस पर किसी के साथ भाग जाने तक की अफवाहें फैलाई थीं। उसी निशा की सच्चाई 'ज्ञानज्योति' के रूप में सामने आने पर आज वही लोग शर्म से गड़े जाते थे।

कुछ क्षणों के गहरे सन्नाटे को ज्ञानज्योति के गंभीर स्वर ने चीरते हुए कहना शुरू किया—

"मेरे परमपूज्य पूज्य गुरुदेव युगपुरुष स्वामी परमानंदजी महाराज जिस सत्य की चर्चा करते हैं, जिस पर परमपिता परमात्मा की, जिस तत्त्व की, जिस निष्ठा की बात करते हैं, वही बात मैं आज आपके सामने रखती हूँ। जो व्यक्ति केवल देह के लिए जी रहा है, जिसने जाना नहीं कि देह से अलग भी मेरा कुछ अस्तित्व है, वह इस देह के बंधनों में बँधा हुआ किसी चुनौती को भला कैसे स्वीकार कर सकता है ? आप मृत्यु तक को ललकारकर पुकार सकते हो, लेकिन तभी, जब आप अपनी देह से परे शाश्वत जीवन सत्ता से परिचित हो सको। अभी तो भय है कि इस शरीर को कुछ हो न जाए। इस शरीर को बचाने की चिंता, धन को बचाने की चिंता, पद को बचाने की चिंता लगी हुई है। जो बच नहीं

सकता, उसे बचाने में लगे हैं और जो सदा विद्यमान रहता है, उसके प्रति आँखें मूँद रखी हैं। इससे ज्यादा दुर्भाग्य भला और क्या हो सकता है? जो नश्वर है, उसको अपना मान लिया और जो अविनाशी है, उससे रिश्ता ही नहीं जोड़ा। यह कितना बड़ा दुर्भाग्य है!

संत आपको नश्वरता से शाश्वतता की ओर ले जाना चाहते हैं। विकारों से भरे हुए इस जगत् में अविकारी से परिचय करा देना चाहते हैं। जो निरंतर परिवर्तनशील है, जो इस परिवर्तनशील जगत् में कूटस्थ है, जो कभी बदलता नहीं, उस सत्य से आपका परिचय करा देना चाहते हैं। जिस दिन आपका सत्य से परिचय होगा, उस दिन झूठ की दीवारें धराशायी हो जाएँगी। उस दिन रेत के घर टिक नहीं पाएँगे। ताश के पत्तों की तरह अपने आप तहस-नहस हो जाएँगे। ये जो सपने हैं, भरभराकर टूट जाएँगे। आप सत्य में स्थित होकर सत्य को जिएँगे और उसके बाद आपके भीतर वह क्षमता पैदा होगी कि आप अर्जुन की तरह युद्ध के मैदान में डट सकेंगे।

मुझे बहुत आश्चर्य होता है कि जिस समाज को गीता मिली, गीता के अंदर मृत्यु की चर्चा मिली, भगवान् कृष्ण जैसे अवतारी महापुरुष मिले, वह समाज भयभीत कैसे हो सकता है! वह किसी चुनौती को स्वीकार करने के लिए जल्दी तैयार क्यों नहीं होता? इसका एक ही कारण है कि हमने जो प्रवचन सुने हैं, उन्हें अपने जीवन में नहीं उतारा। अच्छी बातें सुन लेना अलग बात है और अच्छे हो जाना अलग बात है। हमने गीता सुनी, बहुत अच्छी लगी। यह एक स्थिति है, परंतु गीता हमारे हृदय के अंदर उतर गई, हमने उसे हृदयंगम कर लिया, हमने उसकी शाश्वतता को अपना लिया, धारण कर लिया, यह एक दूसरी स्थिति है।

आप कल्पना कीजिए कि एक कुशल मूर्तिकार एक बेतरतीब शिलाखंड को एक प्रतिमा के रूप में बदलता है तो वह जाने कितने दिनों तक उस पाषाण खंड को एक आकार के रूप में उधेड़ता रहता है। छैनी पर पड़ती हथौड़ी की असंख्य चोटें उसे एक आकार में लाती हैं। फिर मूर्तिकार उसकी छाती पर चढ़कर उसे बारीकी देना शुरू करता है। यदि मूर्तिकार में छटपटाहट है उसे तराश देने की तो पत्थर भी जाने कब से प्रतीक्षारत था कि कोई उसे आकार दे दे, ताकि उसका पत्थर होना भी सार्थक हो जाए। मूर्तिकार और पाषाण का बिल्कुल यही

संबंध गुरु और शिष्य के बीच होता है। गुरु एक कुशल शिल्पकार जैसे अपने पाषाणवत् शिष्य को ज्ञान की चोटें मार-मारकर उसमें एक ऐसा व्यक्तित्व प्रकट कर देते हैं, जो अपने धर्म और राष्ट्र के उत्थान हेतु स्वयं को आहूत कर सके।

मैं भी ईश्वर की किसी योजना से एक अनगढ़ पत्थर की भाँति अपने गुरुदेव के पावन श्रीचरणों में जा पड़ी हूँ। अब मुझमें भी एक छटपटाहट है कि उनकी कृपा से मुझमें एक ऐसा व्यक्तित्व जाग्रत् होकर अपनी सार्थकता को प्राप्त हो सके।

दोराहा गाँव के उस चौबारे के चारों और जमा हुए लोग टकटकी लगाकर ज्ञानज्योति को सुन रहे थे। वे निशा के इस रूपांतरण को विस्फरित नेत्रों से देख रहे थे। गाँव की गलियों में यहाँ-वहाँ दौड़ती-भागती रहने वाली एक चुलबुली सी लड़की निशा, अध्यात्म की ज्ञानज्योति बनकर जगमगा उठेगी, किसी ने कल्पना भी नहीं की थी।

प्रवचन के बाद वह जब अपने घर पहुँची तो माँ के आठ महीनों की चुप्पी मानो किसी टूटे हुए बाँध की अथाह जलराशि जैसी बह निकली। माँ निशा को अपनी बाँहों में भरकर कितना रो लेना चाहती है, इसका अनुमान मुश्किल था। इतने महीनों तक घर से गायब रही निशा के प्रति अपार दुःख और चिंताओं के साथ जो क्रोध परिवारजनों में था, आज वह इस संतुष्टि में घुल गया था कि चलो, आज साधु वेश में इसके घर लौट आने से कम-से-कम गाँव भर की अनर्गल बातों से मुक्ति तो मिली। सब लोग रो रहे थे और ज्ञानज्योति जड़वत्। खैर, यह प्रतिक्रिया बहुत स्वाभाविक थी। यह तो होना ही था निशा के घर लौटने पर। अगले दिन फिर से प्रवचन का वही कार्यक्रम चौबारे पर शुरू हुआ। यह क्रम अगले 8-10 दिनों तक चलता रहा।

□

पारिवारिक विरोधों के बीच पुनः आश्रम पहुँचना

एक दिन ज्ञानज्योति ने अशोक भैया से कहा, "अब आप गंगा मैया की गोद में दिए गए अपने वचन के अनुसार मुझे वापस गुरुदेव के आश्रम में हरिद्वार छोड़कर आइए।" यह सुनते ही उन्होंने मानो उन्होंने रौद्र रूप धारण कर लिया। ज्ञानज्योति के मुँह से यह बात सुनते ही उनके भीतर इतने महीनों का दबा हुआ गुस्सा उनकी पिटाई के रूप में बाहर निकला। खैर, मामला जैसे-तैसे शांत हुआ, लेकिन ज्ञानज्योति को गुरुचरणों का सान्निध्य पाने की व्याकुलता थी। उसे लगता ही नहीं था कि वह केवल इस घर के लिए बनी है।

एक दिन उसके गुरुभाई स्वामी परमजी की चिट्ठी आई। जब वह अशोक भैया के हाथ लगी तो उन्होंने पढ़ने के बाद उसे फाड़कर फेंक दिया। परंतु उनके दूसरे भाई मुरली भैया ने चुपचाप उस चिट्ठी के फटे हुए टुकड़ों को इकट्ठा करते हुए पुनः जोड़कर ज्ञानज्योति को दे दिया। उसमें स्वामी परम ने लिखा था कि "ज्योति! कृष्ण नगर के झारखंडी मंदिर में पूज्य गुरुदेव इस तारीख से इस तारीख तक रहेंगे। यहाँ सारा संत मंडल तुम्हारी ही बातें करता है। तुम्हें सब याद करते हैं।" लेकिन अब घर वाले अपनी निशा को किसी भी हालत में घर से बाहर नहीं निकलने देना चाहते थे। स्वामी परमजी ने उस चिट्ठी में इन्हीं सारी स्थितियों को भाँपकर ज्ञानज्योति को यह सुझाव दिया कि यदि तुम्हें यहाँ वापस आना है तो तुम केवल अपनी माँ को किसी प्रकार से मना लो कि वे तुम्हें केवल एक बार गुरुदेव के दर्शन कराने झारखंडी मंदिर ले आएँ।

फिर ज्ञानज्योति ने यही किया भी। एक दिन उन्होंने अपनी माँ से कहा, "देखो माँ, जिन संत के कारण मैं तुम्हें सुरक्षित वापस मिली हूँ, कम-से-कम एक बार मेरे साथ चलकर तुम्हें उनके दर्शन तो करने ही चाहिए। मेरा वापस मिल जाना, उनका बड़ा उपकार है तुम पर।"

माँ ने कहा, "तेरे पिता नहीं मानेंगे।" ज्ञानज्योति ने कहा, "जरूर मानेंगे, अगर तुम उन्हें समझा सको।"

पिताजी से बात करने के बाद माँ ज्ञानज्योति को अपने मायके दिल्ली ले आईं। माँ ने वहाँ से उनकी भाभी को साथ लिया और फिर ये तीनों कृष्णा नगर के झारखंडी मंदिर पहुँचे, जहाँ गुरुदेव का कार्यक्रम चल रहा था। गुरुदेव को दंडवत् प्रणाम करके ज्ञानज्योति ने कहा, "गुरुदेव! ये मेरी माँ हैं और ये मामी।" सुनते ही गुरुदेव प्रसन्न होकर बोले, "अच्छा तेरी माँ और मामी भी आई हैं।" ज्ञानज्योति को देखकर वहाँ उपस्थित उनके सभी गुरु भाई-बहनों के चेहरे खिल उठे।

सारा दिन ज्ञानज्योति की माँ और मामी गुरुदेव का सत्संग प्रवचन सुनती रहीं। जब शाम हुई तो माँ ने कहा, "चल बेटा घर।" ज्ञानज्योति ने बड़ी स्पष्टता से कहा, "माँ! अब मैं वापस घर नहीं जाऊँगी।" माँ ने कहा, "बेटा, अगर तू मेरे साथ घर नहीं पहुँची तो तेरे पिता मुझे मार डालेंगे।" परंतु ज्ञानज्योति ने निश्चय कर लिया था कि अब मैं वापस नहीं जाऊँगी। आखिर माँ को बिना ज्ञानज्योति के ही घर लौट जाना पड़ा।

इस घटना के बाद कई बार घर के लोगों ने आश्रम आकर ज्ञानज्योति को समझाने-मनाने की कोशिशें कीं कि शायद वह घर लौट आए। लेकिन मन संकल्पित था और नियति की निश्चित योजना भी थी। ज्ञानज्योति का जीवन किसी बड़े लक्ष्य की ओर बढ़ रहा था, जिसके मार्ग में जैसे किसी भी प्रकार का कोई व्यवधान टिक नहीं पाता था। लगभग एक वर्ष के बाद एक दिन ज्ञानज्योति ने गुरुदेव के चरणों में निवेदन किया, "हे गुरुदेव! या तो आज ही जैसा भी लड़का मिले, मेरा ब्याह कर दीजिए अथवा आज ही मुझे संन्यास दे दीजिए। मैं घर के लोगों और अपनी ऊहापोह को समाप्त करना चाहती हूँ।"

लोगों के संन्यास होते हैं किसी पर्व में, किसी नदी के किनारे, किसी पवित्र स्थान पर और संन्यास के बाद भंडारा होता है, परंतु ज्ञानज्योति के संन्यास में ऐसा

कुछ भी नहीं हुआ। उस दिन न तो कोई पर्व था, न ही नदी का किनारा। संन्यास के समय का कोई मुहूर्त, ग्रह-नक्षत्र इत्यादि भी नहीं देखे गए। लोगों के संन्यास सैकड़ों लोगों के समक्ष होते हैं, परंतु इस संन्यास के समय न तो भक्तों की कोई भीड़ थी और न ही कोई शोर-शराबा।

दिल्ली के कीर्ति नगर का गीता भवन। ज्ञानज्योति के 'चाचा गुरुदेव' ने संन्यास के वस्त्रों को गेरू से रंग दिया। गुरुदेव ने ज्ञानज्योति के संन्यास दीक्षा देकर वही वस्त्र देते हुए कहा, "अब आज से 'ऋतंभरा' है तू।"

वास्तव में गुरुदेव अपने आश्रम की एक पत्रिका प्रकाशित करना चाहते थे, जिसका नाम उन्होंने सोचा था 'ऋतंभरा'। वह पत्रिका तो प्रकाशित नहीं हो सकी, परंतु आज दोराहा गाँव की निशा जरूर 'ऋतंभरा' बन गई, जिसके द्वारा भविष्य में एक इतिहास बनाया जाना नियति ने निश्चित किया था।

बीतते समय के साथ दोराहा के उस परिवार ने भी यह संतोष कर, मन को समझा लिया कि हमारी बेटी भले ही संन्यासी हो गई है, परंतु हम लोगों की तानाकशी से तो बचे। धीरे-धीरे उस गाँव के लोगों की आस्था गुरुदेव युगपुरुष स्वामी परमानंदजी महाराज से जुड़ने लगी। एक दिन कुछ लोग उनके दर्शनों को हरिद्वार पहुँचे और उनसे प्रार्थना की कि उनके प्रवचन दोराहा गाँव में भी हों। कुछ समय बाद यह अवसर भी आया और फिर लगभग सारा गाँव गुरुदेव का भक्त बन गया।

इधर साध्वी ऋतंभराजी का व्यक्तित्व तेजस से भर रहा था। पूज्य गुरुदेव का मार्गदर्शन, साधना और स्वाध्याय उन्हें एक ऐसे साँचे में ढाल रहा था, जिसमें ढलकर उसे एक राष्ट्रीय व्यक्तित्व बनना था।

□

जातिभेद की दीवारें ढहाकर समरस हिंदुत्व जगाते गुरुदेव

युगपुरुष श्री स्वामी परमानंदजी महाराज देश के उन चुनिंदा संतों में से एक हैं, जिन्होंने श्रीरामजन्मभूमि मुक्ति आंदोलन में अपनी महत्त्वपूर्ण भूमिका निभाई। उन्होंने भारत के गाँव-गाँव और नगर-नगर में भ्रमण कर छोटी-बड़ी हजारों सभाओं के माध्यम से पूरी दृढ़ता के साथ श्रीरामजन्मभूमि के अकाट्य तर्कों को जनता के सामने रखा। तमाम राजनैतिक प्रतिकूलताओं और आंदोलन समर्थक हिंदू जनता पर सरकारी दमनात्मक कार्रवाइयों के बाद भी महाराजश्री देश भर में लगातार जनजागरण करते रहे। उनकी शिष्या पूज्य दीदीमाँ साध्वी ऋतंभराजी एक ऐसी मशाल के रूप में प्रज्वलित हुईं, जिसके तेजस्वी प्रकाश ने भारत के करोड़ों हिंदुओं को उनके स्वाभिमान का पथ दिखाया। साध्वी ऋतंभराजी को सारे देश ने श्रीरामजन्मभूमि मुक्ति आंदोलन की तेज-तर्रार सूत्रधार के रूप अपना स्नेह, श्रद्धा और समर्थन दिया। वह युगपुरुषजी का ही आलोक था, जो पंजाब की एक साधारण सी लड़की के भीतर दुर्गा की शक्ति बनकर प्रदीप्त हुआ। गुरु और शिष्या दोनों ने ही अपने अथक प्रयत्नों के फलस्वरूप विभिन्न जातियों, मतों, पंथों और संप्रदायों में बिखरे कोटि-कोटि हिंदू समाज को एकात्मता के सूत्र में पिरोया।

इधर साध्वी ऋतंभराजी वर्षों तक भारत के गाँव-गाँव तक घूम-घूमकर हिंदुओं की विभिन्न जातियों के बीच समरसता घोलती रहीं और यह बताती रहीं कि अपने आराध्य मर्यादा पुरुषोत्तम के जन्मस्थान की मुक्ति ही हमारे स्वाभिमान का उदय है। उधर परमपूज्य गुरुदेव युगपुरुष महामंडलेश्वर श्रीस्वामी परमानंदजी

महाराज उन सेवा बस्तियों में जाते, जिन्हें अछूत समझा जाता था। जब उन घरों में बैठकर वे प्रेमपूर्वक भोजन करते तो लोगों की आँखें बरस पड़तीं। महाराजश्री उन्हें अपने गले से लगाते और वह गाँव-गली जन्मभूमि के संघर्ष की राह पर उनके साथ चल पड़ती। ऐसी एक नहीं, हजारों बस्तियों को महाराजश्री ने अपने स्नेह आलिंगन में बाँधा। वे बहुत ही विनम्रतापूर्वक भारत भर की यत्र-तत्र मठ-मंदिरों में बिखरी हुई संत शक्ति को एक मंच पर एकत्र करने का भगीरथ प्रयत्न करते रहे। ईश्वर की कृपा और अन्य प्रमुख संत महात्मनों के संयुक्त प्रयासों ने भारत की हिंदू शक्ति को एक तेजस्वी रूप में जाग्रत् कर दिया। सन् नब्बे के दशक के अंत तक सारे भारत की जनता और भारत की विराट् संत शक्ति एक महासागर के समान हिलोरे ले रही थी। लाखों रामभक्तों का वह काफिला अपने मानबिंदु के पुनर्निर्माण की राह पर चल पड़ा। अयोध्या में रामलला की वह जन्मभूमि उन हजारों निर्दोष और निरपराध कारसेवकों के रक्तपात की साक्षी है, जो 1990 की कारसेवा में अपने आराध्य के लिए बलिदान हुए। फिर सारे जगत् के क्षितिज पर हिंदू स्वाभिमान का सूर्य अपनी संपूर्ण तेजस्विता के साथ उदित हुआ। श्रीरामजन्मभूमि प्रकरण में हिंदू समाज के साथ न्याय हुआ है। बहुत महत्त्वपूर्ण बात यह रही कि सारे पुरातात्त्विक साक्ष्यों ने उसके रामजन्मभूमि होने की ओर ही स्पष्ट और दृढ़ संकेत किया। पहले इलाहाबाद हाईकोर्ट का निर्णय उन लोगों के होंठों पर जड़ दिया गया एक ताला है, जो राम के होने के प्रमाण माँगते रहे हैं और फिर सर्वोच्च न्यायालय के निर्णय ने सिद्ध किया कि रामलला का जन्म अयोध्या की उसी पावनभूमि पर हुआ, जिसे अब तक विवादित बताया जाता रहा था। श्रीरामजन्मभूमि मुक्ति आंदोलन के जनजागरण में अग्रेता संत महापुरुषों में युगपुरुष महामंडलेश्वर श्रीस्वामी परमानंदजी महाराज का योगदान अविस्मरणीय है। इस सारे परिप्रेक्ष्य में वे एक धर्मयोद्धा के रूप में नजर आते हैं। □

श्रीरामजन्मभूमि मुक्ति संघर्ष और दीदी ऋतंभरा का राष्ट्रजागरण

श्रीरामजन्मभूमि अयोध्या पर अपने आराध्य रामलला का भव्य मंदिर देखने के लिए पिछले लगभग साढ़े चार सौ वर्षों के संघर्ष में लाखों रामभक्तों ने अपना बलिदान दिया था। राम के राष्ट्र में उन्हीं की जन्मभूमि पर अपना यह स्वाभाविक अधिकार पाने के लिए हिंदुओं को इतने बलिदान देने पड़ रहे हैं, यह पीड़ा सारे विश्व के हिंदुओं में थी।

सारे भारत का हिंदू समाज श्रीरामजन्मभूमि मुक्ति के लिए प्राणपण से एकजुट हो सके, इसके लिए इस संघर्ष का नेतृत्व सँभाला विश्व हिंदू परिषद ने। इसी क्रम में वर्ष 1984 में 'गंगा कलश एकात्मता यात्रा' का आयोजन किया गया। इसके तीन चरण थे। पहले चरण में नेपाल की राजधानी काठमांडू से भारत के दक्षिणी राज्य तमिलनाडु के रामेश्वरम् तक 5,500 किलोमीटर की यात्रा निकाली गई थी। इसे 'पशुपति रथ' कहा गया था। दूसरे चरण में हरिद्वार से कन्याकुमारी तक 'महादेव रथ' निकाला गया था। तीसरे चरण में गंगासागर से सोमनाथ तक 'कपिल रथ' निकाला गया था। अलग-अलग जगहों पर इन रथों को जोड़ने के लिए स्थानीय स्तर पर कई रथ निकाले गए थे। इन यात्राओं के प्रत्येक रथ पर गंगाजल से भरे कलश और भारतमाता का चित्र होता। गाँव-गाँव और नगर-नगर ये यात्रा जहाँ से भी गुजरती, सारा वातावरण हिंदुत्व से सराबोर हो जाता।

अपने मानबिंदुओं की पुनर्प्रतिष्ठा के लिए विश्व हिंदू परिषद का यह प्रयत्न स्वयं को राष्ट्रीय स्तर पर पहुँचाने और समाज को जोड़ने में सफल रहा।

यह समय आते-आते देश भर में 'साध्वी ऋतंभराजी' के रूप में ऐसी तेजस्वी और प्रखर वाणी गूँजने लगी थी, जिसे सुनकर हिंदू समाज अपने भीतर तक 'धर्माधिष्ठित राष्ट्रवाद' के शंखनाद की गूँज को अनुभव कर रहा था। कभी ओटलों पर चढ़कर दस-बीस हिंदुओं के सामने अपने अकाट्य तर्कों से उनकी अंतर्रात्मा को झकझोरने वाली दीदी ऋतंभरा को सुनने के लिए पहले हजारों और फिर लाखों हिंदुओं की भीड़ उमड़ने लगी।

लाखों हिंदुओं के सामने वह हिंदुत्व की हुंकार भरते हुए कहतीं—

"आज कुछ लोग देश के दुश्मन हो गए हैं। मेरा डर किसी ईसाई या किसी मुसलमान को लेकर नहीं है। आप जानते हो कि पेड़ को कौन काट पाया? लोहे की कुल्हाड़ी। परंतु वह जरा सी लोहे की कुल्हाड़ी, उसमें क्या दमखम थी कि वह पेड़ को काट देती? लेकिन जब उसी कुल्हाड़ी के पीछे उसी पेड़ की एक शाखा हत्था बनकर जुड़ गई तो फिर कौन बचा पाया उस पेड़ को?

लोहे की कुल्हाड़ी के पीछे लकड़ी हत्था न होता
तो लकड़ी के कटने का रस्ता न होता।

आज हमारी चिंता किसी दूसरे को लेकर नहीं, बल्कि हमारे अपनों को लेकर है, जो कुल्हाड़ी के पीछे हत्थे बनकर खड़े हो गए हैं, इसलिए उनके प्रति आपको सचेत होना है। प्रत्येक हिंदू को क्या करना है? सप्ताह में केवल एक बार अपने मोहल्ले के अंदर, अपनी कॉलोनी के अंदर आपस में मिलने का समय तय करना चाहिए। विचार करें कि समाज के लिए आपको क्या करना है, गरीब और असहाय हिंदुओं के लिए आपको क्या करना है और हिंदू संगठनों को आप कैसे सहयोग देंगे, यह सब काम आपको करना है। जैसे आप फिल्मी सितारों और क्रिकेट के खिलाड़ियों को उत्साहित करते हो, वैसे ही अपने समाज के कार्यकर्ताओं को भी उत्साहित करो। जो देश का काम कर रहा है, हिंदू समाज का काम कर रहा है, उसे आप 'सांप्रदायिक' कह देते हो। कोई नौजवान हिंदू समाज का काम करने निकलता है तो आपको लगता है कि वह नेतागीरी झाड़ रहा है। अपने देश का काम करना, अपने समाज का काम करना नेतागीरी नहीं, आज की आवश्यकता है। आपके जो धार्मिक कार्यक्रम होते हैं, उसके अंदर राष्ट्रीय चर्चा होनी चाहिए, ताकि राष्ट्रीयता का भाव देश के अंदर पैदा हो। माताओं को

चाहिए कि जैसे वे किटी पार्टियों और क्लबों में अपने वैभव का, अपनी साड़ियों का और अपनी विलासिता का प्रदर्शन करती हैं, वैसे ही एक और हिंदू संगठन भी बनाएँ। मंदिरों में साथ मिलकर बैठें, कीर्तन करें। हरि नाम का संकीर्तन करके जब अंत:करण शुद्ध हो जाए तो राष्ट्र की सेवा का संकल्प लें। यह सब काम हिंदू समाज को ही करना है। इस समय चारों ओर जो विपत्तियाँ दिखाई दे रही हैं, उनसे इस देश को बचाया जा सकता है, यदि आप जाग जाओ तो। मेरे हिंदू बंधु-भगिनियो! यदि आप नहीं जागे तो मामला बहुत गड़बड़ होने वाला है।

देश के अंदर बड़ी ही बुरी स्थिति आ गई है। पाकिस्तानी और बांग्लादेशी घुसपैठिए आकर नारे लगा रहे हैं कि 'लड़कर लिया है पाकिस्तान, अब घुसकर लेंगे हिंदुस्तान।' इसलिए यह घुसपैठ हो रही है चारों तरफ से। इस देश को सराय समझकर लोग अंदर आ रहे हैं। विधर्मियों, अत्याचारियों और भ्रष्टाचारियों की संख्या लगातार बढ़ रही है। यह गंदगी हमें दूर करनी है। हिंदू समाज को संकल्प लेना है।

पाकिस्तान गड़बड़ कर रहा है। लोगों ने कहा कि अब क्या होगा? लगता है युद्ध होगा। पाकिस्तान गड़बड़ कर देगा। बात तो तब बिगड़ती है, जब हमारे ही लोग उनके साथ शामिल हो जाते हैं। इसलिए मेरा आपसे अनुरोध है, जो इस देश के अंदर हिंदू समाज यदि मुट्ठी बाँधकर सिंह गर्जना करेगा तो पाकिस्तान और पाकिस्तानियों को अपने आप होश आ जाएगा।

मैं एक निवेदन करना चाहती हूँ कि हाथ पर हाथ धरकर बैठे रहने से यह बात नहीं बनने वाली है। तुम बड़े गीत गाते हो कि 'दे दी हमें आजादी बिना खड्ग बिना ढाल, साबरमती के संत तूने कर दिया कमाल।' मुझे यह गीत यथार्थपूर्ण नहीं लगता। क्या तुम्हें आजादी बिना खड्ग बिना ढाल के मिल गई थी? तुम्हें आजादी केवल तकली और चरखा घुमाने से नहीं मिली है। तुम्हारी आजादी तुम्हें मिली है तुम्हारे पुत्रों के बलिदानों से। इसे पाने के लिए सरदार भगतसिंह, सुखदेव, राजगुरु और चंद्रशेखर आजाद जैसे सैकड़ों देशभक्तों ने फाँसी के फंदे को चूमा था, आत्मोत्सर्ग किया था। वीर सावरकर का बलिदान स्मरण करो। स्मरण करो उन लोगों का, जिन्हें कोल्हू का बैल बनाकर जोता गया था। जिनकी खालें तक नोंची गई थीं। उनका स्मरण करो, जिन्होंने जलियाँवाला बाग की धरती

को अपने रक्त से नहला दिया था। तुम्हें आजादी केवल चरखा घुमाने से नहीं मिली है। तुम्हें आजादी बलिदान देने से मिली है। केवल चरखा घुमाने से आजादी मिलती तो दुनिया में शायद कोई भी राष्ट्र पराधीन नहीं होता।

कभी कल्पना करो कि रावण जब सीता मैया का अपहरण कर उन्हें लंका ले गया तो रामजी ने क्या किया था? उन्होंने उत्तर से दक्षिण तक भ्रमण करते हुए वानर, भालुओं, आदिवासियों और गिरिवासियों को संगठित करके लंका का ध्वंस किया था। ऐसा नहीं कि उन्होंने सबको एक-एक चरखा पकड़ाकर कहा कि सूत कातकर धागा बनाओ। इतना भर करने से वैदेही वापस आ जाएँगी। क्या किसी के चरखा कातने भर से रावण डर जाता? सीताजी को वापस दे देता?

मेरी बात याद रखना हिंदुओ, कि तुम्हें अपने अंदर संघर्ष का माद्दा पैदा करना होगा, अहमियत पैदा करना होगी। यहाँ बात सिर्फ माहौल बनाने की नहीं है, क्योंकि राष्ट्रप्रेमियों के ऊपर माहौल का असर नहीं हुआ करता। कल माहौल हमारे अनुकूल नहीं था। अनेक मुकदमे चल रहे थे। जब देखो तब समन, जब देखो तब वारंट निकला रहता था। एक बार मैं पश्चिमी उत्तर प्रदेश गई तो कुछ गुंडे मेरी हत्या करने के लिए आ गए। हम बाँदा गए तो वहाँ भी फोन आया कि कुछ गड़बड़ होने वाली है। जहाँ भी जाओ वहीं 'कुछ गड़बड़ होने वाली होती है', की चेतावनी मिलती। इस गड़बड़ में कोई हमारी हत्या कर देगा, इस भय से क्या साध्वी ऋतंभरा अपना 'राष्ट्र सत्य' बोलना बंद कर देगी?

नहीं, बिल्कुल नहीं। देश भर में बहुत कूड़ा-कचरा इकट्ठा हो गया है, इसलिए उसे आग लगाकर भस्म करने की आवश्यकता है। यह आग तब तक जलती रहनी चाहिए, जब तक कि सारा कचरा जलकर समाप्त नहीं हो जाता। मेरा एक और निवेदन है कि आप सबने मेरा प्रवचन सुना, तालियाँ बजाईं और घर को चल दिए। रास्ते में यह भी कहते गए कि 'बहुत अच्छा भाषण देती है साध्वी ऋतंभरा और बोलते समय साँस भी लेती है तो पता ही नहीं चलता', इससे बात नहीं बनेगी। ताली बजाकर चले जाना बहुत बड़ी बहादुरी नहीं है। मेरा आपसे अनुरोध है कि मेरी पीड़ा आपकी पीड़ा बने। ताली बजाकर आपके कर्तव्यों की इतिश्री नहीं हो गई। आज से और इसी क्षण से आपके कर्तव्य की शुरुआत हुई है। अभी यहाँ से जाने के बाद राष्ट्रीय चिंतन में तुम्हें नींद नहीं आनी

चाहिए। आज सारे देश में हिंदू समाज के मानबिंदुओं पर आघात किए जा रहे हैं। मिट्टी के लौंदे बनकर बैठे रहोगे तो कुछ होने वाला नहीं है। अपने अधिकारों के लिए तुम्हें लड़ना होगा। अधिकारों को लेने के लिए तुम्हें तैयारी करनी होगी। इसी निवेदन के साथ अपनी मुट्ठी बंद करके मेरे साथ हाथ खड़ा करें, मेरे साथ कंधे से कंधा मिलाकर सभी सिंह गर्जना करें। मेरा आपसे इतना ही निवेदन है—

आँधियाँ चलने लगीं अब ज्वार को पैदा करो
कंठ में क्रंदन नहीं, हुंकार को पैदा करो
फिर सजने लगी है कुरुक्षेत्र समय की भूमिका
पार्थ तुम गांडीव में टंकार फिर पैदा करो।
जय भारत जय श्रीराम!"

दीदी ऋतंभराजी का उद्‌बोधन सभा में उपस्थित लक्षाधिक हिंदू समाज को झकझोर देता। सुनने वालों को लगता कि वास्तव में हिंदू समाज का भविष्य अंधकारमय है, अगर वह संगठित नहीं हुआ तो। दीदी ऋतंभरा की सभाओं की संख्या धीरे-धीरे बढ़ने लगी। भारत के इतिहास में 'श्रीरामजन्मभूमि मुक्ति आंदोलन' जाति-संप्रदाय और मत-मतांतरों की दीवारें ढहा देने वाली एक क्रांति के रूप में भी सदैव स्मरण रखा जाएगा। इस आंदोलन को ओजस्विता की धार देने वाले जन नायकों में पूज्या साध्वी दीदी ऋतंभराजी का नाम स्मरण आते ही उनका तेजस्वी व्यक्तित्व सामने आता है। इस आंदोलन से लाखों-लाख लोगों को जोड़ देने की उनकी तेज-तर्रार भाषण शैली को याद करते हुए उन्हें देखने-सुनने वाले आज भी रोमांचित हो उठते हैं। वर्ष 1990 का वह दशक, जब सारे भारत में भगवा लहर चल रही थी, साध्वी ऋतंभराजी के अहर्निश प्रयत्नों का ही परिणाम था कि श्रीरामजन्मभूमि मुक्ति आंदोलन के लिए सारे भारत का हिंदू एक ध्वज तले एकत्र हुआ। उनके ओजस्वी भाषणों में एक आम हिंदू की पीड़ा व्यक्त हुआ करती थी। वे जिस मंच पर से गरजतीं, उनके शब्द राष्ट्रवाद को धार देते हुए श्रोताओं के मन में समा जाते। वे अनुभव करते कि सचमुच करोड़ों हिंदुओं के देश में किस प्रकार से उन्हें छला जा रहा है। वे हिंदू समाज को आगाह करतीं कि दुनिया के लोगों को रहने के लिए अनेक देश हैं, लेकिन हिंदुओं को रहने के लिए केवल और केवल भारत ही है, जहाँ वे अपनी पूजा-पद्धतियों और

परंपराओं के पालन-पोषण हेतु स्वतंत्र हैं। भारत के इस्लामीकरण की साजिश और ईसाई मिशनरियों द्वारा भोले-भाले हिंदू आदिवासियों के धर्मांतरण पर उनकी चिंता के प्रकटीकरण ने हिंदुओं को अपने वर्तमान और भविष्य पर सोचने के लिए विवश किया। हिंदू समाज में व्याप्त छुआछूत को उन्होंने हमेशा ही हिंदू समाज के बिखराव का एक प्रमुख कारण माना। अयोध्या आंदोलन के लिए विराट् जनजागरण करते हुए उन्होंने समग्र हिंदू समाज से तमाम जातिगत भेदभाव भुलाकर एक हो जाने का आह्वान किया।

वर्ष 1990 आते-आते विश्व हिंदू परिषद के माध्यम से अयोध्या का श्रीरामजन्मभूमि मुक्ति आंदोलन देश के कोने-कोने तक पहुँच चुका था। 28 अगस्त, 1990 को विश्व हिंदू परिषद के महासचिव श्री अशोक सिंहल ने भारत की आध्यात्मिक शक्तियों का आशीर्वाद और मार्गदर्शन लेकर घोषणा की कि आगामी 30 अक्तूबर को विश्व हिंदू परिषद की पाँच हजार वाहिनियाँ (प्रत्येक वाहिनी में एक सौ एक कारसेवक) अयोध्या पहुँचकर रामलला की जन्मभूमि पर 'कारसेवा' आरंभ करते हुए भव्य मंदिर निर्माण की दिशा में आगे बढ़ेंगी।

□

अयोध्या कारसेवा, 30 अक्तूबर, 1990

विश्व हिंदू परिषद का आह्वान पर आयोजित कारसेवा में उत्तर प्रदेश की मुलायम सिंह सरकार द्वारा अयोध्या आने वाले सारे रास्तों को बंद कर दिए जाने के बाद भी लाखों की संख्या में कारसेवक अयोध्या की सड़कों, गलियों और मुहल्लों में प्रकट हो गए। उत्तर प्रदेश के तत्कालीन मुख्यमंत्री मुलायम सिंह यादव का दावा था कि अयोध्या में रामजन्मभूमि–बाबरी मसजिद परिसर में कारसेवक तो दूर, कोई परिंदा भी पर नहीं मार सकेगा। इसके लिए उत्तर प्रदेश से अयोध्या आने वाली तमाम सड़कों पर अवरोध खड़े कर दिए गए थे। रेल मंत्रालय की साँठ-गाँठ से राज्य में आने वाली रेलगाड़ियों को या तो बंद कर दिया गया था अथवा उन्हें किसी-न-किसी बहाने से विलंब से चलाया जा रहा था। बावजूद इन सबके कारसेवक मीलों पैदल चलकर या फिर नदियों को पार करके अयोध्या पहुँच चुके थे। विश्व हिंदू परिषद का शीर्ष नेतृत्व भी अयोध्या में था।

अयोध्या में जन्मभूमि परिसर से कुछ दूरी पर स्थित हनुमानगढ़ी से आगे बाबरी ढाँचा पहुँचने वाली गली को लोहे के चार मजबूत अवरोधों से बंद करके उनपर भारी संख्या में पुलिसकर्मियों को तैनात किया गया था। विश्व हिंदू परिषद के श्री अशोकजी सिंहल के निर्देशानुसार ऐसी स्थिति में पुलिस बलों से संघर्ष नहीं करते हुए हनुमानगढ़ी चौराहे पर ही बैठकर भजन-कीर्तन किया जाना निश्चित हुआ। लेकिन कई बार हम जो सोचते हैं, वह नहीं होता, बल्कि नियति ही निर्धारित करती है कि अब आगे क्या होगा।

अचानक ही वहाँ एक ऊँचे पूरे और तेजस्वी नागा साधु प्रकट होकर पास ही पुलिस बल को उतारकर एक खड़ी गाड़ी की ओर बढ़े। कारसेवकों को

आवाज लगाई, 'आ जाओ सब' और उछलकर ड्राइवर की सीट पर जा बैठे। चाबी घुमाई और बस को सामने की ओर दौड़ा दिया। जब तक पुलिस बल कुछ समझ पाता, तब तक वह बस अपनी टक्करों से चारों बैरियरों को ध्वस्त करते हुए रामजन्मभूमि परिसर में घुस गई। चारों बैरियर टूटते ही कम-से-कम पच्चीस से तीस हजार कारसेवक भी वहाँ प्रवेश कर गए। अपने हाथों से उन्होंने विवादित ढाँचे में लगी जालियों के सरिए उखाड़कर उन्हें सब्बलों की तरह चलाते हुए ढाँचे की बाहरी दीवारों को तोड़ना शुरू कर दिया। कारसेवकों का एक समूह अपने प्राणों की परवाह न करते हुए बाबरी ढाँचे के तीनों गुंबदों पर चढ़कर भगवा ध्वज फहराने लगा। पूरा परिसर 'जय श्रीराम' के गगनभेदी घोष से गूँज उठा।

कहा जाता है कि इस सारे दृश्य को मुलायम सिंह यादव ने उस हैलीकॉप्टर से स्वयं देखा, जो उस समय परिसर के ऊपर मँडरा रहा था। प्रशासन के उच्चाधिकारियों ने फैजाबाद के तत्कालीन जिलाधीश रामशरण श्रीवास्तव से कहा कि वे पुलिस बल को कारसेवकों पर गोलीचालन का आदेश जारी करें, परंतु जिलाधीश ने यह कहते हुए ऐसा कोई भी आदेश देने से मना कर दिया, जिसके अंतर्गत निहत्थे कारसेवकों पर गोलियाँ बरसाई जाएँ। इसके बाद भी उस दिन कहीं-कहीं गोली चलने और लाठीचार्ज में कई लोग बलिदान हुए और कई

घायल। कहा तो यह भी जाता है कि ये गोलियाँ पुलिस वेश में अराजक तत्त्वों ने चलाई थीं।

दैनिक भास्कर

सुरक्षा घेरे को तोड़कर कारसेवा शुरू.....!

३१ बलिदान, अनेक आहत : पी.ए.सी. द्वारा विद्रोह? मस्जिद को क्षति? जनसमुद्र में खो गई सेना और मंदिर पर फहर गया भगवा ध्वज : पूरे देश में स्थिति तनावपूर्ण : दंगों में

विश्व हिंदू परिषद के शीर्ष नेतृत्व के रूप में श्री अशोक सिंहल भी कारसेवकों का नेतृत्व करते हुए अपने सिर पर पुलिस की लाठियाँ झेलते हुए गंभीर चोटों के साथ घायल हुए, जिन्हें अस्पताल पहुँचाया गया। इधर गोंडा की ओर सरयू पुल पर कम-से-कम पच्चीस हजार कारसेवकों के साथ सशस्त्र बलों का टकराव हुआ, जिसके फलस्वरूप पुलिस द्वारा किए गए गोलीचालन में दर्जनों कारसेवकों ने अपने प्राणों का बलिदान किया और सैकड़ों घायल हुए।

पुलिस की बर्बरता यहीं नहीं रुकी। उसने महंत श्री नृत्यगोपालदासजी महाराज की छावनी में कारसेवकों के लिए रखी भोजन सामग्री भी लूट ली, ताकि कारसेवकों को भोजन न मिल सके, परंतु जब यह समाचार फैला तो गोंडा की ओर के सभी गाँवों ने बड़ी संख्या में भोजन पैकेट इस तरफ भेजना शुरू कर दिया, ताकि कारसेवकों को भोजन का अभाव न हो।

इस कारसेवा के बाद संपूर्ण भारत के हिंदू समाज ने ढोल-ढमाकों और आतिशबाजी के साथ अपना हर्ष व्यक्त किया। इधर अयोध्या के श्री मणिरामदास छावनी में कारसेवा से संबंधित अगले दो दिनों की योजना पर विचार-विमर्श किया जाने लगा।

□

अहिंसक कारसेवकों का नृशंस नरसंहार, 2 नवंबर, 1990

विश्व हिंदू परिषद के शीर्ष नेतृत्व द्वारा यह निश्चित किया गया कि 2 नवंबर, 1990 को अयोध्या में एकत्र हुए लाखों कारसेवक नगर के मुख्य मार्गों पर एकत्र होकर श्रीराम धुन पर कीर्तन करते हुए प्रभु से प्रार्थना करेंगे कि श्रीरामजन्मभूमि पर मंदिर निर्माण का कानूनी अधिकार हिंदू समाज को प्राप्त हो। निश्चित योजनानुसार कारसेवकों के जत्थों को हनुमानगढ़ी तक पहुँचकर केवल कीर्तन करते हुए रामधुन गानी थी, परंतु 30 अक्तूबर की अपनी 'परिंदा भी पर नहीं मार सकेगा' वाली दंभी घोषणा को चूर होते देखने वाला अयोध्या का प्रशासन आज तो जैसे कुछ और ही तय किए बैठा था। वरिष्ठ स्तंभकार एवं 'पाञ्चजन्य' के तत्कालीन संपादक श्री भानुप्रताप शुक्ल, जो कि उस समय अयोध्या में ही थे, ने अपने अनुभवों में लिखा है—

2 नवंबर 1990, अयोध्या की पृष्ठभूमि। कार्तिक पूर्णिमा का पवित्र पर्व। देवता तो जाग चुके थे, किंतु शायद वे सदा की भाँति विवश थे। किसी घटना को देखना ही संभवत: देवता होने का प्रमाण है। घटना के बाद आशीष या अभिशाप देना उनकी प्रवृत्ति है। यही उन्होंने राम-रावण युद्ध के समय किया था, यही 2 नवंबर को अयोध्या में भी किया। जाग्रत् देवताओं की आँखों के सामने रामभक्तों का खून किया गया और वे आकाश से केवल आँख भरकर देखते रहे।

2 नवंबर की प्रात:काल नौ बजे मैं जब श्री मणिराम छावनी पहुँचा तो कारसेवक अपने रामलला के पास जाने की तैयारी में थे। पचास-पचास हजार कारसेवकों के दो दलों को दो ओर से जन्मभूमि की ओर जाना था। एक दल को

सरयू पुल की ओर से राष्ट्रीय राजमार्ग होकर और दूसरे दल को दिगंबर अखाड़े के सामने होकर हनुमानगढ़ी गली के चैराहे की ओर से। सभी कारसेवकों को यह सूचना थी कि वे तालियाँ बजाते और संकीर्तन करते हुए आगे बढ़ेंगे, जहाँ पुलिस या सुरक्षा बल उन्हें रोक देंगे, वहीं बैठ जाएँगे और कीर्तन करते रहेंगे। कारसेवकों के नए दल आएँगे तो पहले से कीर्तन कर रहे कारसेवक विश्राम के लिए उठ जाएँगे। सभी सतर्क थे। प्रत्येक कारसेवक अपने पास वाले कारसेवक का जायजा ले रहा था कि उसके पास कोई शस्त्र या ईंट-गुट्टा तो नहीं है। सभी दोनों हाथों से तालियाँ बजा रहे थे। नाच रहे थे। अपने रामलला को रिझा रहे थे कि 'रामलला हम फिर आ रहे हैं। आप को देखेंगे, आपके साथ खेलेंगे, फिर वापस आ जाएँगे।'

किंतु रामलला को संभवतः उनकी भक्ति की परीक्षा लेनी थी। उनकी भावना के सिंधु की गहराई नापनी थी। दिगंबरी अखाड़े के सामने वाली गली से होकर वे राष्ट्रीय राजमार्ग तक पहुँचे ही थे कि सुरक्षा बलों ने उन्हें आगे बढ़ने से मना कर दिया। वे वहीं बैठ गए। रामधुन करने लगे। मेरे साथी अशोक चटर्जी ने चित्र खींचना शुरू ही किया था कि अश्रुगैस का गोला फटा। धुएँ से आँखें जलने लगीं। लोग तितर-बितर होने लगे। मेरे पास खड़ा एक अधिकारी बोला, 'बात बनी नहीं। ये तो घरों में घुस रहे हैं। पीछे जा रहे हैं।' फिर जोर से बोला, 'रोको। इन्हें पीछे मत हटने दो।' आगे और पीछे से सी.आर.पी. के जवानों ने कारसेवकों को घेर लिया। अपनी आँखों पर गीला रूमाल लगाए मैं भी भागा। पास के मकान का बड़ा द्वार तोड़कर कई लोग उसमें घुस गए। धरती से आकाश तक अश्रुगैस से भर गया था। हम उस मकान के अंदर पहुँचे तो वहाँ दिल्ली के नागरिक नारायण कृष्ण उपाख्य बाल सप्तर्षि अपनी आँखें धोते मिले। मैंने उनसे पूछा, 'क्या हम छत पर जा सकते हैं? उन्होंने सीढ़ी दिखाई। हम ऊपर चढ़े तो छज्जे पर बंद हो गए। सामने छड़ों की खिड़कियाँ और पीछे दीवार। अंदर से दरवाजा बंद। परिवार के लोग सड़क पर अश्रुगैस से पीड़ित कारसेवकों की सहायता में संलग्न थे। वे बाल्टियों से पानी की वर्षा कर रहे थे। सुरक्षा बल के जवान धमकी देते तो उन पर भी पानी फेंक देते। माताओं, बहनों ने अपनी साड़ियों को फाड़ा, रूमाल बनाया, भिगोया और सड़क पर

फेंक दिया, 'भैया, इसे लेकर आँखों से लगा लो। मुकाबला करो इन राक्षसों का। ये जल्लाद हैं—जल्लाद।'

मैं कुछ देर यह दृश्य देखता रहा। फिर गोली चलने की आवाज आई। मैंने सप्तर्षिजी से कहा, 'मुझे बाहर जाने दें। मैं पत्रकार हूँ, मेरे पास कर्फ्यू पास है। मैं प्रत्यक्ष देखना चाहता हूँ कि बाहर क्या हो रहा है।' अभी बाहर निकला ही था कि देखा सी.आर.पी. का एक जवान बंदूक उठाए सामने की छत से लपका चला आ रहा है। मैं सहमा, ठिठका, भय से काँप उठा कि अब उसकी गोली का निशाना बना। वह आया, ठहरा और जोर से चीखा, 'साले जल्लाद, गोली चलाने के लिए कहते हैं। बेचारे रामभक्त कारसेवक कीर्तन करने बैठे हैं और वे कहते हैं कि इन्हें मारो। ये लो, मुझे नहीं करनी है तुम्हारी नौकरी।' उसने अपने नाम की पट्टी और बैज नोंचकर फेंक दिया। मुझसे बोला, 'ऊपर चलकर देखो। उनके लिए आदमी आदमी रहा ही नहीं। जैसे खरगोश का शिकार कर रहे हैं।'

जनसत्ता

अयोध्या में कारसेवकों पर अंधाधुंध फायरिग

चालीस मारे गए, घायलों का हिसाब नहीं, पर साठ बुरी तरह जख्मी

उस छत से मैंने राक्षसी नरसंहार और संकल्प के बीच जो युद्ध देखा, वह सचमुच मेरा भाग्य ही था। मन और आँखें एक हो गए। अक्षरसंसार शून्य हो गया। शब्दघोष में केवल गोलियों की आवाज और जय श्रीराम के अतिरिक्त और कुछ नहीं था। गोलियाँ निशाना साधकर मारी जा रही थीं। कमांडर बार-बार कहता था, 'कोई गोली बेकार नहीं जानी चाहिए।' गोली निशाने पर लगती। कारसेवक का शरीर दोनों हाथ उठाकर ऊपर उछलता और 'जय श्रीराम' कहते हुए श्री रामलला की क्रीड़ाभूमि पर शांत हो जाता। यह दृश्य मैं लगातार चालीस मिनट तक देखता रहा। हर बार गोली चलती और हर बार कारसेवक 'जय श्रीराम' कहते हुए उछलता और गिरकर शांत हो जाता। आँसू गैस के कारण

तितर-बितर हो गए कारसेवक 'जय श्रीराम' बोलते हुए फिर से सड़क पर आकर खड़े हो गए थे। एक कारसेवक को गोली लगती, वह गिरता तो दूसरा कारसेवक 'जय श्रीराम' उद्घोष करते हुए आगे आकर खड़ा हो जाता।

गोलीबारी बंद हुई तो मैं छत से नीचे उतरा। पत्रकारों की टोली में जा मिला। हम दिगंबरी अखाड़े वाली गली की ओर बढ़े। सी.आर.पी. के एक अधिकारी ने हमें आगे बढ़ने से रोक दिया। सामने दो ट्रक खड़े थे। उनके चित्र लेना चाहे तो कैमरा छीन लिया। बोले, 'गली बंद है।' एक साथ एक आवाज में हम पत्रकार बोले, 'तो फिर ठीक है। आप अपना काम करिए, हम अपना काम करते हैं। आप हमें गोली मार दें, हम आगे बढ़ रहे हैं। और पत्रकारों की टोली उन्हें धक्का मारकर आगे बढ़ गई, किंतु तब तक कारसेवकों के शव लादकर ट्रक जा चुका था। उस गली में केवल तीन क्षत-विक्षत लाशें पड़ी थीं। जगह-जगह शवों को घसीटे जाने के खूनी निशान थे।

2 नवंबर का गोलीकांड क्यों हुआ ? यह प्रश्न अभी तक अनुत्तरित था। किंतु अब उत्तर मिल गया है। उत्तर अधिकृत है। मुलायम सिंह के खास अफसर का बताया हुआ है। नाम नहीं लिखता। केवल इसलिए कि नाम न लिखने का वचन दे चुका हूँ। जिस अधिकारी ने मुलायम को 29 अक्तूबर को यह वचन दिया था, भरोसा दिलाया था कि अयोध्या और उसके आस-पास तक एक भी कारसेवक नहीं पहुँच पाया है, 30 अक्तूबर की शाम मुलायम सिंह ने उसे अफसरों की बैठक में बुलाकर डाँटा, जलील किया कि उसने झूठ बोला था। उनकी इज्जत को मिट्टी में मिला दिया। प्रत्यक्ष मुलायम सिंह के शब्दों में लिखा जाए तो इस प्रकार था,

आज

निहत्थे राम भक्तों को घेरकर घंटो फायरिंग, दो सौ मरे

'साले! तुमने मुझे धोखा क्यों दिया? एक लाख से अधिक कारसेवक कैसे और कहाँ से अयोध्या पहुँच गए? तुम तो कहते थे कि वहाँ एक भी नहीं पहुँच पाया है। यह मेरी हार है। मुझे इस हार का बदला लेना चाहिए। कैसे भी हो, कारसेवकों को सबक सिखाकर ही मुझे अपना मुँह दिखाना।'

कमिश्नर, डी.आई.जी., सी.आर.पी.एफ. कमांडेंट, वरिष्ठ पुलिस अधीक्षक और अन्य अधिकारियों को धमकी दी गई कि बदला न लिया तो इसका खामियाजा भुगतना पड़ेगा। ये सब बातें 2 नवंबर को ड्यूटी पर तैनात एक अफसर और लखनऊ से आए अधिकारी की बताई हुई हैं। इसी का नतीजा था कि बिना जिलाधिकारी के आदेश के निहत्थे और शांत कारसेवकों को गोलियों से भून दिया गया। जिलाधिकारी रामशरण श्रीवास्तव ने चीख-चीखकर गोली न चलाने का अनुरोध किया तो उन्हें धक्का मारकर अलग कर दिया गया। वे राजमार्ग पर मिले तो मैंने पूछा, 'श्रीवास्तव साहब, किसके आदेश से गोली चलाई जा रही है?' वे बोले, 'मुझे नहीं पता। ये लोग हैवान हो गए हैं। ये गोलियाँ सुरक्षा बल के जवान नहीं, केवल चार-पाँच अधिकारियों का एक गुट चला रहा है।' उन्हीं चार-पाँच अफसरों को पत्रकारों ने प्रत्यक्ष देखा। उनकी अगुवाई कर रहे थे कमिश्नर मधुकर गुप्त, डी.आई.जी. गिरधारीलाल शर्मा, एस.एस.पी. सुभाष जोशी, सी.आर.पी.एफ. कमांडेंट परमजीत सिंह, उप कमांडेंट जे.एस. भुल्लर, उप निरीक्षक संपत सिंह और उस्मान। उस्मान के आस-पास चार जवानों की टोली थी। वह स्वयं भी निशाना साधकर गोली मार रहा था। दैनिक 'आज' के प्रतिनिधि और मैंने स्वयं छत पर से उस्मान को एक पर्चा नीचे गिराते देखा और यह कहते सुना, 'सर वी हैव गेंड द ग्राउंड। वी हैव डन इट। वी विल नाट लीव इट। यू गेट द ऑर्डर साइंड।' घटना के पाँच दिन बाद जिलाधिकारी रामशरण श्रीवास्तव ने एक वक्तव्य जारी कर स्पष्ट किया कि कार्तिक पूर्णिमा के दिन कारसेवकों पर गोली चलाने के आदेश उन्होंने नहीं दिए थे। गोलीबारी सेक्टर मजिस्ट्रेट के आदेश से हुई थी। कोई कहता, पचास मारे गए, कोई कहता है सौ। पचास लाशों को तो मैंने स्वयं उस गली में गिरते देखा था। दो ट्रकों में भरी लाशों का पीछा करते महंत रामचंद्रदास की जीप को गोली चलाकर रोका गया।

केवल दिगंबरी अखाड़े वाली गली में ही कारसेवक नहीं मारे गए, बल्कि सरयू पुल के उस ओर राजमार्ग पर एकत्र दस हजार कारसेवकों पर भी उस दिन गोलियाँ चलीं। भोजन कर रहे तीन सौ कारसेवकों पर अंधाधुंध गोली चलाई गई। मृतकों और घायलों को सरयू में फेंक दिया गया। दर्जनों शव पेट्रोल छिड़ककर जलाए जाते देखे गए। मारे गए कारसेवकों का हिसाब करने में समय लगेगा। यदि 'पाञ्चजन्य' के प्रतिनिधि सुभाषचंद्र सिंह साहस करके इस गोलीबारी के बीच हनुमानगढ़ी के पास वाले मंदिर की छत पर न चढ़ जाते तो वहाँ मार दिए गए संतों का हिसाब कौन बताता? सुभाष के बताने के बाद ही शेष पत्रकार उधर दौड़े। पत्रकारों ने उस दिन समाचार संकलन का ही नहीं, रेडक्रॉस का भी काम किया।

हुतात्मा कारसेवकों के शौर्य और बलिदान का अलग-अलग वर्णन कर पाना संभव नहीं है, क्योंकि न सबका पता है और न मैं सबकी प्राणाहुति का प्रत्यक्षदर्शी हूँ। जो प्रत्यक्ष देखा है, यदि उसे ही नहीं लिख पा रहा हूँ तो सुने हुए को शब्दबद्ध करने का सामर्थ्य कहाँ से लाऊँ।

□

अयोध्या के बर्बर गोलीकांड से देश भर में आक्रोश और साध्वी ऋतंभराजी का जनजागरण

30 अक्तूबर और 2 नवंबर, 1990 को अयोध्या में निहत्थे और निर्दोष कारसेवकों पर हुई भीषण गोलीबारी से सारा देश स्तब्ध और आक्रोशित था। इस नरसंहार का आक्रोश देश के कई स्थानों पर हिंदू-मुस्लिम संघर्ष के रूप में भी देखने को मिला। श्रीरामजन्मभूमि मुक्ति यज्ञ समिति और शीर्ष संत शक्तियों ने निश्चित किया कि मुलायम सिंह सरकार की इस नृशंसता को लेकर वे देश भर के हिंदू समाज के समक्ष लेकर जाएँगे और सबको एकत्र कर इस मुद्दे पर आगे बढ़ेंगे।

परमपूज्य युगपुरुष अनंतश्री विभूषित स्वामी परमानंदजी महाराज ने अपनी परम शिष्या साध्वी ऋतंभराजी को हिंदू जनजागरण के इस महायज्ञ में आहूत किया। पूज्य गुरुदेव का आदेश पाकर दीदी ऋतंभरा देश के नगर-नगर और गाँव-गाँव में हिंदुत्व की अलख जगाती भ्रमण करने लगीं। वर्ष 1990 का वह दशक, जब सारे भारत में भगवा लहर चल रही थी, साध्वी ऋतंभराजी के अहर्निश प्रयत्नों का ही परिणाम था कि श्रीरामजन्मभूमि मुक्ति आंदोलन के लिए सारे भारत का हिंदू एक ध्वज तले एकत्र हुआ। उनके ओजस्वी भाषणों में एक आम हिंदू की पीड़ा व्यक्त हुआ करती थी। वे जिस मंच पर से गरजतीं, उनके शब्द राष्ट्रवाद को धार देते हुए श्रोताओं के मन में समा जाते। वे अनुभव करते कि सचमुच करोड़ों हिंदुओं के देश में किस प्रकार से

उन्हें छला जा रहा है। वे हिंदू समाज को आगाह करतीं कि दुनिया के लोगों को रहने के लिए अनेक देश हैं, लेकिन हिंदुओं को रहने के लिए केवल और केवल भारत ही है, जहाँ वे अपनी पूजा-पद्धतियों और परंपराओं के पालन-पोषण हेतु स्वतंत्र हैं।

भारत के इस्लामीकरण की साजिश और ईसाई मिशनरियों द्वारा भोले-भाले हिंदू आदिवासियों के धर्मांतरण पर उनकी चिंता के प्रकटीकरण ने हिंदुओं को अपने वर्तमान और भविष्य पर सोचने के लिए विवश किया। हिंदू समाज में व्याप्त छुआछूत को उन्होंने हमेशा ही हिंदू समाज के बिखराव का एक प्रमुख कारण माना। अयोध्या आंदोलन के लिए विराट् जनजागरण करते हुए उन्होंने समग्र हिंदू समाज से तमाम जातिगत भेदभाव भुलाकर एक हो जाने का आह्वान किया। लाखों-लाख लोग उनकी तेजस्वी वाणी को सुनने के लिए जमा होते। 4 अप्रैल, 1991 को दिल्ली के बोट क्लब पर लाखों हिंदुओं की विराट् सभा को संबोधित करते हुए उन्होंने सिंह-गर्जना करते हुए कहा—

"तंबू भी तनेगा तो तनेगा धूमधाम से
बंबू भी लगेगा तो लगेगा धूमधाम से
युद्ध भी ठनेगा तो ठनेगा धूमधाम से
हर्ष भी मनेगा तो मनेगा धूमधाम से
हिंदू जो करेगा वो करेगा धूमधाम से
रामजी का मंदिर बनेगा धूमधाम से¨
'मत' वाले 'मत' वालों से टकरा के देख लीजिए
जोर हो तो जोर आजमा के देख लीजिए
जीतता है राम या हराम जीतता है अब
एक बार निर्वाचन करवाके देख लीजिए
हैसियत का पता चल जाएगा अंजाम से
रामजी का मंदिर बनेगा धूमधाम से¨ *"*

तो मेरे हिंदू बंधुओ, रामजी का मंदिर धूमधाम से बने, इसके लिए हमें धूमधाम से 'सत्ता परिवर्तन' करना है। धर्मनिरपेक्षता की बात करने वाले धर्मनिरपेक्षता के ढोंगियों को बताना है कि धर्मनिरपेक्षता का पाठ हमें मत पढ़ाओ, क्योंकि

धर्मनिरपेक्षता तो हमारे खून में है। जिन लोगों के प्रति आपको आक्रोश है, मैं उन लोगों से निपटने का तरीका आपको बताए देती हूँ।

2 नवंबर को अयोध्या में हुए नरसंहार के बाद कुछ युवक मेरे पास आए और बोले कि 'साध्वीजी, हमें हथियार चाहिए।' मैंने पूछा कि 'क्यों?' तो बोले 'कारसेवकों के हत्यारों से बदला लेंगे।' मैंने उन युवकों से कहा, 'भाई, रामजी थक गए बाण चलाते-चलाते और रावण मरता ही नहीं था। तब विभीषण ने बताया कि प्रभु, इसकी नाभि में अमृत कुंड है, वहीं बाण मारिए, तभी धरती माता इस पापी के बोझ से मुक्त होगी।' फिर वैसा ही हुआ। तो मेरे हिंदू बंधुओ, इन राम विरोधियों, इन रामद्रोही राजनीतिज्ञों के प्राण इनकी सत्ता में, इनकी कुरसी में बसते हैं। इन्हें गोली मत मारो, इनसे इनकी कुरसी छीन लो तो ये अपने आप मर जाएँगे। इनको मारने के लिए किसी बम, बारूद या गोली की जरूरत नहीं है। आज सारा विश्व समझ रहा है कि हम प्रभु श्रीराम की जन्मभूमि पर मंदिर का निर्माण चाहते हैं।

सूरज अपनी गरिमा छोड़ सकता है, चंद्रमा अपनी शीतलता का परित्याग कर सकता है, सागर अपनी सीमाओं का उल्लंघन कर सकता है, लेकिन रामजन्मभूमि पर मंदिर निर्माण को विश्व की कोई ताकत रोक नहीं सकती।

दीदी ऋतंभराजी का यह जनजागरण आंदोलन उन सभी रामभक्त बलिदानियों को समर्पित रहा, जिन्होंने अपने आराध्य मर्यादा पुरुषोत्तम प्रभु श्रीराम की जन्मभूमि पर बर्बरता के साथ बनाए गए 'बाबरी ढाँचे' को हटाने एवं उस पर भव्य राम मंदिर का रास्ता साफ करने के लिए पिछले 491 वर्षों के दौरान हुए 77 संघर्षों में स्वयं का सर्वोच्च बलिदान दिया। हिंदू अपनी संपूर्ण शक्ति के साथ अपने इस मानबिंदु को बचाने के लिए निरंतर संघर्ष करते रहे और सारा संसार आश्चर्यचकित होकर देखता रहा कि कैसे अपने ही देश में, अपने ही धर्म और संस्कृति की रक्षा हेतु हिंदुओं को जूझना पड़ा।

इस आंदोलन को अपने लक्ष्य तक पहुँचाने के लिए देश की जिन विभूतियों ने स्वयं का जीवन दाँव पर लगा दिया उनमें एक नाम प्रमुखता से उभरता है—पूज्या साध्वी ऋतंभराजी। राम की जन्मभूमि से 'बाबरी कलंक' को मिटाने का यह अभियान वर्ष 1984 में तब आरंभ हुआ था, जब विश्व हिंदू परिषद के तत्कालीन महासचिव श्री अशोक सिंहल ने पूज्य आध्यात्मिक शक्तियों का

आशीर्वाद प्राप्त कर संगठन के लाखों-लाख कार्यकर्ताओं के साथ इस आंदोलन को जनता के बीच ले जाने का निर्णय लिया।

पूर्ण निष्ठाभाव के साथ अशोकजी हिंदू समाज के बीच गए। श्वेत वस्त्रों में उनके संतत्व ने देश भर की युवा तरुणाई को अपनी ओर आकर्षित किया। संगठन की ओर से उन्हें भारत के आध्यात्मिक जगत् को भी इस आंदोलन से जोड़ने की बड़ी जिम्मेदारी दी गई थी, जिसे उन्होंने बड़ी सुंदरता के साथ निभाया। मत-पंथ और संप्रदायों की सीमा से परे अशोकजी ने पूज्य संतशक्ति को रामजन्मभूमि आंदोलन के साथ एकाकार किया। कारसेवा के दौरान पुलिस की लाठियों से घायल होकर उन्होंने यह बता दिया कि नेतृत्व का बलिदान ही आंदोलन को धार देता है।

1990 के दशक में श्रीरामजन्मभूमि मुक्ति आंदोलन तब बड़ी प्रखरता के साथ देश के कोने-कोने तक पहुँचा, जब अशोकजी के प्रयत्नों के साथ साध्वी ऋतंभराजी ने स्वयं को जोड़ा। अपने पूज्य गुरुदेव अनंतश्री विभूषित युगपुरुष स्वामी परमानंदजी महाराज का आशीर्वाद लेकर जिस तेजस्विता के साथ साध्वीजी ने पूरे भारत में हिंदुत्व का जागरण किया, उसकी स्मृतियाँ आज भी लोगों को रोमांचित करती हैं।

उनके भाषण लोगों को भीतर तक झंकृत कर देते थे। उस समय के समाचार-पत्रों में शायद ही कोई ऐसा रहा हो, जिसने अपने समाचारों में साध्वी ऋतंभराजी के नाम के आगे विश्व हिंदू परिषद की 'फायर ब्रांड नेता' लिखना कभी भूला हो। उनके धाराप्रवाह और तथ्यात्मक भाषण हिंदुओं में जोश भर दिया करते थे। उनका भाषण सुनकर वे यह सोचने पर विवश हो जाते थे कि सचमुच आज की सरकारें मुस्लिम तुष्टीकरण की नीतियों पर चलते हुए हिंदू हितों की अनदेखी कर रही हैं, लेकिन पूरे देश में एक बार भी कहीं ऐसा नहीं हुआ कि उनके भाषण के बाद किसी उत्तेजना में कहीं कोई सांप्रदायिक हिंसा हुई हो।

मुझे (लेखक को) आज भी स्मरण है कि एक बार मध्य प्रदेश के सेंधवा नगर में हम दीदी ऋतंभराजी की सभा करवाने के लिए उन्हें कार से लेकर जा रहे थे। रास्ते में किसी ग्रामीण क्षेत्र में कार पंक्चर हो गई। पास ही एक पंक्चर की दुकान पर, जो किसी मुसलमान युवक की थी, हमने पंक्चर बनवाया। काम करने

के दौरान उसने मुझसे पूछा, 'भाई साहब, ये साध्वी ऋतंभराजी हैं न?' मैंने सहमति में उत्तर दिया। फिर कोई बात नहीं हुई। पहिया फिट होने के बाद मैंने पूछा, 'भाई, कितने रुपए हुए?' उस व्यक्ति ने कहा, 'भाई साहब, सारा पुण्य आप ही लूट लोगे या कुछ मुझे भी लेने दोगे? पंक्चर के पैसे रहने दो।' मैंने आश्चर्यचकित होकर पूछा, 'भाई आप मुसलमान होकर भी साध्वीजी के प्रति इतनी श्रद्धा रखते हो!' उसने कहा, 'भैया, वे अपने भाषणों में जो कुछ भी कहती हैं, उसमें एक भी बात गलत नहीं है। वे तो केवल उन मुसलमानों को धिक्कारती हैं, जो पाकपरस्त हैं। अब्दुल हमीद जैसे वतन पर मर मिटने वाले मुसलमानों की तारीफ उन्होंने अपने भाषणों में हमेशा की है। मैंने भी सुने हैं इनके भाषण और मैं इनका प्रशंसक हूँ।'

दीदी ऋतंभराजी ने इस आंदोलन के लिए जनमानस को जोड़ने के लिए अहर्निश प्रयत्न किए। देश के कई राज्यों का प्रवास करते हुए उन्होंने एक-एक दिन में आठ से दस सभाएँ तक कीं। मैंने (लेखक) मध्य प्रदेश में उनके कई प्रवासों को निकट से देखा और अनुभव किया। नब्बे के दशक में विश्व हिंदू परिषद (मध्यभारत प्रांत) के पास एक बिना एयर कंडीशनर की मारुति वेन गाड़ी हुआ करती थी, जिसका उपयोग प्राय: संगठन के वरिष्ठ पदाधिकारियों के दौरों में किया जाता था। श्रीरामजन्मभूमि मुक्ति आंदोलन के समय इसी कार का उपयोग दीदी ऋतंभराजी के प्रवासों के लिए किया जाता था।

मुझे याद है, उन्हीं दिनों मई की चिलचिलाती गरमी में हम लोग दीदी को लेकर मालवा-निमाड़ क्षेत्र के प्रवास पर थे। माँ बगलामुखी के सिद्धपीठ के लिए ख्यात नलखेड़ा में दीदी की विराट् धर्मसभा आयोजित थी। समय दोपहर 1 बजे। प्रचंड लू के बीच उन्हें हजारों ग्रामवासियों ने सुना। जब सभा समाप्त होने को थी, तब उसी मारुति को मंच के निकट लाने के लिए जब उसका दरवाजा खोला गया तो अंदर से भयंकर तपन महसूस हुई। कार में एयर कंडीशनर तो था नहीं, लिहाजा उसके बाहरी हिस्सों और छत पर ठंडा पानी डाल-डालकर उसकी गरमी को कम किया गया।

लगातार निश्चित सभाओं के कारण कई बार इतना समय भी नहीं होता था कि कहीं भोजन कर लिया जाए। समय बचाने के लिए हम लोग भोजन को साथ रख लेते और चलती गाड़ी में ही भोजन कर समय बचा लिया जाता। एक सभा के बाद दूसरी, तीसरी और चौथी रात्रि तक यही क्रम चलता।

निमाड़ क्षेत्र के खरगोन नगर में दीदी की एक विराट् सभा आयोजित थी। बड़ी संख्या में हिंदू समाज वहाँ एकत्र था। दीदी ने अपना उद्‌बोधन शुरू क्या ही था कि अचानक तेज वर्षा आरंभ हो गई। वर्षा में भीगते हुए भी हजारों की संख्या में लोग उन्हें सुनते रहे। मंच पर एक बड़ा छाता लाकर उसे दीदी के ऊपर लगाया गया तो उन्होंने उसे यह कहते हुए हटवा दिया कि 'जब मुझे सुनने आया हिंदू समाज बारिश में भीग रहा है तो मेरे ऊपर से भी ये छाता हटा लिया जाए।' वह सभा करीब दो घंटे चली। इसके बाद किसी और शहर में सभा का आयोजन था। हमने उनसे निवेदन किया कि आप भीग चुकी हैं तो कृपया पंद्रह मिनट कहीं रुककर अपने वस्त्र बदल लीजिए, लेकिन अगले गंतव्य पर सभा की तैयारी थी, जिस कारण समय का महत्त्व बताते हुए उन्होंने ऐसा करने से मना कर दिया और गीले वस्त्रों में ही सब लोग आगे बढ़ चले। तो अपने लक्ष्य के प्रति ऐसी गहरी निष्ठा उनकी सदैव रही।

ऐसी अद्‌भुत लोकप्रियता सहित भारत के गाँव-गाँव और डगर-डगर पर राष्ट्रवाद का ध्वज लहराते हुए प्रखरता के साथ जन-जन को श्रीरामजन्मभूमि आंदोलन के साथ जोड़ना, पूज्या दीदीमाँ साध्वी ऋतंभराजी की एक व्यापक भूमिका रही। केवल साध्वी ऋतंभराजी ही नहीं, अपितु संपूर्ण भारत की पूज्य संत शक्ति ने श्रीरामजन्मभूमि मुक्ति हेतु हिंदू समाज के बीच अगले दो वर्षों तक अहर्निश जनजागरण अभियान चलाया। यही वह समय था, जब हिंदू समाज को लगा कि अब बिना राजनैतिक शक्ति प्राप्त किए श्रीरामलला की जन्मभूमि का निर्णय हिंदू समाज के पक्ष में नहीं आ सकेगा। यही वह मोड़ था, जहाँ से भारतीय राजनीति ने करवट बदली। भारतीय जनता पार्टी ने इस विषय पर खुलकर अपना समर्थन दिया और उत्तर प्रदेश, मध्य प्रदेश और राजस्थान में उसकी सरकारें बनीं।

इधर इस सारे जनजागरण और बदलती राजनैतिक परिस्थितियों के बीच 29-30 अक्तूबर, 1992 को नई दिल्ली में आयोजित 'पंचम धर्म संसद्' में 6 दिसंबर, 1992 से श्रीरामजन्मभूमि, अयोध्या में पुनः कारसेवा आयोजित करने का निर्णय लिया गया।

□

6 दिसंबर, 1992 की कारसेवा हेतु उमड़ता हिंदू समाज

दिसंबर 1992 का प्रारंभ है और हजारों-हजार बरस से विश्व के कोटि-कोटि हिंदू समाज की आस्था का केंद्र रही पौराणिक अयोध्या नगरी धीरे-धीरे लाखों रामभक्तों से पटी जा रही है। मर्यादा पुरुषोत्तम प्रभु श्रीराम की इस जन्मस्थली पर दूर-दूर तक अपार जनमेदिनी उमड़ रही है। रामनवमी से लेकर अन्य सभी प्रमुख हिंदू त्योहारों पर तो लोग यहाँ हमेशा से ही उमड़ते आए हैं, परंतु आज यह जन ज्वार रामनवमी जैसे किसी पर्व पर श्रद्धा प्रकट करने के नहीं उमड़ा है, बल्कि पिछले 464 वर्षों से अपनी श्रद्धा पर हो रहे लगातार कुठाराघात का प्रतिशोध लेने के लिए अयोध्या की सड़कों पर उतरा है।

करीब दो-ढाई लाख से भी अधिक रामभक्त कारसेवकों का यह जनसैलाब भारत के सुदूर गाँवों और नगरों से आया है। लक्ष्य एक ही है कि आज हम किसी भी स्थिति में हिंदू आस्था के सीने में किसी शूल के समान धँसे हुए उस 'बाबरी ढाँच' को उखाड़ फेंकेंगे, जो बर्बर मुगलों के द्वारा 'वसुधैव कुटुम्बकम्' के भाव को चरितार्थ वाले हिंदू समाज पर नृशंस अत्याचारों का प्रतीक है।

'आगामी 6 दिसंबर, 1992 को देश का कोटि-कोटि हिंदू समाज अपने आराध्य श्रीरामलला की जन्मभूमि पर भव्य मंदिर निर्माण के लिए कारसेवा आरंभ करेगा', इस शंखनाद के साथ हिंदू हितों की रक्षा के लिए कार्य करने वाली अंतरराष्ट्रीय संस्था 'विश्व हिंदू परिषद' ने जो आह्वान किया है, उसी पर यह हिंदू शक्ति आज अयोध्या में एकत्र हुई थी। 'बाबरी कलंक' को मिटाने के लिए यह शक्ति अयोध्या में एकत्र न हो सकें, इसके लिए अनेक राज्यों में अवरोध पैदा

किए गए। जगह-जगह रेलमार्ग और सड़क मार्ग पर अकारण अवरोध या उन पर चलते सामान्य यातायात को असामान्य तरीकों से रोका जा रहा था। जगह-जगह हिंदू समाज का प्रभावी नेतृत्व करने वालों पर झूठे प्रकरण बनाकर उन्हें बंदी बनाया जा रहा था, परंतु नियति ने ही जैसे कुछ और ही निश्चित कर रखा था। हजार बाधाएँ लाँघकर भी जैसे कारसेवकों के जत्थे के जत्थे अयोध्या की ओर उमड़ रहे हैं। ऐसा लगता है, जैसे लगभग पाँच शताब्दियों से अपनी आस्था पर लगे कलंक को धो डालने के लिए आज हिंदू समाज प्राणपण से प्रतिबद्ध है।

5 दिसंबर, 1992 को श्रीरामजन्मभूमि के विवादित स्थल पर कड़ी सुरक्षा व्यवस्था का एक दृश्य

अयोध्या खचाखच भर चुकी है, जैसे कहीं पर तिल रखने को भी जगह न हो। लोग सड़कों पर ही सो रहे हैं। आश्रमों, धर्मशालाओं, मंदिरों और यहाँ तक कि अयोध्यावासियों के घरों में भी जगह नहीं। वे अनजान कारसेवकों को भी अपने घरों में स्थान दे रहे हैं। श्रद्धा के ज्वार में जैसे अविश्वास कहीं तिरोहित हो गया सा लगता है। आश्रमों और धर्मशालाओं में ओढ़ने-बिछाने के साधन खत्म हुए तो सरयू नदी के किनारे उगने वाली घास के बड़े-बड़े पुले जमीन पर बिछा दिए गए। अब वे ही अब ओढ़ने-बिछाने के साधन हैं। 'हमारे प्रभु श्रीराम चैदह वर्षों तक ऐसे ही भूमि पर घास का बिछौना बनाकर सोए थे, क्या हम दो-चार

दिन भी ऐसे नहीं काट सकते ?' यही भाव वहाँ आज तमाम असुविधाओं के बीच भी कारसेवकों को एक नई ऊर्जा प्रदान कर रहा है। सरयू का विशाल तट जैसे एक विराट् शयनागार बन गया हो। हजारों-हजार रामभक्त सरयू मैया के आँचल समान ठंडी बालू पर ऐसे सोए हैं, जैसे कोई बालक अपनी माँ के आलिंगन में चिपटकर सोता हो।

6 दिसंबर, 1992 को बाबरी ढाँचा ध्वस्त होने से पहले श्रीराम कथा कुंज के मंच का दृश्य, जिस पर युगपुरुष स्वामी परमानंदजी महाराज, साध्वी ऋतंभराजी, श्री अशोक सिंहल, डॉ. मुरली मनोहर जोशी, श्री लालकृष्ण आडवाणी, राजमाता विजयाराजे सिंधिया, साध्वी उमा भारतीजी एवं आचार्य धर्मेंद्रजी सहित विश्व हिंदू परिषद के अनेक पदाधिकारी दिखाई दे रहे हैं

सामान्यत: किसी भी आंदोलन में जुटी भीड़ के बारे में लोगों का यह अनुभव रहा है कि हजारों आंदोलनकारियों की भीड़ रेलगाड़ियों में बिना टिकट यात्रा करती है और स्टेशनों पर या सड़कों-गलियों में ठेले-खोमचे वालों को बिना किसी भुगतान के उनका सामान ऐसे ही उठा लिया करती है, परंतु आज अयोध्या जाने वाले रेलमार्गों या अयोध्या की गलियों में ऐसा कुछ भी दिखाई नहीं देता। रामभक्त कारसेवकों ने बाकायदा अपने प्रस्थान स्टेशनों से लेकर अयोध्या तक रेलयात्रा के टिकट खरीदे हैं। यह बात और है कि भारी भीड़ के कारण पहले से आरक्षित सीटों के यात्रियों को थोड़ा कष्ट जरूर है, लेकिन

अनुशासित कार्यकर्ताओं का अपने आराध्य के प्रति उत्साह देखकर लगभग ऐसे सभी यात्री उनको सहयोग देते हुए अपनी बर्थ पर उन्हें स्थान दे रहे हैं। किसी भी स्टेशन पर किसी कारसेवक द्वारा खाद्य सामग्री बिना भुगतान किए ले लेने का समाचार नहीं है। अयोध्या की गलियों में लाखों लोग हैं, परंतु कहीं किसी ठेले-खोमचे या दुकान पर लूटपाट की खबर नहीं है। अयोध्या के लोगों ने आ रहे कारसेवकों की सेवा में पलक-पाँवड़े बिछाए हैं। किसी भी घर के सामने जाकर आप बस 'जय श्रीराम' का नारा भर लगा देंगे तो उस घर के लोग सबसे पहले आपकी आवश्यकता पूछेंगे। यथासंभव आपकी सहायता करेंगे। दिसंबर 1992 के इन सर्दीले दिनों में अद्भुत हिंदू एकात्मता का भाव अयोध्या के वातावरण को गरमाहट से भर रहा है।

विश्व हिंदू परिषद ने कारसेवकों से पूर्व निर्धारित 6 दिसंबर, 1992 को श्रीरामजन्मभूमि के विवादित परिसर में कारसेवा के लिए बुलाया है। पहले यह चर्चा देश भर में रही कि इस दिन संपूर्ण परिसर में कारसेवा होगी, यानी नवनिर्माण के लिए जीर्ण ढाँचे को हटाया जाएगा, फिर निर्माण का प्रथम चरण आरंभ होगा। अचानक एक दिन पहले संगठन की ओर से बयान जारी करके कहा गया कि अब सभी कारसेवक 6 दिसंबर को सरयू नदी से एक-एक मुट्ठी रेत और जल लाकर विवादित स्थल पर अर्पित करेंगे।

यह घोषणा सुनकर लाखों कारसेवकों में जबरदस्त आक्रोश फैल गया और कोई भी परिषद नेतृत्व के इस निर्णय को मानने के लिए कतई तैयार नहीं है। लाखों कारसेवक गुस्से में एक ही बात कह रहे हैं कि 'क्या इतना संघर्ष करके हमें केवल एक-एक मुट्ठी बालू रेत लाने के लिए यहाँ बुलाया गया था। बिल्कुल नहीं। हम हिंदू स्वाभिमान पर लगे इस कलंक को उखाड़ फेंकने के लिए ही यहाँ आए हैं और बिना यह काम किए, यहाँ से नहीं जाएँगे।'

'हमारा कोई भी कृत्य असंवैधानिक नहीं होना चाहिए', विश्व हिंदू परिषद द्वारा वर्षों से इसी सिद्धांत के आधार पर श्रीरामजन्मभूमि मुक्ति आंदोलन चलता आ रहा था। उस स्थान पर हिंदुओं का स्वाभाविक अधिकार होने के उपरांत भी संगठन ने यह नहीं चाहा कि उस विवादित ढाँचे को बलात् ढहाकर उस पर मंदिर का निर्माण किया जाए। चूँकि यह प्रकरण न्यायालय में लंबित था, इसलिए

इस प्रकार की कोई भी कार्रवाई, असंवैधानिक ही होती। लाखों हिंदू शांतिपूर्ण तरीके से श्रीराम जन्मस्थान प्राप्त करने के लिए संघर्ष करेंगे। वे समय-समय पर लाखों की संख्या में अयोध्या में जुटकर अपनी एकात्मता और आंदोलन के प्रति प्रतिबद्धिता का संदेश भी देंगे, परंतु जिस प्रकार से बर्बर बाबर के आदेश पर मंदिर ढहाया गया था, वैसा ही कुछ हम नहीं करेंगे, विश्व हिंदू परिषद का यह स्पष्ट मानना था और उसी आधार पर यह आंदोलन चलाया जा रहा था।

6 दिसंबर, 1992 की कारसेवा का आयोजन भी इसी विचार के आधार पर किया गया था। 'सरयू तट से जन्मभूमि परिसर में लाई गई एक-एक मुट्ठी बालू और पवित्र जल हमारे इस आंदोलन को शक्ति देने के साथ ही केंद्र में बैठी सरकार को एक चेतावनी होगी, जो लगातार हिंदू हितों की अनदेखी कर रही है' यह घोषणा मंच श्रीराम कथा कुंज के मंच से लगातार की जा रही थी। मंच पर विराजमान संत शक्तियाँ जैसे-जैसे इस आशय की घोषणा करतीं, तैसे-तैसे पूरे जन्मभूमि परिसर में फैले हुए कारसेवकों की बेचैनी भी बढ़ती जाती। उस पूरे जनसैलाब के अधिकांश लोग तो मंच की बात समझने और मानने को तैयार थे, परंतु उग्र कारसेवकों का एक भाग इस बात से सहमत नहीं था। उसका कहना था कि कब तक यहाँ पर 'प्रतीकात्मक कारसेवा' के आयोजन होते रहेंगे। आज कुछ निर्णय हो ही जाना चाहिए। पुलिस-प्रशासन के गुप्तचर कारसेवकों के बीच से लगातार ये सारी प्रतिक्रियाएँ अपने अधिकारियों तक पहुँचा रहे थे।

जो कारसेवक वर्ष 1990 की कारसेवा में अपने प्राणों की आहुति देकर भी अनुशासित रहे थे, वे आज संगठन के आदेश की अवहेलना पर उतारू क्यों हैं? इसकी पृष्ठभूमि समझने के लिए हमें 491 वर्ष पूर्व के इतिहास में झाँकना होगा।

□

श्रीरामजन्मभूमि मंदिर, अयोध्या का इतिहास

प्रभु श्रीरामचंद्रजी का अवतरण त्रेतायुग के चतुर्थ चरण में अयोध्या की पावन भूमि पर हुआ था। उनके जन्म के समय यह नगरी अपने अलौकिक स्वरूप में थी। स्वर्ण जड़ित इसकी विराट् अट्टालिकाएँ इसमें देवलोक की आभा का दर्शन कराती थीं। महर्षि वाल्मीकि ने रामायण में श्रीरामजन्मभूमि की शोभा एवं महत्ता की तुलना दूसरे इंद्रलोक से की है। सुख-संपदा और अनेक प्रकार के ऐश्वर्यों से परिपूत इस नगरी में कहीं कोई दीन-दुःखी ढूँढ़े नहीं मिलता था, ऐसा वर्णन अनेक पौराणिक ग्रंथों में आता है।

लंका विजय और उसके पश्चात् अपने लंबे शासनकाल के बाद मर्यादा पुरुषोत्तम बैकुंठ धाम को पधारे। उनके देवलोकगमन के बाद अयोध्या पहले जैसी नहीं रही। भगवान् श्रीराम के पुत्र कुश ने एक बार पुनः अयोध्या का पुनर्निर्माण करवाया और रघुवंश की अगली चवालीस पीढ़ियों तक इसका वैभव अपने चरम पर रहा। अयोध्या में रघुवंश के अंतिम शासक महाराजा वृहद्बल महाभारत के युद्ध में कौरवों की ओर से लड़े। उनकी मृत्यु अभिमन्यु के हाथों हुई। महाभारत युद्ध के बाद अयोध्या उजड़ सी गई, परंतु प्रभुकृपा से श्रीरामजन्मभूमि का अस्तित्व बना रहा।

कहा जाता है कि ईसा से लगभग सौ वर्ष पूर्व उज्जैन के पराक्रमी राजा सम्राट् विक्रमादित्य आखेट करते-करते अयोध्या तक चले आए। थकान होने के कारण वे अयोध्या में सरयू नदी के किनारे एक वृक्ष के नीचे आराम करने लगे। उसी समय दैवीय प्रेरणा से तीर्थराज प्रयाग से उनकी भेंट हुई और उन्होंने

सम्राट् विक्रमादित्य को अयोध्या और सरयू की महत्ता के बारे में बताते हुए जीर्ण-शीर्ण अयोध्या नगरी और उसमें स्थित श्रीरामजन्मभूमि के उद्धार के लिए कहा। यह सुनकर सम्राट् विक्रमादित्य ने कहा, 'महाराज, मिट्टी के टीलों और अवशेषों के रूप में दूर-दूर तक विस्तारित इस स्थान पर मुझे कैसे ज्ञात होगा कि अयोध्या नगरी कहाँ से आरंभ होकर कहाँ तक जाती है और प्रभु श्रीराम का मूल जन्मस्थान कहाँ पर है?' उनके इस संशय का निवारण करते हुए तीर्थराज प्रयाग ने कहा, 'यहाँ से आधे योजन की दूरी पर मणि पर्वत है और उसके ठीक दक्षिण चौथाई योजन के अर्धभाग में गवाक्ष कुंड है। गवाक्ष कुंड के पश्चिम तट से सटा हुआ एक रामनामी वृक्ष है, जो कि अयोध्या की परिधि नापने के लिए ब्रह्माजी ने लगाया था। मणि पर्वत के पश्चिम सटा हुआ गणेश कुंड नाम का एक सरोवर है, जिसके ऊपर शेष भगवान् का एक मंदिर बना हुआ है। इसी मंदिर से पाँच सौ धनुष की दूरी पर ठीक वायव्य कोण पर भगवान् श्रीराम की जन्मभूमि है। रामनामी वृक्ष के एक मील के आस-पास एक नवप्रसूता गाय को घुमाओ। जिस स्थल पर वह गोबर कर दे, वह स्थल मणि पर्वत है। वहाँ से पाँच सौ धनुष नापकर उसी ओर गाय को ले जाओ। जहाँ उसके स्तनों से दूध की धारा गिरने लगे, बस समझ लेना कि वही भगवान् की जन्मभूमि है। श्रीरामजन्मभूमि को संदर्भ मानकर पुराणों में वर्णित क्रम के अनुसार आपको अयोध्या के अन्य सभी तीर्थों का भी ज्ञान हो जाएगा। हे राजन्! ऐसा करने से आप प्रभु श्रीराम के अनन्य कृपापात्र बन जाएँगे।'

ऐसा कहकर तीर्थराज प्रयाग अदृश्य हो गए। तीर्थराज के कथनानुसार संपूर्ण प्रक्रिया करते हुए रामनवमी के दिन सम्राट् विक्रमादित्य ने नवप्रसूता गाय को घुमाया। जिस स्थान पर उसके स्तनों से स्वतः ही दूध गिरने लगा, ठीक उसी स्थान पर उन्होंने श्रीरामजन्मभूमि का भव्य मंदिर निर्मित करवाया।

ईसा की ग्यारहवीं शताब्दी। अयोध्या दर्शन को पहुँचे कन्नौज नरेश जयचंद ने श्रीरामजन्मभूमि मंदिर पर लगी हुई सम्राट् विक्रमादित्य की नाम पट्टिका को निकलवाकर वहाँ अपना नाम लिखवा दिया। पानीपत के युद्ध में जयचंद के मारे जाने के बाद भारतवर्ष पर लुटेरे मुगलों के आक्रमण शुरू हो गए। इन्हीं में से एक हमला अयोध्या स्थित जन्मभूमि परिसर पर भी किया गया। मुगल

आक्रमणकारियों ने श्रीरामजन्मभूमि मंदिर में लूटपाट करते हुए उसके पुजारियों की हत्या कर दी, परंतु हिंदुओं के कड़े प्रतिरोध के कारण वे मंदिर तथा उसमें स्थापित मूर्तियों का ध्वंस करने में सफल नहीं हो सके।

इसके बाद अयोध्या अनेक आक्रमणों का निशाना बनी, लेकिन हिंदू रणबाँकुरों ने उन सभी का कड़ा जवाब देते हुए श्रीरामजन्मभूमि को चौदहवीं शताब्दी तक विधर्मियों से बचाए रखा। चौदहवीं शताब्दी आते-आते लगभग भारतवर्ष पर मुगलों का अधिकार हो गया। यहीं से श्रीरामजन्मभूमि एवं अयोध्या का पराभव करने के इस्लामिक प्रयास पूरी ताकत के साथ आरंभ हुए। एक के बाद एक रियासतों पर मुगलिया कब्जों के बाद हिंदुओं की शक्ति का क्षय होने लगा और यही कारण था कि भारतवर्ष के बड़े भूभाग पर मुगलों का प्रभुत्व स्थापित हो गया।

भारतवर्ष का पहला मुगल शासक बना बाबर। जिस समय बाबर दिल्ली की गद्दी पर आसीन हुआ, उस समय श्रीरामजन्मभूमि श्यामनंद महाराज के अधिकार क्षेत्र में थी, जो कि एक ख्याति प्राप्त सिद्ध महात्मा थे। उनकी ख्याति सुन ख्वाजा कजल अब्बास मूसा आशिकान अयोध्या आकर श्यामनंदजी का साधक शिष्य बन गया। महात्माजी के सान्निध्य में ख्वाजा कजल अब्बास मूसा को रामजन्मभूमि का इतिहास एवं प्रभाव विदित हुआ और उसकी श्रद्धा जन्मभूमि में हो गई। ख्वाजा कजल अब्बास मूसा ने महात्मा श्यामनंद से आग्रह किया कि वे उसे अपने जैसी दिव्य सिद्धियों को प्राप्त करने का मार्ग बताएँ। महात्मा श्यामनंद के सान्निध्य में बताए गए मार्ग से ख्वाजा कजल अब्बास मूसा ने सिद्धियाँ प्राप्त कर लीं और उसका नाम भी महात्मा श्यामनंद के ख्याति प्राप्त सिद्ध शिष्यों में लिया जाने लगा।

इस अद्‍भुत घटना के बारे में सुनकर जलालशाह नाम का एक फकीर भी महात्मा श्यामनंद के सान्निध्य में आया और सिद्धि प्राप्त करने के लिए ख्वाजा की तरह अनुष्ठान करने लगा। जलालशाह एक कट्‍टर मुसलमान था और उसको एक ही सनक थी, हर जगह इस्लाम का आधिपत्य स्थापित करना। जन्मभूमि की महिमा और प्रभाव को जानकर उसके मन में वहाँ इस्लामिक कब्जा करने की कुत्सित भावना प्रबल हो उठी। जलालशाह ने ख्वाजा कजल अब्बास मूसा

के साथ मिलकर यह विचार किया कि यदि इस मंदिर को तोड़कर मसजिद बनवा दी जाए तो महात्मा श्यामनंद की जगह हमें मिल जाएगी। चूँकि अयोध्या की जन्मभूमि हिंदू आस्था का प्रतीक है, इसलिए यदि यहाँ पर मसजिद बन गई तो इस्लाम का परचम हिंदुस्थान में स्थायी रूप से लहरा उठेगा। धीरे-धीरे जलालशाह और कजल अब्बास मूसा इस साजिश को अंजाम देने की तैयारियों में जुट गए। महात्मा श्यामनंद इससे बेखबर थे। इधर मुगल सेना लगातार एक के बाद एक हिंदू प्रदेशों अपने अधीन करती जा रही थी। उन्होंने एक बड़े हिस्से को जीता जरूर था, परंतु उन्हें सर्वदा ही हिंदू वीरों के भीषण प्रतिरोध का सामना करना पड़ा। जहाँ मुगलों से उनकी पराजय हुई, उसमें से प्रत्येक के पीछे कोई-न-कोई भीतरघाती ही था। जयचंदी मानसिकता के कारण ही भारत में मुगल साम्राज्य की जड़ें गहरी हुईं।

इसी समय उदयपुर के सिंहासन पर महाराणा संग्रामसिंह आसीन थे, जिनकी राजधानी चित्तौड़गढ़ थी। संग्रामसिंह को 'राणा साँगा' के नाम से भी जाना जाता है। आगरा के पास फतेहपुर सीकरी में बाबर और राणा साँगा का भीषण युद्ध हुआ, जिसमें बाबर घायल होकर भाग निकला और उसने अयोध्या पहुँचकर जलालशाह की शरण ली। तब तक जलालशाह और ख्वाजा कजल अब्बास मूसा की सिद्धियों की धाक आस-पास के क्षेत्रों में महात्मा श्यामनंद के सिद्धि प्राप्त साधकों के रूप में जम चुकी थी। इसी समय जलालशाह ने बाबर पर अपना प्रभाव जमाया और बड़ी सेना लेकर युद्ध करने का आशीर्वाद दिया। बाबर ने राणा साँगा की तीस हजार सैनिकों की सेना पर अपने छह लाख सैनिकों के साथ धावा बोल दिया और इस युद्ध में राणा साँगा की हार हुई। युद्ध के बाद राणा साँगा के छह सौ और बाबर की सेना के नब्बे हजार सैनिक जीवित बचे।

इस युद्ध में विजय पाकर बाबर फिर अयोध्या आया और जलालशाह से मिला। जलालशाह ने बाबर को अपनी सिद्धि का भय और इस्लाम के आधिपत्य की बात बताकर अपनी योजना बताई और ख्वाजा कजल अब्बास मूसा के समर्थन की बात कही। बाबर अपने वजीर मीरबाकी खाँ को यह काम पूरा करने का आदेश देकर दिल्ली चला गया। अब जलालशाह ने अयोध्या को 'खुर्द मक्का' के रूप में स्थापित करने के अपने कुत्सित प्रयासों को आगे बढ़ाना शुरू

किया। सर्वप्रथम प्राचीन इस्लामिक ढर्रे की लंबी-लंबी कब्रों को बनवाया गया। इसके लिए दूर-दूर से मुसलमानों के शव अयोध्या लाए जाने लगे। पूरे भारतवर्ष में यह बात फैल गई और भगवान् राम की अयोध्या को 'खुर्द मक्का' बनाने के लिए कब्रों से पाट दिया गया है। उनमें से कुछ अब भी तो अयोध्या नरेश के महल के निकट कब्रों या मजारों के रूप में देखी जा सकती हैं।

अब जलालशाह ने बाबर के सेनापति मीरबाकी के माध्यम से मंदिर के विध्वंस का कार्यक्रम बनाया, जिसमें ख्वाजा कजल अब्बास मूसा भी शामिल हो गया। बाबा श्यामनंदजी अपने मुस्लिम शिष्यों की करतूत देखकर बहुत दुःखी हुए और अपने निर्णय पर उन्हें बहुत पछतावा हुआ। वर्णन आता है कि भगवान् का मंदिर तोड़ने की योजना के एक दिन पूर्व दुःखी मन से बाबा श्यामनंदजी ने रामलला की मूर्ति को सरयू में प्रवाहित किया और स्वयं तपस्या करने के लिए हिमालय की ओर चल दिए। मंदिर के पुजारियों ने मंदिर के अन्य सामान आदि हटा लिये और वे स्वयं मंदिर के द्वार पर खड़े हो गए, उन्होंने कहा, 'रामलला के मंदिर में किसी भी विधर्मी का प्रवेश हमारी मृत्यु के बाद ही होगा।' जलालशाह की आज्ञा के अनुसार उन चारों पुजारियों के सिर काट लिये गए। बिजली की तेजी से यह समाचार आस-पास फैला तो हजारों हिंदू अपने आराध्य की जन्मभूमि को बचाने के लिए अयोध्या की ओर चल पड़े। जिसके पास जो भी शस्त्रादि थे, उन्हें लेकर ही हिंदुओं के दल मीरबाकी की सेना पर टूट पड़े। इस युद्ध का वर्णन करते हुए इतिहासकार कनिंघम 'लखनऊ गजेटियर' में लिखता है कि 'एक लाख चौहत्तर हजार हिंदुओं की लाशें गिर जाने के बाद ही मीरबाकी मंदिर ध्वस्त करने के अपने अभियान में सफल हो सका था।'

बाबर के समय जन्मभूमि को मुगलों से मुक्त कराने के लिए सबसे पहला संगठित सैन्य आक्रमण भीटी के राजा महताब सिंह द्वारा किया गया। जिस समय मंदिर को गिराकर मसजिद बनाने की घोषणा हुई, उस समय संपूर्ण हिंदू जनमानस में एक प्रकार से क्रोध और क्षोभ की लहर दौड़ गई थी। इस घटना के पहले राजा महताब सिंह बद्रीनाथ की यात्रा करने के लिए निकले थे। अयोध्या पहुँचने पर रास्ते में उन्हें यह खबर मिली तो उन्होंने अपनी यात्रा स्थगित कर दी। चूँकि महताब सिंह के पास छोटी सेना थी, अतः उन्हें शाही सेना से युद्ध

का परिणाम मालूम था, लेकिन उन्होंने निश्चय किया कि रामलला के मंदिर को अपने जीते-जी वे मुगलों के अधीन नहीं होने देंगे। उन्होंने अयोध्या नगरी के चारों ओर बड़े क्षेत्र में हिंदू जागरण करते हुए मीरबाकी से संघर्ष के लिए एक लाख चौहत्तर हजार हिंदू वीरों को तैयार कर लिया। बाबर की सेना में चार लाख पचास हजार सैनिक थे। युद्ध का परिणाम एकपक्षीय हो सकता था, मगर रामभक्तों ने शपथ ले रखी थी कि वे अपने रक्त की अंतिम बूँद तक श्रीरामजन्मभूमि मंदिर को बचाने के लिए संघर्ष करेंगे। जब तक प्राण हैं, तब तक मंदिर नहीं गिरने देंगे। ऐतिहासिक तथ्यों के अनुसार राजा महताब सिंह ने मुगल सेना पर आक्रमण से पूर्व हिंदू योद्धाओं के समक्ष अपने ओजस्वी उद्बोधन में कहा, 'मैं बद्रीनारायण की यात्रा करने के लिए निकला था, लेकिन यदि अयोध्या को बचाते हुए वीरगति को प्राप्त हुआ तो यह सीधा स्वर्ग गमन होगा।'

राजा की इस घोषणा के साथ ही युद्ध छिड़ गया। सत्तर दिनों तक चले इस भीषण युद्ध में अंततः राजा महताब सिंह सहित एक लाख चौहत्तर हजार हिंदू योद्धा अपने आराध्य राम की जन्मभूमि को बचाते हुए वीरगति को प्राप्त हुए। बाबर की सेना के मात्र तीन हजार एक सौ पैंतालीस सैनिक ही जीवित बचे। इस भीषण कत्लेआम के बाद मीरबाकी ने तोपें चलवाकर जन्मभूमि मंदिर को ध्वस्त करवा दिया। कहा जाता है कि हिंदुओं की इस पराजय के बाद मीरबाकी द्वारा ध्वस्त मंदिर के मलबे से ही मसजिद का निर्माण करवाया गया। गारा बनाने में पानी की जगह युद्ध में मृत हिंदू वीरों के रक्त का प्रयोग किया गया।

मंदिर ध्वंस के इस समाचार ने हिंदुओं को हिला दिया। अयोध्या से छह मील की दूरी पर स्थित सनेथू नामक गाँव के पंडित देवीदीन पांडेय ने इस स्थिति में आस-पास के गाँवों के सूर्यवंशीय क्षत्रियों को एकत्र कर अपने उद्बोधन में कहा, 'भाइयो, आप लोग मुझे अपना राजपुरोहित मानते हैं। आपके पूर्वज श्रीराम थे और हमारे पूर्वज महर्षि भरद्वाजजी। श्रीराम ने महर्षि भरद्वाज से प्रयाग में दीक्षा ग्रहण की थी और अश्वमेध यज्ञ में हमारे पूर्वजों को दानस्वरूप दस हजार बीघे का द्वेगाँवा नामक ग्राम दिया था। आज उन्हीं मर्यादा पुरुषोत्तम श्रीराम की जन्मभूमि को विधर्मी नष्ट कर रहे हैं। इस परिस्थिति में हमें मूकदर्शक बनकर

जीवित रहने की अपेक्षा जन्मभूमि के रक्षार्थ युद्ध करते हुए वीरगति को प्राप्त करना चाहिए।'

देवीदीन पांडेय के इस ओजस्वी आह्वान पर दो दिन के भीतर नब्बे हजार क्षत्रिय मुगलों से संघर्ष के लिए एकत्र हो गए। दूर-दूर के गाँवों से वहाँ आकर एकत्र हुए अनेक हिंदू समूहों ने देवीदीन पांडेय के नेतृत्व में शाही सेना पर जबरदस्त धावा बोल दिया। हिंदू ऐसा भीषण हमला करेंगे, इस बारे में मुगल सेना ने कल्पना भी नहीं की थी। अचानक हुए इस आक्रमण से मीरबाकी घबरा उठा। हिंदुओं ने शाही सेना से लगातार पाँच दिनों तक भीषण युद्ध किया। छठे दिन 9 जून, 1528 को मीरबाकी का सामना देवीदीन पांडेय से हुआ। उसी समय धोखे से उसके अंगरक्षक ने एक लखौरी ईंट से देवीदीन पांडेय के सिर पर वार कर दिया, जिससे उनका सिर फट गया, लेकिन उस वीर ने अपनी पगड़ी से सिर के घाव को बाँधा और तलवार से उस कायर अंगरक्षक का सिर काट दिया। देवीदीन का यह रौद्र रूप देख मीरबाकी तो छिपकर बच निकला, मगर तलवार के वार से उसका महावत हाथी सहित मारा गया। इसी बीच मीरबाकी ने गोली चलाई, जो कि पहले से घायल देवीदीन पांडेय को लगी और वह जन्मभूमि की रक्षा में वीरगति को प्राप्त हुए। देवीदीन पांडेय के वंशज सनेथू ग्राम के 'ईश्वरी पांडे का पुरवा' नामक जगह पर आज भी निवास करते हैं।

'तुजुक-ए-बाबरी' में बाबर ने स्वयं इस युद्ध का वर्णन करते हुए लिखा कि 'जन्मभूमि को शाही अख्तियारों से बाहर करने के लिए जो चार हमले हुए, उनमें सबसे बड़ा हमला देवीदीन पांडेय का था। इस शख्स ने एक बार में सिर्फ तीन घंटे के भीतर गोलियों की बौछार को सहते हुए भी शाही फौज के सात सौ सैनिकों का कत्ल किया। सिपाही की ईंट से खोपड़ी चकनाचूर हो जाने के बाद भी वह उसे अपनी पगड़ी के कपड़े से बाँधकर ऐसे लड़ा, जैसे किसी बारूद की थैली में पलीता लगा दिया गया हो। आखिर में वजीर मीरबाकी की गोली से उसकी मौत हुई।'

देवीदीन पांडेय की मृत्यु के बाद हंसवर के महाराजा रणविजय सिंह ने अपने चौदह हजार सैनिकों के साथ मीरबाकी की बड़ी सेना से भीषण संघर्ष

किया। अयोध्या को मुगलों के चंगुल से छुड़ाने के लिए दस दिनों तक चले इस संग्राम में महाराज श्रीरामजन्मभूमि के रक्षार्थ वीरगति को प्राप्त हुए। अयोध्या को विधर्मियों से छुड़ाने के प्रयत्न में वीरगति को प्राप्त हुए महाराजा रणविजय सिंह की पत्नी ने इस संघर्ष को जारी रखने के प्रयास करते हुए तीन हजार नारियों की सेना लेकर जन्मभूमि पर कब्जा जमाए बैठी मुगल सेना पर हमला बोल दिया। बड़ी मुगल सेना के सामने रानी ने छापामार युद्ध लड़ने का निश्चय किया। उनके गुरु स्वामी महेश्वरानंदजी ने रामभक्तों को इकट्ठा करके उन्हें प्रशिक्षित सैनिकों में बदलते हुए युद्ध में जयराज कुमारी की सहायता की। स्वामी महेश्वरानंदजी ने संन्यासियों की सेना भी बनाई। इसमें उन्होंने तेरह हजार संन्यासियों को इकट्ठा किया और रानी जयराज कुमारी के साथ मुगलों पर उन्नीस आक्रमण किए। अंतिम आक्रमण में शाही सेना को काफी नुकसान हुआ और जन्मभूमि पर रानी जयराज कुमारी का अधिकार हो गया।

लगभग एक महीने बाद हुमायूँ ने पूर्ण रूप से तैयार शाही सेना फिर भेजी। इस युद्ध में स्वामी महेश्वरानंद और रानी कुमारी जयराज कुमारी लड़ते हुए अपनी बची हुई सेना के साथ बलिदान हुए और रामजन्मभूमि पर पुनः मुगलों का अधिकार हो गया।

सिखों के दसवें गुरु गुरुगोविंद सिंहजी की श्रद्धा भी भगवान् राम में थी। अपने बाल्यकाल के दौरान सन् 1672 में उन्होंने प्रथम बार रामलला के दर्शन उनकी जन्मभूमि पर किए थे। कालांतर में अयोध्या पर मुगल शासक औरंगजेब की शाही सेना ने हमला किया। अयोध्या के चिमटाधारी साधु बाबा वैष्णवदास ने गुरु गोविंद सिंहजी से सहायता माँगी। उन्होंने तुरंत निहंग योद्धाओं की एक टुकड़ी अयोध्या की ओर रवाना की। निहंग सिखों की इस टुकड़ी ने साधुओं के साथ मिलकर मुगल सेना से भीषण युद्ध लड़ा। इस युद्ध में पराजय के बाद सिखों और साधुओं के पराक्रम से औरंगजेब इतना हैरान हो गया कि फिर उसने काफी समय तक अयोध्या पर दोबारा हमला करने की हिम्मत नहीं दिखाई। अयोध्या के ऐतिहासिक ब्रह्मकुंड गुरुद्वारे में आज भी उन शस्त्रों का दर्शन किया जा सकता है, जिनके द्वारा निहंग योद्धाओं ने मुगलों को धूल चटाई थी। गुरु गोविंद सिंहजी महाराज के हथियार भी इस गुरुद्वारे में रखे हुए हैं।

सन् 1857 में अंग्रेजों के विरुद्ध हुई क्रांति में बहादुरशाह जफर को सम्राट् घोषित करके विद्रोह का नारा बुलंद किया गया। इधर अयोध्या का हिंदू समाज राजा देवीबख्श सिंह, गोंडा के नरेश एवं बाबा रामचरण दास की अध्यक्षता में संगठित हो गया। उस समय अंग्रेजों के विरुद्ध बागी मुसलमानों के नेता थे आमिर अली। आमिर अली ने अयोध्या के समस्त मुसलमानों को इकट्ठा करके कहा, 'बादशाह बहादुरशाह जफर को अपना सम्राट् मानकर हमारे हिंदू भाई अंग्रेजों से लड़ाई में अपना खून बहा रहे हैं, इसलिए हमारा फर्ज बनता है कि हिंदुओं के खुदा श्रीरामचंद्रजी की पैदाइशी जगह पर जो बाबरी मसजिद बनी है, वह हम इन्हें बाखुशी सुपुर्द कर दें, क्योंकि हिंदू-मुसलमान नाइत्तफाकी की सबसे बड़ी जड़ यही है। ऐसा करके हम इनके दिल पर फतह पा जाएँगे।'

आमिर अली के इस प्रस्ताव का सभी मुसलमानों ने खुले दिल से एक स्वर में समर्थन किया। आमिर अली के इस प्रस्ताव के बारे में जानकर यह बात स्पष्ट हो जाती है कि मुसलमान भी जानते और मानते थे कि बाबरी ढाँचा रामलला की जन्मभूमि पर बने मंदिर को ध्वंस करके ही बनाया गया है। मुसलमान यह बात भी समझ चुके थे कि हिंदू कभी किसी के अस्तित्व के लिए खतरा नहीं हो सकता, लेकिन अंग्रेज उनके समूल विनाश के उद्देश्य में लगे हुए हैं। अत: इस बात पर एक सहमति बनती नजर आई।

यह बात जब अंग्रेज सरकार को पता चली कि मुसलमान बाबरी मसजिद हिंदुओं के हवाले करने का मन बना चुके हैं, तब उसके बीच एक घबराहट फैल गई। उन्होंने मार्च 1858 में कुबेर टीला स्थित इमली के पेड़ पर बाबा रामचरण दास और आमिर अली दोनों को एक साथ फाँसी पर लटका दिया। मुगलों ने हिंदुओं पर चाहे कितने भी जुल्म किए हों, परंतु हिंदू जनता मुसलमानों के इस एकमात्र प्रयास को भूली नहीं और बहुत दिनों तक आमिर अली और बाबा रामचरणदास की याद में उस इमली के पेड़ की पूजा-अर्चना करती रही। जब अंग्रेजों ने देखा कि यह पेड़ देशभक्तों एवं रामभक्तों के लिए एक स्मारक के रूप में विकसित हो रहा है, तब उन्होंने इस पेड़ को कटवा दिया।

इस प्रकार अंग्रेजों की कुटिल नीति के कारण मुसलमानों द्वारा हिंदुओं को बाबरी ढाँचा सौंपने का यह एकमात्र प्रयास विफल हो गया। इसके बाद सन्

1859 में ब्रिटिश सरकार ने एक विभाजन करके इस स्थान पर हिंदुओं और मुस्लिमों को अपनी-अपनी पद्धति से पूजा-प्रार्थना करने की अनुमति दे दी। सन् 1885 में महंत रघुबरदास ने फैजाबाद अदालत में यहाँ राम मंदिर निर्माण अनुमति के लिए अपील दायर की।

□

22-23 दिसंबर, 1949 की रात को घटी वह चामत्कारिक घटना

'मेरा नाम अबुल बरकत है और मैं श्रीरामजन्मभूमि-बाबरी मसजिद पर ड्यूटी के लिए तैनात किया गया हूँ। आज तक यहाँ ऐसी कोई कार्रवाई हिंदुओं की ओर से नहीं हुई, जो गैर-कानूनी कही जा सके। 22-23 दिसंबर, 1949 की रात के लगभग दो बजे, जबकि मैं ड्यूटी पर तैनात था, एकाएक बाबरी मसजिद में कुछ चाँदनी सी नजर आई। मैं गौर से उसे देखने लगा। इसी बीच मुझे मालूम हुआ, जैसे एक खुदाई रोशनी मसजिद के भीतर हो रही है। धीरे-धीरे वह रोशनी सुनहली होती गई और उसके भीतर एक बहुत ही खूबसूरत चार-पाँच साल के बच्चे की सूरत नजर आई। उसके सिर के घुँघराले बाल थे। बदन मोटा-ताजा और खूब तंदुरुस्त था। मैंने ऐसा खूबसूरत बच्चा अपनी जिंदगी में कभी नहीं देखा था। उसे देखकर मैं सपने की हालत में हो गया। मैं कह नहीं सकता कि मेरी ऐसी हालत कब तक रही। जब होश आया तो देखता हूँ कि सदर दरवाजे का ताला टूटकर जमीन पर पड़ा हुआ है और मसजिद के अंदर हिंदुओं की बेशुमार भीड़ घुसी हुई है और एक सिंहासन पर रखे बुत के सामने 'भए प्रगट कृपाला दीनदयाला' गाते हुए आरती उतार रही है। बस चटपट मैंने अधिकारियों के पास इसकी खबर भिजवाई। इसके अतिरिक्त में कुछ नहीं जानता।'

(जैसा कि अयोध्या में विवादित परिसर के तत्कालीन पुलिस कांस्टेबल अबुल बरकत ने तत्कालीन अधिकारियों को अपना बयान दिया था।)

□

6 दिसंबर, 1992 का वह हिंदू जन ज्वार, जिसमें बाबर की बर्बरता बह गई

इस इतिहास को जानने-समझने के बाद अब आते हैं, पुनः 6 दिसंबर, 1992 की उस सर्द सुबह में, जब भारत की विराट् हिंदू मेदिनी एक अभूतपूर्व घटना की साक्षी बनने जा रही थी। बर्बर आक्रांताओं द्वारा ढहा दिए गए अपने मानबिंदु, अपने आस्था केंद्र पर दोबारा स्वाभिमान के शिखर निर्मित करने के लिए वह श्रीरामजन्मभूमि पर समतलीकरण को आतुर थी। 'कारसेवा' कैसे होगी? यह प्रश्न प्रातः ग्यारह बजे तक अस्पष्ट था।

श्रीरामजन्मभूमि परिसर, अयोध्या के निकट स्थित 'रामकथा कुंज' में विश्व हिंदू परिषद द्वारा बनाए गए एक ऊँचे मंच से श्री लालकृष्ण आडवाणी, डॉ. मुरली मनोहर जोशी, साध्वी ऋतंभराजी, साध्वी उमा भारतीजी, आचार्य धर्मेंद्र देवजी और श्री विनय कटियार अपनी-अपनी ओजस्वी वाणी में कारसेवकों की उस विराट् सभा को संबोधित कर रहे थे।

इन सबके प्रभावी उद्बोधन के पश्चात् सभा संचालक द्वारा मंच से घोषणा की गई कि 'अब यहाँ उपस्थित सभी कारसेवकों को सरयू तट से एक-एक मुट्ठी बालू रेत लाकर कारसेवा स्थल पर अर्पित करनी है।' यह सुनकर वहाँ मौजूद कुछ नौजवान आक्रोश से भर उठे—"क्या हमें मुट्ठी भर बालू डालने के लिए ही यहाँ बुलाया गया है। नहीं, नहीं! अब यह सब नहीं चलेगा। आज तो कुछ करके ही जाना है।" यह खुसफुसाहट उस विराट् समूह में चारों तरफ तेजी से फैल रही थी।

ग्यारह बजते-बजते ऐसे आक्रोशित युवाओं को विश्व हिंदू परिषद कार्यकर्ताओं ने कारसेवा स्थल से बाहर की ओर निकालने का प्रयत्न किया, जो

इस प्रकार से मंचीय आदेशों की अवहेलना करने की कोशिशें कर रहे थे। पौने बारह बजे बाबरी ढाँचे के पिछले द्वार से प्रवेश कर विहिप महासचिव श्री अशोक सिंहल ने नेतृत्व सँभालकर भीड़ को रोकने की कोशिश की, परंतु तब तक अनियंत्रित हो चुका युवाओं का एक समूह दरवाजे को ढहाते हुए परिसर में प्रवेश कर गया। परिसर की सुरक्षा में तैनात पी.ए.सी. की टुकड़ी ने जब उन्हें रोकने का प्रयत्न किया तो जवाब में भीड़ की ओर से भारी पथराव शुरू हो गया। असहाय फोर्स को पीछे हटना पड़ा। आगे-आगे महिलाओं का समूह और उनके पीछे कारसेवक। देखते-ही-देखते कारसेवकों की टोलियाँ बाबरी ढाँचे के तीनों गुंबदों पर चढ़ गईं। चारों ओर से उठते 'जय श्रीराम' के गगनभेदी घोष के बीच गुंबदों पर गैंती और सब्बलों की चोटें पड़ने लगीं।

कौन कहाँ प्रहार कर रहा है और खंड-खंड हो रहे ढाँचे के टुकड़े कहाँ उड़कर किसको चोटिल कर रहे हैं, किसी को भी इसकी परवाह नहीं थी। किसी मशीन के समान उन कारसेवकों के हाथ चल रहे थे। रामकथा कुंज के मंच द्वारा विहिप पदाधिकारी लगातार उस भीड़ को रोकने संबंधी एनाउंसमेंट कर रहे थे, लेकिन कोई सुनने को तैयार नहीं था। खंड-खंड होकर गिरते ढाँचे के चारों ओर धूल का बवंडर उठ रहा था। एक समूह गुंबदों को तो दूसरा समूह नीचे की दीवारों पर तेजी से प्रहार कर रहा था। हथौड़े, गैंती और सब्बलों की टंकार ऐसी सुनाई देती थी, मानो कानों के परदे फट जाएँगे।

तत्कालीन पुलिस महानिदेशक ए.के. शरण, जिलाधीश आर.एन. श्रीवास्तव और जिला पुलिस अधीक्षक डी.बी. राय उस विषम परिस्थिति को नियंत्रित करने की कोशिशें कर ही रहे थे कि अचानक अयोध्या का संचार तंत्र अवरुद्ध हो गया। बिजली आपूर्ति बंद हो गई। बड़ी मुश्किल में लखनऊ स्थित गृह मंत्रालय को सारी स्थिति की जानकारी देते हुए बताया गया कि श्रीरामजन्मभूमि परिसर, अयोध्या में हो रही इस भारी तोड़फोड़ को अब पुलिस बलों द्वारा गोली चालन के बिना नहीं रोका जा सकता, परंतु उत्तर प्रदेश के तत्कालीन मुख्यमंत्री श्री कल्याणसिंह किसी भी स्थिति में कारसेवकों पर गोली नहीं चलाने के पक्ष में थे, इसलिए कारसेवकों के दबाव में पुलिस बलों को बाबरी ढाँचे से बाहर निकल जाना पड़ा।

इधर अब तक लाखों कारसेवकों ने जन्मभूमि परिसर को घेर लिया था। जब गुंबदों का टूटता मलबा नीचे गिरने लगा तो ढाँचे में मौजूद लोगों से तुरंत बाहर निकलने की अपील की गई। ढाँचा टूटने के बीच बड़ी संख्या में कारसेवक चोटिल भी होते जा रहे थे, परंतु उत्साह के आगे वे किसी भी चोट की परवाह नहीं कर रहे थे। इस घटना में अब तक सैकड़ों कारसेवक घायल हो चुके थे और चार की मृत्यु का समाचार था।

सारी सुरक्षा व्यवस्था को चकमा देकर बाबरी ढाँचे को ध्वस्त किया जाना

फोटो सौजन्य : श्री सुरेंद्र कुमार यादव

भीड़ का एक हिस्सा उन पत्रकारों को भी इस परिसर से बाहर खदेड़ रहा था, जो इस घटना को कवर कर रहे थे। इसी बीच दोपहर दो बजकर पैंतालीस मिनट पर ढाँचे का उत्तर दिशा वाला गुंबद भयंकर शोर करता हुआ भरभराकर गिर गया, जिसके मलबे से कई कारसेवक घायल हुए, तत्काल उन्हें एंबुलेंसों द्वारा अस्पताल ले जाया गया। श्री अशोक सिंहलजी के निर्देश पर ढाँचे में विराजमान रामलला और अन्य श्रीविग्रहों को भी वहाँ से हटाकर सुरक्षित किया गया। इसके बाद दोपहर पौने तीन बजे और फिर पौने पाँच बजे शेष रहे दो गुंबद भी धूलधूसरित हो गए।

इस प्रकार सूर्यास्त होते-होते वह विशालकाय बाबरी ढाँचा पूर्णरूपेण ध्वस्त हो चुका था। अयोध्या की सभी सीमाओं पर लाखों कारसेवकों ने रास्ते अवरुद्ध कर रखे थे कि सुरक्षा बलों की टुकड़ियाँ जन्मभूमि तक नहीं पहुँच सकें। ढाँचे के मलबे की एक-एक ईंट कारसेवकों द्वारा उठाकर ले जाई जा चुकी थी। रात होते-होते बचे मलबे को समतल करते हुए इस प्रकार का रूप दिया गया, जिस पर श्री रामलला का अस्थायी मंदिर बनाया जा सके। कारसेवकों द्वारा पाँच फीट ऊँचाई तक ईंटों को जोड़कर एक सुरक्षा दीवार बनाने के बाद उसके भीतर सिंहासन रखकर उस पर रामलला को विराजमान किया गया। ऊपर एक तंबू ताना गया, जिसके भीतर उस नवनिर्मित अस्थायी मंदिर में रामलला की पहली आरती हुई।

इधर बाबरी ढाँचा पूर्ण रूप से ध्वस्त हुआ और उधर लखनऊ में इस घटना से निपट पाने में नाकाम रहने की जिम्मेदारी लेते हुए उत्तर प्रदेश के तत्कालीन मुख्यमंत्री श्री कल्याणसिंह ने पद छोड़ते हुए अपना इस्तीफा राज्यपाल को सौंप दिया, परंतु केंद्र सरकार ने कल्याणसिंह सरकार को बर्खास्त कर उत्तर प्रदेश में राष्ट्रपति शासन लगा दिया। इस घटनाक्रम के बाद भी विवादित स्थल अगले तीस घंटों तक कारसेवकों के कब्जे में ही रहा। 8 दिसंबर की रात्रि लगभग 3 बजे रैपिड एक्शन फोर्स ने ऑपेरशन 'फ्लश आउट' चलाकर मात्र पैंतालीस मिनट में बिना किसी बल प्रयोग के विवादित क्षेत्र को कारसेवकों के कब्जे से मुक्त करा लिया।

□

बाबरी विध्वंस में साध्वी ऋतंभराजी को आरोपी बनाया जाना

श्रीरामजन्मभूमि परिसर में ढाँचा विध्वंस के बाद 6 दिसंबर, 1992 की शाम 5:15 बजे थाना रामजन्मभूमि के थानाध्यक्ष प्रियवृंदानाथ शुक्ला द्वारा रोजनामचे में एक प्रथम सूचना रिपोर्ट दर्ज की जाती है, जिसके अनुसार 'आज दोपहर 12:15 बजे अयोध्या के रामजन्मभूमि-बाबरी मसजिद विवादित परिसर में लगी सुरक्षा बैरिकेडिंग फाँदकर परिसर में एक कारसेवक ने प्रवेश किया, जिसके साथ अनेक अन्य कारसेवक भी थे। धीरे-धीरे वहाँ बड़ी संख्या में जमा हो गए कारसेवकों ने विवादित ढाँचे को क्षतिग्रस्त करना शुरू कर दिया। तकरीबन एक से डेढ़ घंटे के बाद विवादित ढाँचे का पहला गुंबद भीड़ द्वारा गिरा दिया गया। बीतते समय के साथ धीरे-धीरे कारसेवकों की उस उग्र भीड़ द्वारा क्रमशः दूसरा और तीसरा गुंबद भी गिरा दिया गया। थानाध्यक्ष द्वारा इस एफ.आई.आर. क्रमांक 197/92 में इस कृत्य को लेकर अज्ञात कारसेवकों के विरुद्ध विवादित धर्मस्थल को क्षतिग्रस्त करने, लूटपाट करने तथा सांप्रदायिक सौहार्द बिगाड़ने जैसी आठ धाराओं में प्रकरण दर्ज किया गया।

दूसरा प्रथम सूचना प्रतिवेदन (एफ.आई.आर.)

पहली रिपोर्ट को लिखे हुए दस मिनट ही बीते होंगे कि रामजन्मभूमि परिसर स्थित पुलिस चौकी प्रभारी गंगाप्रसाद तिवारी द्वारा शाम 5:25 बजे दूसरी एफ.आई.आर. दर्ज की गई। इसमें धार्मिक उन्माद भड़काने, अफवाह फैलाने,

जानमाल की क्षति पहुँचाने, आपराधिक साजिश रचने जैसी गंभीर धाराओं के अंतर्गत इस आंदोलन के शिखर नेतृत्व श्री लालकृष्ण आडवाणी, श्री अशोक सिंहल, आचार्य श्री गिरिराज किशोर, श्री विष्णु हरि डालमिया, श्री मुरली मनोहर जोशी, साध्वी ऋतंभराजी, साध्वी उमा भारतीजी एवं श्री विनय कटियार को आरोपित किया गया। इन दोनों ही एफ.आई.आर. के बाद विभिन्न पत्रकारों द्वारा 6 दिसंबर को अयोध्या में खुद पर हुए हमले के विरुद्ध 47 अन्य एफ.आर.आई. दर्ज करवाई गईं।

प्रकरण में केंद्रीय अन्वेषण ब्यूरो (सी.बी.आई.) का प्रवेश

अयोध्या में विवादित स्थल ध्वंस पर कुल 49 एफ.आई.आर. दर्ज होने के बाद 13 दिसंबर, 1992 को तत्कालीन नरसिम्हाराव सरकार द्वारा जारी आदेश में ढाँचा विध्वंस प्रकरण क्रमांक 197/92 आगे की जाँच हेतु सी.बी.आई. को सौंप दिया गया।

इसी दिन सी.बी.आई. द्वारा प्रकरण 197/92 के आधार पर एक अन्य नियमित केस दर्ज किया गया, जिसमें प्रकरण में संलिप्त अज्ञात कारसेवकों के विरुद्ध जाँच प्रारंभ की गई।

25 अगस्त, 1993 को विवादित ढाँचे के विध्वंस से जुड़े सभी मामलों की जाँच का जिम्मा केंद्र सरकार ने सी.बी.आई. को दे दिया। मतलब प्रकरण क्रमांक 197/92 की जाँच तो सी.बी.आई. कर ही रही थी, प्रकरण क्रमांक 198/92 और बाकी मामलों की जाँच की जिम्मेदारी भी उसके पास चली गई। 27 अगस्त, 1993 को इस मामले की दूसरी एफ.आई.आर. 198/92 पर सी.बी.आई. ने केस दर्ज किया।

उत्तर प्रदेश के दो अलग-अलग जिलों में इन दोनों प्रकरणों की सुनवाई शुरू हुई। ललितपुर, झाँसी में सी.बी.आई. की अस्थाई कोर्ट बनाई गई। यहाँ प्रकरण क्रमांक 198/92 की सुनवाई शुरू हुई। उधर लखनऊ की विशेष अदालत में प्रकरण क्रमांक 197/92 की सुनवाई शुरू हुई। कुछ ही दिनों बाद पहला प्रकरण ललितपुर से रायबरेली कोर्ट में स्थानांतरित कर दिया गया। सी.बी.आई. को इन दोनों ही मामलों में दो अलग-अलग जिलों में भागदौड़ करनी पड़ रही

थी, इसलिए सितंबर 1993 में सी.बी.आई. ने अपील दायर की कि सभी मामलों को लखनऊ के विशेष सी.बी.आई. न्यायालय में ही सुना जाए। अपील सुन ली गई और 24 जनवरी, 1994 को सभी प्रकरणों की पत्रावली भी लखनऊ कोर्ट पहुँच गई।

इसके कुछ दिनों पहले इस मामले में तब एक निर्णायक मोड़ आया, जब 5 अक्तूबर, 1993 को सी.बी.आई. ने इस मामले में पहली चार्जशीट दायर की। इस चार्जशीट में श्री बाल ठाकरे, श्री लालकृष्ण आडवाणी, श्री मुरलीमनोहर जोशी, श्री बृजभूषणशरण सिंह, श्री कल्याण सिंह, श्री अशोक सिंहल, साध्वी ऋतंभराजी, साध्वी उमा भारतीजी, श्री विनय कटियार, आचार्य गिरिराज किशोरजी, श्री पवन पांडेय, अयोध्या के तत्कालीन जिलाधीश श्री आर.एस. श्रीवास्तव और एस.एस.पी. श्री डी.बी. राय के नाम शामिल थे।

7 दिसंबर, 1993 के दिन पहली चार्जशीट के आधार पर आरोपियों की पेशी लखनऊ अदालत में हुई। कोर्ट ने कहा कि सभी को निजी मुचलके पर जमानत दे दी जाए, परंतु सभी आरोपियों ने जमानत लेने से इनकार कर दिया। कोर्ट ने उन्हें न्यायिक अभिरक्षा में जेल भेजने का आदेश दे दिया और अगली पेशी की तारीख 20 दिसंबर, 1993 तय हुई। सुरक्षा कारणों से उस दिन पेशी नहीं हो सकी और कोर्ट ने सभी को बिना किसी शर्त जमानत पर रिहा कर दिया।

इसके बाद कानूनी प्रक्रिया चल पड़ने से श्रीरामजन्मभूमि आंदोलन में कुछ ठहराव सा आ चुका था। वर्ष 1992 को दिल्ली में संस्था 'परमशक्ति पीठ' की स्थापना के साथ ही साध्वी ऋतंभराजी ने सड़कों पर असहाय अवस्था में पाए गए नवजात बालकों, निराश्रित बहनों और माताओं के साथ 'वात्सल्य परिवार' बनाकर बच्चों के वात्सल्यमयी पालन-पोषण का एक ऐसा सेवाकार्य आरंभ किया, जो अपने आप में एक अनूठा प्रकल्प था। उन्होंने श्रीमद् भागवत और श्रीराम कथाओं के माध्यम से समाज में सनातन धर्म के प्रचार-प्रसार का आयोजन भी जारी रखा। हिंदू समाज को जाग्रत् बनाए रखने के लिए उनका जनजागरण अभियान तो चल ही रहा था, क्योंकि श्रीरामजन्मभूमि मुक्ति आंदोलन को उसके लक्ष्य तक पहुँचाए बिना विश्राम नहीं लेने का उन्होंने संकल्प जो ले रखा था।

इसी क्रम में वर्ष 1995 की 22 अप्रैल को मध्य प्रदेश के देवास जिले के आदिवासी बहुल गाँव उदयनगर में 'हिंदू चेतना मंच' द्वारा एक धर्मसभा आयोजित की गई थी, जिसके सफलतापूर्वक संपन्न होने के बाद साध्वी ऋतंभराजी इंदौर आकर रात्रि विश्राम के लिए अपने गुरुभाई श्री धनराज शादीजा के निवास पर पहुँची थीं। अगले दिन सुबह धार जाकर वहाँ भोजशाला में दर्शन का उनका कार्यक्रम निश्चित किया गया था, इसलिए संगठन के सभी पदाधिकारी और कार्यकर्ता उनसे विदा लेकर अपने-अपने घरों को रवाना हुए।

□

गिरफ्तारी की उस काली रात का उजला सच

23–24 अप्रैल, 1995 की मध्यरात्रि के बाद का पहर शुरू होने को है। इंदौर, मध्य प्रदेश के सेंट्रल कोतवाली स्थित पुलिस नियंत्रण कक्ष में अचानक हलचल बढ़ जाती है। दस–बारह गाड़ियों को तैयार किया जा रहा है। देर रात्रि को अचानक कुछ पुलिसकर्मियों को संदेश मिला था कि मध्यरात्रि के बाद वे तैयार रहें, उन्हें किसी खास मिशन पर जाना है। वे सारे पुलिसकर्मी अब धीरे–धीरे कोतवाली पर इकट्ठा हो रहे हैं। लेकिन किसी को कुछ पता नहीं है कि आखिर जाना कहाँ है। आला अफसरों की मौजूदगी में उनकी आपसी चर्चा केवल कानाफूसी तक ही सीमित है। एक महिला थाना प्रभारी के साथ कुछ अन्य महिला पुलिसकर्मी भी हैं, दो–तीन गाड़ियों को दंगा निरोधक और भीड़ से निपटने के लिए जरूरी साजो–सामान से लैस किया जा रहा है। जितने भी लोग वहाँ हैं, उन्हें अचरज है कि शहर के किसी भी हिस्से से किसी भी तरह की अशांति की सूचना नहीं है तो आखिर यह सब तैयारी किसलिए हो रही है? लेकिन बड़े अफसरों के सामने कौन जिरह करे। सब चुपचाप यंत्रवत् अपने–अपने काम में लगे हैं।

शहर के अतिरिक्त पुलिस अधीक्षक स्वयं अपने कुछ चुनिंदा अफसरों के साथ एक कक्ष में बैठक कर रहे हैं। कुछ देर बाद निर्देश आता है कि सारे पुलिसकर्मी अपने–अपने वाहनों में बैठ जाएँ। सभी वाहनों के चालकों को भी अब तक यह नहीं बताया गया कि आखिर जाना कहाँ है। एक सब इंस्पेक्टर ने साहस करके धीरे से अपने उच्चाधिकारी से पूछा, 'सर, जाना कहाँ है?' नगर

पुलिस अधीक्षक डी.एस. शाही का रोबदार स्वर उभरा—'साहब की गाड़ी सबसे आगे चलेगी। सारी गाड़ियों को उसके पीछे ही चलना है। और हाँ, इसके बाद अब कोई सवाल मत पूछना।' सारा अमला यह समझ गया कि कोई बहुत गंभीर मामला है। चारों ओर गहरी निस्तब्धता थी। मन में कौतुक लेकिन चेहरों पर अजीब सा मौन।

अपनी पारंपरिक और मिलनसार संस्कृति के लिए देश भर में ख्यात और देर रात तक चहल-पहल में डूबा रहने वाला इंदौर अब धीरे-धीरे नींद की चादर ओढ़ रहा है। मुख्य सड़क से जुड़ी गलियों में सन्नाटा है। इधर बड़े साहब कोतवाली से बाहर आकर एक-एक गाड़ी और उसमें सवार पुलिसकर्मियों का बारीकी से मुआयना कर रहे हैं। उनके सबसे अगली गाड़ी में सवार होकर आगे बढ़ते ही सारी गाड़ियाँ धीरे-धीरे आगे खिसक रही हैं। पीछे की गाड़ियों में सवार जवानों को आश्चर्य है कि बड़े साहब के रुतबे में हमेशा उनकी सफेद एंबेसडर कार पर दमकने वाली लाल बत्ती आज बुझी हुई क्यों है ? गाड़ियों का रुख शहर के पुराने और सांप्रदायिक दृष्टि से संवेदनशील क्षेत्र की ओर है। संभवतः किसी कुख्यात अपराधी को गिरफ्तार करने की योजना होगी, यह सोचकर सारा पुलिस बल अपने-अपने स्तर पर सतर्क होता नजर आ रहा है।

धीरे-धीरे पुलिस की गाड़ियाँ वह सारा इलाका भी पार कर गईं। निश्चित जानकारी के अभाव में अब सारे बल का आश्चर्य भी अब जैसे अपनी सीमा पार कर गया था। पश्चिमी इंदौर का रहवासी क्षेत्र—प्रेमनगर। अधिकांश लोग सो चुके हैं। काफिला इस क्षेत्र की गलियों में मुड़ गया। अब तक एक के पीछे एक क्रम से चल रही गाड़ियों में भी अचानक बिखराव शुरू हो गया। यहाँ आकर पूरे पुलिस बल को समझ में आ गया कि उस काफिले की हर गाड़ी में एक ऐसा पुलिस जवान था, जिसे योजना के बारे में पूरी जानकारी थी। सिख बाहुल्य इस बस्ती में गुरुद्वारे के पास स्थित एक गली को चारों ओर से घेरा जा रहा है। योजनाबद्ध तरीके से उस गली से निकलने वाले सारे रास्तों को गाड़ियाँ अड़ाकर बंद किया जा रहा है। अब तक कार्रवाई का केवल अनुमान लगा रहे पुलिसकर्मियों के सामने धीरे-धीरे स्पष्ट होने लगता है कि उनका निशाना है प्रेमनगर का मकान नंबर 14-बी।

अचानक बल में शामिल एक व्यक्ति ने टेलीफोन लाइनों के खंभे पर चढ़कर उस मकान की टेलीफोन लाइन काट दी। इस मकान से बिल्कुल सटकर बने घरों को धीरे-धीरे खुलवाकर उनकी छतों पर हथियारबंद पुलिसकर्मी पोजीशन ले रहे हैं। कार्रवाई इतनी गोपनीय तरीके से हो रही है कि पड़ोसी तक को इसका पता नहीं लग पा रहा है, जिसका भी घर खुलवाया जाता उसे आतंकित करके चुप रहने के लिए विवश किया जाने लगा। आधी रात के बाद दरवाजे पर पुलिस को देखकर यूँ भी भला कौन कुछ कह सकता है।

14 बी-प्रेमनगर। शहर के प्रतिष्ठित बरतन व्यवसायी श्री धनराज शादीजा का मकान। पक्की घेराबंदी के बाद कुछ पुलिस जवान मकान के मुख्य दरवाजे को फाँदकर अँधेरे में डूबे परिसर में प्रवेश कर गए। दरवाजा खटखटाया जा रहा है। इस दो मंजिला मकान की पहली मंजिल पर जाने वाली सीढ़ियों पर लोहे का जालीदार दरवाजा है, जिस पर बड़ा सा ताला लटक रहा है। संभवत: सीढ़ियों के खुले आँगन से ऊपर जाने के कारण रात्रि में उसे ऊपर रहने वाले लोगों द्वारा सुरक्षा की दृष्टि से बंद कर लिया जाता होगा। पुलिस के एक आला अफसर ताले को घुमा-फिराकर इस तरह देखने लगे, मानो वे अनुमान लगा रहे हों कि इसे कैसे तोड़ा जा सकेगा। इसी बीच तल मंजिल के एक कमरे की लाइटें जल उठीं। दरवाजा खुला। अंदर से बाहर निकले कुरता-पायजामा पहने युवक के लिए अपने घर के परिसर में इतने सारे पुलिसकर्मियों को देखना भयमिश्रित कौतूहल था।

'इस दरवाजे का ताला खोलो!' कड़कती हुई आवाज में पुलिस अफसर ने उस युवक से कहा।

'लेकिन आप लोग कौन हैं और मेरे घर में इतनी रात गए इस तरह से आने का मतलब क्या है?' युवक का प्रश्न था।

'पहले यह बताओ कि तुम कौन हो?' अफसर घुड़कने वाले अंदाज में कह रहा था।

'मैं तुलसी शादीजा। दादा धनराजजी का बेटा हूँ। अब आप बताइए कि इस तरह से आप लोगों के यहाँ आने का क्या कारण है?'

'देखो, हम यहाँ साध्वी ऋतंभराजी को गिरफ्तार करने आए हैं। हमें पक्की सूचना है कि वह अपने गुरुजी के साथ यहाँ हैं।'

'लेकिन आप ऐसा कैसे कर सकते हैं? क्या अपराध है उनका? क्या आप उनका गिरफ्तारी वारंट दिखा सकते हैं?'

'नहीं, हम कोई कागजात नहीं दिखाएँगे तुम्हें? हम साध्वीजी को ही बताएँगे। जल्दी से दरवाजा खोलो।'

'मैं दरवाजा तब तक नहीं खोलूँगा, जब तक कि आप कोई कागजात नहीं दिखाएँगे।'

'ऐ जवान, ताला तोड़ दो। हमें हर हाल में ऊपर जाना ही है। शांति से नहीं तो बलपूर्वक ही सही।' अफसर के तेवर तल्ख होते जा रहे थे।

आवाजों के बढ़ते शोर-शराबे के बीच एक-एक कमरे की लाइटें जलती जा रही है। घर की महिलाएँ, बच्चे और तुलसी शादीजा के वृद्ध माता-पिता घबराते हुए बाहर आ रहे हैं। पुलिस के बढ़ते दबाव और अपने हृदय रोगी पिताजी की घबराहट के बीच अनमने मन से वे ताला खोल देते हैं। पुलिस के भारी बूटों की धड़धड़ाहट से सीढ़ियाँ गूँज रही हैं। पास-पड़ोसी न चाहते हुए भी अपने घरों में बंद कर दिए गए हैं। तुलसी भागकर अपने कमरे से किसी को फोन करने की कोशिश करते हैं, लेकिन फोन बंद है। पुलिस के ऊपर पहुँचने से पहले ही सारे कमरों की लाइटें जल चुकी हैं, लोग बाहर निकल रहे हैं। चढ़ाव के खत्म होते ही कमरों के दरवाजों से ठीक पहले का बरामदा तेज सर्च लाइट जैसी रोशनी से नहाया हुआ है। कमरों से बाहर आते प्रत्येक व्यक्ति का चेहरा उस तेज रोशनी से चमक रहा है। बाहर आने पर मालूम पड़ता है कि वह रोशनी पुलिस द्वारा साथ लाए गए वीडियो कैमरा की है। स्पष्ट हो जाता है कि पूरी कार्रवाई का फिल्मांकन किया जा रहा है। इसी बीच ऊपर कमरे से सबसे पहले संजय भैया बाहर निकले, जो साध्वीजी के गुरुभाई हैं।

सामने खड़ी महिला पुलिस की उप निरीक्षक का पहला सवाल—'हम लोग पुलिस विभाग से हैं, मैं सरिता जावा। आप साहब को बताइए कि साध्वीजी कहाँ हैं?'

'इस समय रात में सवा तीन बजे साध्वीजी से क्या काम है?' संजय भैया ने प्रश्न किया। लेकिन पुलिस अधिकारी हर प्रश्न को टालते हुए केवल इसी जिद पर अड़े हैं कि साध्वीजी को बुलाइए।

लगातार बढ़ती जा रही बहस और तनाव के बीच पीछे से युगपुरुष स्वामी परमानंदजी महाराज आते दिखाई रहे हैं। तीखे वाद-विवादों के बीच अचानक कुछ पुलिसकर्मी संजय भैया पर हाथ उठाने की मुद्रा में दिखाई देते हैं।

'देखिए महाराजश्री, मुझसे मारा-पीटी का प्रयत्न कर रहे हैं। मुझ पर हाथ उठा रहे हैं।' संजय भैया ने कहा।

'अरे, किसने मारा तुम्हें?' किसी अधिकारी का अशिष्ट और कठोर स्वर गूँजा।

'आप बिना मतलब गैर-कानूनी तरीके से बिना सर्च वारंट के किसी के घर में आधी रात को घुसे चले आ रहे हैं। क्या बात है, यह भी नहीं बता रहे।' क्या हमें यह जानने का भी अधिकार नहीं है कि किस कारण से आप इतनी रात गए साध्वीजी को बंदी बनाने का प्रयास कर रहे हैं?' संजय भैया ने तीखा विरोध दर्ज कराया।

इस सारे हल्ले के बीच साध्वी ऋतंभराजी भी कमरे से बाहर आ चुकी हैं। दल का नेतृत्व कर रहा अधिकारी उनसे कहने लगा—'देखिए साध्वीजी, मैं इंदौर पुलिस का अतिरिक्त पुलिस अधीक्षक मूलचंद बजाज हूँ। हम आपको लेने आए हैं।'

'आधी रात को गिरफ्तारी! क्या मतलब है इसका? मेरी गिरफ्तारी पत्रकारों की मौजूदगी में होगी। नहीं, बिल्कुल नहीं। कानून के विरुद्ध जाकर आप आधी रात किसी महिला को गिरफ्तार नहीं कर सकते। क्या आपके पास वारंट है मुझे गिरफ्तार करने का?'

साध्वीजी के प्रश्नों से बरामदा गूँज रहा था। ऐसे प्रश्न, जिनके उत्तर वहाँ मौजूद किसी भी अधिकारी के पास नहीं थे। इतना भारी पुलिस बल देखकर साध्वीजी भयभीत होकर चुपचाप पुलिस वाहन में बैठ जाएँगी, संभवतः यही सोचकर वे लोग कंट्रोल रूम से चले थे, लेकिन सत्य हमेशा मुखर होता है। लाखों-लाख लोगों को अपनी तेजस्वी वाणी से झंकृत कर देने वाली साध्वी

ऋतंभराजी के साहस का आकलन कर पाने में शायद नाकाम रहे थे वे सारे अधिकारी। इंदौर जिला प्रशासन के अतिरिक्त जिला दंडाधिकारी सी.बी. सिंह हतप्रभ थे साध्वीजी के प्रश्नों से। वे कुछ कहना चाह रहे थे, लेकिन साध्वीजी के तेज स्वर में उनकी बात दबकर रह गई।

'पहले हम फोन पर बात करेंगे, उसके पहले मैं यहाँ से नहीं जाऊँगी। आप वारंट तो दिखाइए।'

'देखिए मैडम, पहले आप हमारे साथ थाने पर चलें, फिर वहाँ आप फोन पर जिनसे भी बात करना चाहेंगी, हम करा देंगे।' सी.बी. सिंह बोले।

'हम सब समझते हैं। पॉलिटिकल बात है। बहुत गड़बड़ हो जाएगा, जो आपने मेरी बात नहीं कराई तो। मैं कोई अपराधी हूँ क्या ? मैं साध्वी ऋतंभरा हूँ। आई बात समझ में ? हमें फोन पर बात कर लेने दीजिए।'

'मैडम, आप समझती नहीं। आप हम लोगों के साथ चले चलिए।' अतिरिक्त जिलाधीश शैलेंद्रसिंह का स्वर था।

'नहीं। आप मेरा गिरफ्तारी वारंट बताइए। बिना वारंट देखे मैं नहीं निकलूँगी।'

'मैडम, आप चलती क्यों नहीं हैं। क्यों बेवजह बात को बढ़ा रही हैं।' बड़ी देर से चुप पुलिस उप निरीक्षक सरिता जावा का कहना था।

'मुझे आधी रात को आप यहाँ से कैसे उठाएँगी ? महिला होकर आप एक महिला के खिलाफ कानून का उल्लंघन कैसे कर सकती हैं ? वारंट है ही नहीं तो ऐसा कहिए। अपनी वर्दी के रोब के साथ जरा दूसरों की बात भी रखिए। बिना किसी लिखित कागज के आप मुझे यहाँ से नहीं निकाल सकतीं।'

साध्वीजी के सवालों की बौछार से अधिकारी विस्मित थे, क्योंकि आमतौर पर पुलिस के दबाव में अच्छे-अच्छों की सिट्टी-पिट्टी गुम हो जाती है। वारंट के सवाल पर पुलिस अधिकारी एक-दूसरे की बगलें झाँक रहे थे, क्योंकि कानून तो यही कहता है कि किसी को भी बंदी बनाए जाने से पहले उसे उसका वारंट बताया जाना जरूरी है। यहाँ तक कि किसी के घर में कुछ तलाशी लेने से पहले भी घर के मुखिया को 'सर्च वारंट' दिखाया जाना कानूनन जरूरी होता है। वैसे आमतौर पर पुलिस इस नियम की हर जगह धज्जियाँ उड़ाती है। उसे लगता है कि पुलिसिया रोब हर जगह काम कर सकता है।

वारंट की बात पर गोलमोल स्पष्टीकरण देते हुए अतिरिक्त पुलिस अधीक्षक मूलचंद बजाज ने कहा, 'ए.डी.एम. खुद ऐसा वारंट जारी करते हैं और जब वे इस समय स्वयं ही यहाँ मौजूद हैं तो आपको फिर क्या लिखा हुआ चाहिए?'

'इतनी भी क्या जल्दी है, इस गिरफ्तारी की। सुबह ले जाइएगा। साध्वीजी कोई कहीं भाग तो नहीं रही हैं। आप घर के बाहर कड़ा पहरा लगा दीजिए और सुबह होते ही आप उन्हें ले जाइए।' शादीजा परिवार के सारे सदस्य एक स्वर में पुलिस अधिकारियों से अनुनय-विनय कर रहे थे।

'मैं बिना पत्रकारों से मिले यहाँ से नहीं निकलने वाली। आप प्रेसवालों को बुला लीजिए।' साध्वीजी ने कहा।

अब तक सबकी बातें गंभीरतापूर्वक सुन रहे गुरुदेव स्वामी परमानंदजी का स्वर उभरा—'इनका क्या अपराध हो गया, जो आप लोग सरकार के इशारे पर आ गए, उसके कुत्तों की तरह? सरकार को इनसे क्या परेशानी हो गई? सरकारें कभी बदलेंगी नहीं क्या?'

गुरुदेव के स्वर में केवल फटकार ही नहीं थी, बल्कि उस अँधियारी रात में भारत के बदलने वाले राजनैतिक भविष्य की भविष्यवाणी भी निहित थी। योगी पुरुषों की अंतरात्मा से निकला हर शब्द यथार्थ में ढलता है, देर से ही सही। स्वयं को 'सरकारी कुत्तों' कहे जाने के बाद भी उन अफसरों में गुरुदेव के प्रति क्रोध नहीं था। शायद वे जानते थे कि सामने जो संत खड़े हैं, वे आध्यात्मिक जगत् की उन गिनी-चुनी हस्तियों में शामिल हैं, जिन्होंने पूरी दृढ़ता के साथ सत्य को सामने रखा है। जिनके ब्रह्मज्ञान की काट किसी भी तर्क-वितर्क से नहीं की जा सकती। गुरुदेव सत्य ही तो कह रहे थे कि तुम लोग केवल सरकार के 'ऊपरी आदेश' की पालना करने के लिए आए हो। अपनी अंतरात्मा और कानून-कायदों को ताक में रखकर एक महिला और वह भी साध्वी को आधी रात के बाद अनैतिक तरीके से बंदी बनाने की कोशिश करने को और क्या समझा जाए। किसी ने भी गुरुदेव के उस कथन पर कोई टिप्पणी नहीं की।

कुछ देर की चुप्पी फिर टूटी—'मैडम, आपका वारंट है, आप चाहती हैं तो लिखित में भी दे दिया जाएगा, पर आपको पहले यहाँ से हमारे साथ चलना होगा। हमारा निवेदन मान लीजिए मैडम।' सरिता लगातार अनुनय-विनय कर रही थीं।

'मैं भागूँगी नहीं, अपराधी नहीं हूँ। आपकी ड्यूटी है मुझे वारंट दिखाने की। मैं भी आपसे निवेदन कर रही हूँ कि मुझे लिखित में दिखा दीजिए।' साध्वीजी ने कहा।

'लिखित में भी दे रहे हैं। हम आपको अभी ले जाएँगे। मैडम, हम आपसे रिक्वेस्ट कर रहे हैं।' बजाज ने कहा।

'लेकिन मेरा जुर्म क्या है? पहले आपको मुझे यह बताना ही होगा।'

'मैडम, देवास के उदयनगर में आपने जो भाषण दिया है, उस पर आपके विरुद्ध अपराध कायम किया गया है। आपको कोर्ट में जो बोलना हो, बोल दीजिएगा। हम आपको अपराध क्रमांक 35/15 बता रहे हैं। अब तो चलिए। आपके खिलाफ आई.पी.सी. की धारा 153ए का केस है। इसमें वारंट जरूरी नहीं होता। एडिशनल कलेक्टर और ए.डी.एम. इस समय हमारे साथ हैं। आपको जो कहना हो कोर्ट में कह दीजिएगा। हम आपको बिना कारण परेशान नहीं करेंगे।' बजाज ने विस्तार से बताया।

'वो तो आपके इस गंदे तरीके के व्यवहार से ही लग रहा है। इतनी रात गए किसी महिला को बंदी बनाए जाने के लिए गैर-कानूनी तरीके से किसी के घर में घुस जाना सरासर किसी को परेशान करना नहीं तो और क्या है? बिना किसी वारंट या जरूरी कागजात के गिरफ्तारी की कोशिश बदतमीजी ही तो है।' साध्वीजी का स्वर तीखा था।

'मैडम, वारंट की कार्रवाई तब होती है, जब केस कोर्ट में चला जाता है। आप जिनसे भी बात करना चाहती हैं इस बारे में, आप उनसे थाने चलकर भी तो कंसल्ट कर सकती हैं न? आप हमारे साथ चलिए। बेवजह सब परेशान हो रहे हैं।' बजाज अधीरता से बोले।

गुरुदेव की गंभीर आवाज गूँजी—'आधी रात में आकर आप परेशान कर रहे हैं और कहते हैं कि सब बेवजह हो रहा है।'

सी.बी. सिंह हस्तक्षेप करते हुए बोले—'मैडम, आपको जो भी कहना हो, कोर्ट में कह दीजिएगा। आप अपना पक्ष रखें, हम अपना पक्ष रखेंगे।'

'देखिए मैडम, हम इसलिए वीडियो कैमरा भी साथ लाए हैं। हम जो कुछ कह रहे हैं, आप जो कह रही हैं, सब रेकार्ड हो रहा है। यह भी कोर्ट में पेश होगा।' बजाज ने कहा।

'तो ठीक है, महाराजश्री, क्या मैं इनके साथ जाऊँ?' साध्वीजी ने अपने गुरुदेव से पूछा।

गुरुदेव ने स्वीकृति सूचक संकेत दिया।

बजाज ने फिर पूछा, 'साध्वीजी, आप अकेली ही चलेंगी या फिर अपनी किसी साथी साध्वी को ले चलना चाहेंगी।'

'हाँ, मेरे साथ मेरी साथी साध्वी निरंजन ज्योति रहेंगी।' यह कहते हुए साध्वी ऋतंभराजी पुलिस और प्रशासनिक अधिकारियों के साथ चलने को तैयार हो गईं। कुछ ही मिनटों में वे साध्वी निरंजन ज्योतिजी एवं महिला पुलिस अधिकारी के साथ काफिले की एक कार में बैठ चुकी थीं। थोड़ी ही देर में तेजी के साथ वो पुलिस काफिला प्रेमनगर की गलियों से निकलकर किसी अज्ञात स्थल की ओर बढ़ गया।

(उपरोक्त संपूर्ण वार्त्तालाप को इंदौर पुलिस द्वारा की गई घटना की वीडियाग्राफी से लिया गया है।)

उस जमाने में मोबाइल फोन नहीं थे और शादीजा परिवार एवं आस-पास के घरों की टेलीफोन लाइनें पुलिस बल द्वारा काट दी गई थीं, इसलिए पुलिस बल के वहाँ से जाते ही तुलसी शादीजा सबसे पहले अपने गुरुभाई और विश्व हिंदू परिषद के तत्कालीन पदाधिकारी श्री इंदर पांचाल के घर पहुँचे और उन्हें घटना की पूरी जानकारी दी। उसके बाद वहाँ से वे लोग इंदौर की भाजपा सांसद श्रीमती सुमित्रा महाजन के निवास पर पहुँचे। जानकारी लगते ही भाजपा विधायक श्री प्रकाश सोनकर सहित अनेक भाजपा नेताओं एवं हिंदू संगठनों का एकत्र होना आरंभ हो गया। सूर्योदय होते-होते पूरे इंदौर और उसके आस-पास के क्षेत्रों में साध्वी ऋतंभराजी की गिरफ्तारी का समाचार पहुँच चुका था।

साध्वी ऋतंभराजी को रात्रि तीन बजे के करीब बंदी बनाया गया है, इस समाचार से सारा शहर प्रशासन के खिलाफ आंदोलित होने की तैयारी में जुट गया। चूँकि श्रीरामजन्मभूमि आंदोलन के दौरान उनके कई प्रवास इंदौर में हो चुके थे और लाखों-लाख लोग उन्हें सुनने के लिए जुटते थे, इसलिए इस घटना से प्रशासन के विरुद्ध सारे शहर में एक स्वाभाविक आक्रोश फैल गया था। चूँकि बंदी बनाकर उन्हें कहाँ ले जाया गया है, इसकी कोई जानकारी शादीजा परिवार

या गुरुदेव को पुलिस-प्रशासन द्वारा नहीं दी गई थी, इसलिए कार्यकर्ताओं ने इंदौर के सारे पुलिस थानों की जानकारी निकालनी शुरू की, लेकिन साध्वीजी और उन्हें बंदी बनाकर ले जाने वाले अधिकारियों और पुलिस बल का कोई पता न था।

गुरुदेव युगपुरुष स्वामी परमानंदजी महाराज के प्रवचन उन्हीं दिनों इंदौर के गांधी हाल में चल रहे थे, जहाँ उन्हें सुनने के लिए प्रतिदिन बड़ी संख्या में श्रद्धालु और शिष्य एकत्र होते थे। उस सुबह तो जैसे सारा शहर ही वहाँ इकट्ठा होने लगा। साध्वीजी की गिरफ्तारी के विरोध में प्रवचन स्थल के बाहर के मुख्य मार्ग, जो पश्चिमी और पूर्वी इंदौर को एक पुल के माध्यम से जोड़ता है, पर हजारों आंदोलनकारियों ने धरना दे दिया। गुरुदेव स्वयं धरना स्थल पर थे। घटना के विरोध में धीरे-धीरे पूरे शहर के विभिन्न क्षेत्रों में लोगों की टोलियाँ घूम-घूमकर पुलिस-प्रशासन के विरुद्ध प्रदर्शन करने लगीं। मध्य प्रदेश की तत्कालीन दिग्विजयसिंह सरकार के खिलाफ लोगों का आक्रोश फूट पड़ा।

गिरफ्तारी से अधिक जनाक्रोश इस बात पर था कि बंदी बनाकर आखिर उन्हें कहाँ ले जाया गया है और किस कारण से उस स्थान को सार्वजनिक नहीं किया जा रहा है ? दोपहर होते-होते गुरुदेव युगपुरुष स्वामी परमानंदजी महाराज सहित बड़ी संख्या में उनके भक्तों और शिष्यों को धरना स्थल से बंदी बनाकर इंदौर जिला कारागार ले जाया गया। पूरे मालवा क्षेत्र में गुरुदेव एक पूजनीय संत के रूप में जाने जाते हैं तो इस दूसरी खबर ने बची हुई जनता को भी आंदोलित कर दिया।

दोपहर तक हो रहे शांतिपूर्ण प्रदर्शन शाम होते-होते अचानक ही हिंसक विरोध में बदल गए। हिंदू संगठनों के आह्वान पर हजारों की संख्या में आक्रोशित हिंदूजन सड़कों पर उतर आए। जहाँ-तहाँ सरकारी संपत्ति को नुकसान पहुँचाया जाने लगा। प्रशासन को इस बात का तनिक भी अंदेशा नहीं था अथवा उसका गुप्तचर तंत्र इस बात की जानकारी निकालने में असफल रहा कि साध्वी ऋतंभराजी की गिरफ्तारी इतना व्यापक जन विरोध खड़ा कर देगी।

रात होने तक ये प्रदर्शन पूरे प्रदेश में फैल गए। साध्वीजी के पक्ष में म.प्र. उच्च न्यायालय की इंदौर खंडपीठ में 'बंदी प्रत्यक्षीकरण याचिका' लगाने के

बाद कानूनन आखिर इंदौर जिला प्रशासन को यह बात सार्वजनिक करनी पड़ी कि साध्वी ऋतंभराजी को गिरफ्तारी के बाद ग्वालियर केंद्रीय कारागार में निरुद्ध किया गया है। चारों ओर से सवाल उठ रहे थे कि यदि साध्वीजी पर लगाए गए आरोप से संबंधित घटना स्थल देवास जिले का उदय नगर क्षेत्र है तो फिर उन्हें ग्वालियर जेल ले जाने की क्या आवश्यकता थी? उन्हें देवास या इंदौर की जेल में क्यों नहीं रखा गया? समाज के हर वर्ग ने तत्कालीन प्रदेश सरकार को किसी षड्यंत्रकारी की तरह कठघरे में ला खड़ा किया। पूरे प्रकरण में की जा रही कार्रवाई संदेहों के घेरे में थी।

प्रभातकिरण

साध्वी ऋतम्भरा गिरफ्तार

विरोध में इंदौर, धार और देवास भी बंद का आह्वान

श्रीरामजन्मभूमि मुक्ति आंदोलन के माध्यम से अपने आराध्य मर्यादा पुरुषोत्तम प्रभु श्रीराम की गौरव गरिमा वापस लौटाने के प्रयत्नों में हिंदू जनजागरण का पर्याय बन चुकीं साध्वी ऋतंभराजी को गिरफ्तार किए जाने की सूचना ने सारे देश के वातावरण को गरम कर दिया था। मध्य प्रदेश की आर्थिक राजधानी इंदौर इसका केंद्र थी। विश्व हिंदू परिषद सहित अनेक हिंदूवादी संगठन इस घटना की कड़ी निंदा कर रहे थे।

आध्यात्मिक जगत् की विश्वविख्यात शक्ति एवं साध्वीजी के गुरुदेव अनंतश्री विभूषित युगपुरुष स्वामी परमानंदजी महाराज ने सरकार पर सीधा हमला बोलते हुए कहा कि 'वर्तमान समय में जिस प्रकार की हिंदू विरोधी राजनीति और धर्म निरपेक्षता का ढोंग चारों ओर चल रहा है, उसकी पोल साध्वी ऋतंभरा की अनैतिक गिरफ्तारी ने खोल दी है। जनता के प्रति जवाबदेह सरकार एवं व्यवस्था को इस तरह की हरकतें शोभा नहीं देतीं। भारत के संत समाज का केवल एक ही कार्य है—राष्ट्र व समाज को चेतना प्रदान करना। समाज का मार्गदर्शन करना ही संतजनों का कर्तव्य है। आज कुछ लोग हमारे राष्ट्र चेतना के इस कार्य को 'राजनीति' कहते हैं, इसे आप समझें। इस देश में ईमानदारी और चरित्र का क्षरण हुआ है। यदि ऐसा नहीं हुआ होता तो आज यह देश कहीं का कहीं पहुँच जाता। साधु को जब मृत्यु का ही भय नहीं होता तो फिर उसे बंदी बनाए जाने से उस पर

क्या प्रभाव हो जाने वाला है ? हिंदू स्वाभिमान का जागरण करना साध्वी ऋतंभरा का कर्तव्य है और उसे वे करती रहेंगी। यह गिरफ्तारी पूर्णतया अनैतिक है। हम संपूर्ण हिंदू समाज के साथ मिलकर इसका लोकतांत्रिक ढंग से विरोध करेंगे। इस कुकृत्य की कीमत मध्य प्रदेश की दिग्विजयसिंह सरकार को चुकानी ही होगी।'

इस गिरफ्तारी के बाद मध्य प्रदेश सरकार चौतरफा हमलों में घिर चुकी थी। उसका हर दिन चुनौती भरा था। हर दिन कोई-न-कोई संस्था या राजनैतिक दल इस आंदोलन का हिस्सा बनता जा रहा था। इंदौर लोकसभा क्षेत्र की तत्कालीन सांसद एवं भारतीय जनता पार्टी की प्रदेश उपाध्यक्ष श्रीमती सुमित्रा महाजन ने सरकार की नीयत पर संदेह व्यक्त करते हुए कहा कि 'यदि मध्य प्रदेश सरकार प्रदेश में शांति चाहती तो साध्वीजी को इस प्रकार से गिरफ्तार नहीं करती। उन्हें बंदी बनाने के लिए इंदौर पुलिस जिस प्रकार से शादीजा के मकान में घुसी और जिस प्रकार का व्यवहार उन्होंने साध्वीजी के साथ किया, वह बहुत ही गलत है। प्रशासन के अधिकारियों ए.एस.पी. मूलचंद बजाज और ए.डी.एम. सी.बी. सिंह ने दो दिन पूर्व इंदौर से होकर गए गृह सचिव एवं गृह राज्यमंत्री के निर्देशों पर ही यह कार्रवाई की है। उसका विरोध अखिल भारतीय स्तर पर होगा।'

उन्होंने मुख्यमंत्री दिग्विजयसिंह की कार्यशैली पर सवाल उठाते हुए कहा, 'आश्चर्य है कि जातिवाद एवं अल्पसंख्यकों के तुष्टीकरण के लिए मुख्यमंत्री स्वयं चाहे जैसे भाषण देने के लिए स्वतंत्र हैं, लेकिन समाज की सही स्थिति बताकर उसमें जनजागरण करने की बात उनकी नजर में 'भड़काऊ' है। यह दुःखद एवं राष्ट्रवाद की अवधारणा को ठेस पहुँचाने वाली बात है। स्वयं की कार्यशैली पर अपनी ही पार्टी के कुछ लोगों का निशाना बन रहे मुख्यमंत्री ने अपनी कुरसी बचाने के लिए साध्वी ऋतंभराजी को बंदी बनवाया है, ताकि इसकी आड़ में भड़के जनाक्रोश का लाभ उठाकर लोगों का ध्यान बाँटा जा सकें।'

बढ़ते आक्रोश के साथ ही इंदौर जिला प्रशासन बहुतेरे सवालों के घेरे में खड़ा था। लोगों में जो गुस्सा था, उसका कारण गिरफ्तारी से अधिक उसका तरीका था। हर कोई यही पूछता था कि कैसे एक साध्वी को रात के अँधेरे में सोते से उठाकर बंदी बनाया जा सकता है ? कैसे उन्हें अथवा उनसे संबंधित लोगों को

बिना जानकारी दिए उन्हें शहर से सैकड़ों किलोमीटर दूर ग्वालियर जेल में ले जाया जा सकता है? ऐसा व्यवहार तो किसी हत्यारे के साथ भी नहीं किया जाता। आखिर साध्वीजी से ऐसा कौन सा अपराध हो गया था, जिसके कारण उनसे ऐसा दुर्व्यवहार किया गया? ये कुछ ऐसे प्रश्न थे, जिन्हें जानने के लिए इंदौर, प्रदेश और देश की जनता में अकुलाहट थी, जो यत्र-तत्र हिंसा में बदलती नजर आती थी। लोग स्वेच्छा से व्यापार-व्यवसाय बंद करके सरकार की इस अनैतिकता पर अपने-अपने स्तर से विरोध प्रकट कर रहे थे। हर दिन शासन-प्रशासन के लिए एक चुनौती लेकर आता।

बागली। बागली सत्र न्यायालय ने आज साध्वी ऋतुम्भरा को दस मई तक के लिए रिमांड पर जेल भेज दिया गया। अदालत में आज उन्हें उत्तेजनापूर्ण भाषण देने के आरोप में धारा १५३-ए के तहत गिरफ्तार कर अदालत में पेश किया गया था। साध्वी को रिमांड पर भेजे जाने के निर्णय से वहां उनके समर्थकों में गहरी उत्तेजना और रोष छा गया तथा सरकार विरोधी नारे लगाए जाते रहे। साध्वी के रिमांड पर जेल भेज दिए जाने के बाद प्रदेश के सभी प्रमुख नगरों में ऐहतियात बरतने के निर्देश दिए गए हैं और किसी भी आंदोलन से निपटने की तैयारी कर ली गई है।

ऋतम्भरा रिमांड पर

१० मई तक के लिये जेल भेजा-सभी प्रमुख नगरों में ऐहतियात के निर्देश

आखिरकार मध्य प्रदेश की राजधानी भोपाल में राज्य के तत्कालीन गृह सचिव विजयसिंह, जनसंपर्क सचिव लक्ष्मीनारायण और अतिरिक्त पुलिस महानिदेशक अयोध्यानाथ पाठक ने जल्दबाजी में बुलाई गई पत्रकार वार्त्ता में साध्वी ऋतंभराजी की गिरफ्तारी का औचित्य सिद्ध करते हुए बताया कि मुख्यमंत्री को इसकी पूरी जानकारी दे दी गई है। सरकार ने कहा कि 'साध्वी ऋतंभराजी को आपत्तिजनक तथा सांप्रदायिक सद्भाव बिगाड़ने वाले भाषण देने के आरोप में बंदी बनाया गया है। उन्हें पहले धारा 151 के तहत और फिर देवास जिले के उदय नगर थाने में दर्ज मामले के तहत गिरफ्तार कर ग्वालियर जेल में निरुद्ध किया गया है। अतिरिक्त पुलिस महानिदेशक ने साध्वी ऋतंभराजी के उस भाषण के अंशों को पढ़कर भी सुनाया, जो उन्होंने रविवार की सुबह देवास के उदय नगर में दिया था। उन्होंने यह भी कहा, 'साध्वी ऋतंभराजी की उत्तेजित भाषण देने की ख्याति को देखते हुए उनकी इस सभा पर नजर रखी गई तथा सभा के अलावा गिरफ्तारी की कार्रवाई की वीडियो रिकार्डिंग भी करवाई गई।'

पत्रकारों द्वारा यह पूछे जाने पर कि सूर्यास्त के बाद किसी भी महिला को गिरफ्तार कर थाने नहीं ले जाने के नियम को अनदेखा करते हुए रात को साढ़े तीन बजे साध्वी ऋतंभराजी को क्यों गिरफ्तार किया गया, श्री पाठक ने जवाब

दिया कि 'उन्हें ऐसे किसी निर्देश की जानकारी नहीं है और न ही कानून में ऐसे नियम हैं।' गृह सचिव विजयसिंह ने बात सँभालते हुए कहा कि 'साध्वी ऋतंभरा को थाने नहीं ले जाया गया था।' पुलिस महानिदेशक पाठक ने यह भी कहा कि 'सरकार को आशंका थी कि कट्टरपंथी हिंदू संस्थाएँ उग्र प्रतिक्रिया व्यक्त करने के अलावा गिरफ्तारी में बाधा भी उत्पन्न कर सकती हैं, इसलिए उन्हें रात को गिरफ्तार किया गया। साध्वी ऋतंभराजी के कारण इंदौर में शांति भंग होने की आशंका थी, इसलिए उन्हें पहले धारा 151 के तहत बंदी बनाया गया, फिर देवास पुलिस ने उन्हें धारा 153ए के तहत दर्ज मामले में गिरफ्तार कर लिया।'

गृह सचिव ने कहा कि 'दो महीने पहले उदय नगर में हुए ईसाई नन रानी मारिया हत्याकांड से इस गिरफ्तारी का संबंध है, क्योंकि जहाँ रानी मारिया की हत्या हुई, वहीं पर साध्वी ऋतंभराजी ने अपने भाषण में अल्पसंख्यकों के विरुद्ध अपमानजनक शब्दों का प्रयोग किया। उदय नगर में आयोजित उनकी सभा हत्याकांड के बाद क्षेत्र में उत्पन्न परिस्थितियों के संदर्भ में ही थी।'

गृह सचिव ने इस बात से साफ इनकार किया कि उस क्षेत्र में धर्म परिवर्तन किया जा रहा है। उदय नगर की सभा के अगले दिन साध्वी ऋतंभराजी को मध्य प्रदेश के ही धार शहर में स्थित एक विवादित धार्मिक स्थल 'भोजशाला' में जाने से रोकने के लिए भी यह गिरफ्तारी किए जाने की आशंका पर सवाल पूछने पर श्री पाठक ने दृढ़तापूर्वक कहा कि 'साध्वी ऋतंभराजी का अगला पड़ाव भोजशाला, धार ही था और वे वहाँ जाने के लिए कटिबद्ध थीं।'

मध्य प्रदेश के पुलिस महानिदेशक के इस कथन के संदर्भ में यहाँ यह जानना बहुत जरूरी हो जाता है कि आखिर धार की भोजशाला का इतिहास क्या है और साध्वीजी को वहाँ जाने से रोकने के लिए उन्हें इंदौर में आधी रात के बाद क्यों बंदी बनाया गया?

□

परमपूज्य युगपुरुष महामंडलेश्वर
अनंतश्री विभूषित **स्वामी परमानंद गिरिजी महाराज**

श्रीरामजन्मभूमि आंदोलन में दीदीमाँ ऋतंभराजी

श्रीरामजन्मभूमि आंदोलन में दीदीमाँ ऋतंभराजी

श्रीरामजन्मभूमि आंदोलन में दीदीमाँ ऋतंभराजी

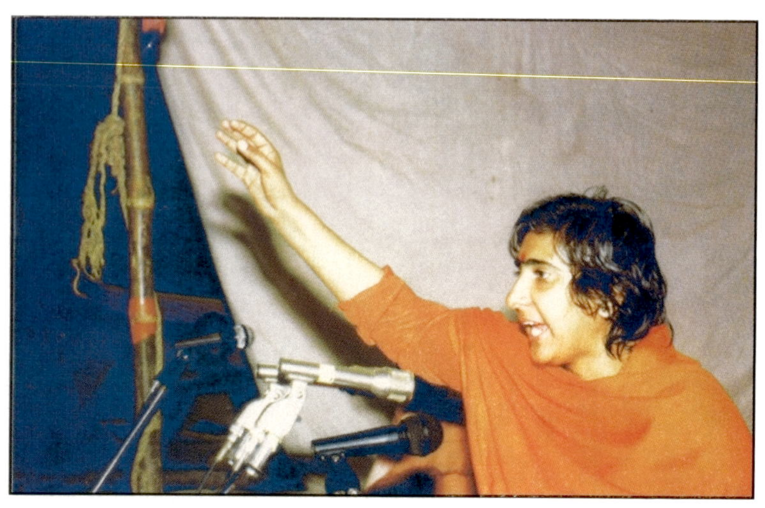

श्रीरामजन्मभूमि आंदोलन में दीदीमाँ ऋतंभराजी

श्रीरामजन्मभूमि आंदोलन में दीदीमाँ ऋतंभराजी

श्रीरामजन्मभूमि आंदोलन में दीदीमाँ ऋतंभराजी

श्रीरामजन्मभूमि आंदोलन की सुखद परिणति

भोजशाला का इतिहास

आज के मध्य प्रदेश की 'धार' नगरी कभी अध्ययन का विश्वप्रसिद्ध केंद्र हुआ करती थी। यह एक प्राचीन नगर है, जिसकी उत्पत्ति राजा मुंज वाक्पति से जुड़ी है। दसवीं और तेरहवीं सदी के भारतीय इतिहास में धार का महत्त्वपूर्ण स्थान था। नौवीं से चौदहवीं सदी में यह परमार राजपूतों के अधीन मालवा की राजधानी था। प्रसिद्ध राजा भोज (ईसवी सन् 1010 से 1055) के शासनकाल में यह अध्ययन का विशिष्ट केंद्र था। उन्होंने इसे प्रसिद्धि दिलवाई। चौदहवीं सदी में इसे मुगलों ने जीत लिया और 1730 में यह मराठों के कब्जे में चला गया। 1742 में यह मराठा सामंत आनंदराव पँवार द्वारा स्थापित धार रियासत की राजधानी बना।

इतिहास के अनुसार मध्य प्रदेश के मालवा अंचल में स्थित धार पर परमार वंश के परम प्रतापी राजा भोज ने 44 वर्ष तक शासन किया। ऐसी मान्यता है कि राजा भोज माँ सरस्वती के वरदपुत्र थे। उनकी तपोभूमि 'धार' नगरी में उनकी तपस्या और साधना से प्रसन्न होकर माँ सरस्वती ने स्वयं प्रकट हो उन्हें दर्शन दिए। माँ से साक्षात्कार के पश्चात् उसी दिव्य स्वरूप को माँ वाग्देवी की प्रतिमा के रूप में राजा भोज ने धार की भोजशाला में स्थापित करवाया। महाराजा भोज ने माँ सरस्वती के जिस दिव्य स्वरूप के साक्षात् दर्शन किए थे, उसी स्वरूप को महान् मूर्तिकार मंथल ने प्रतिमा रूप में ढाला। भूरे रंग के स्फटिक से निर्मित यह प्रतिमा अत्यंत मोहक, शांत मुद्रा वाली होकर चामत्कारिक मानी जाती थी।

अपूर्व सौंदर्य से ओतप्रोत इस चित्ताकर्षक विग्रह का दर्शन कर लेने मात्र से ही ज्ञानचक्षु खुल जाते हैं, चारों ओर ऐसी मान्यता थी। ध्यानावस्था में माँ

वाग्देवी की यह प्रतिमा विश्व की सबसे सुंदर कलाकृतियों में से एक मानी जाती है। कहा जाता है कि इसी स्थान पर पर माँ सरस्वती की कृपा से राजा भोज ने 53 प्रकार की सिद्धियाँ भी प्राप्त कीं। उनकी आध्यात्मिक, वैज्ञानिक, साहित्यिक अभिरुचि, व्यापक और सूक्ष्म दृष्टि, प्रगतिशील सोच उनको इतिहास के एक दूरदर्शी तथा महान् शासक के रूप में स्थापित करती है। उन्होंने 1034 में धार नगर में 'सरस्वती सदन' की स्थापना की। यह एक महाविद्यालय था, जो बाद में भोजशाला के नाम से विख्यात हुआ।

माँ सरस्वती का प्राकट्य स्थल 'भोजशाला' उस समय हिंदू जीवन-दर्शन का सबसे बड़ा अध्ययन एवं प्रचार-प्रसार का केंद्र भी था, जहाँ देश-विदेश के लाखों विद्यार्थियों ने 1400 प्रकांड विद्वान् आचार्यों के सान्निध्य में ज्ञान-विज्ञान प्राप्त किया। इन आचार्यों में भवभूति, माघ, बाणभट्ट, कालिदास, मानतुंग, भास्करभट्ट, धनपाल, बौद्ध संत बन्स्वाल, समुंद्र घोष आदि विश्वविख्यात हैं। महाराजा भोज के पश्चात् भी यहाँ अध्ययन-अध्यापन का कार्य 199 वर्षों तक निरंतर जारी रहा। माँ सरस्वती का यह भव्य मंदिर पूर्वाभिमुख होकर बहुमंजिला आयताकर भवन है, जो अपने वास्तु शिल्प के लिए विश्व भर में प्रसिद्ध है। माँ के प्राकट्य स्थल पर सैकड़ों वर्षों से अविरत आराधना, यज्ञ, हवन, पूजन एवं तपस्वियों की साधना चलती रही। भोजशाला संपूर्ण विश्व में सिद्धपीठ के रूप में आस्था और श्रद्धा का केंद्र मानी गई।

काल ने करवट बदली और भारत पर मुगल हमलावरों के आक्रमणों का दौर प्रारंभ हुआ। ईसवी सन् 1305 से 1401 के बीच अलाउद्दीन खिलजी तथा दिलावर खाँ गोरी की सेनाओं से माहलकदेव और गोगादेव ने युद्ध लड़ा। सन् 1401 से 1531 के कालखंड में मालवा में स्वतंत्र सल्तनत की स्थापना हुई तथा 1456 में महमूद खिलजी ने भोजशाला के समीप ही मौलाना कमालुद्दीन के मकबरे और दरगाह का निर्माण करवाया। इसी समय माँ वाग्देवी की प्रतिमा को भी खंडित कर दिया गया।

इस आक्रमण में भोजशाला का कुछ भाग ध्वस्त भी हुआ। इसी समय मुगल सैनिकों द्वारा विद्यापीठ के 1200 आचार्यों की निर्ममतापूर्वक हत्या कर उन्हें भोजशाला के यज्ञकुंड में डाल दिया गया। लेकिन इस हमले का करारा जवाब देते हुए हिंदू राजा मेदनीराय ने स्थानीय वनवासी धर्मयोद्धाओं सहित एक विशाल सैन्य बल के साथ मुस्लिम आक्रांताओं को मार भगाया। भारत पर ब्रिटिश शासन के दौरान सन् 1880 में ब्रिटेन का राजनैतिक सलाहकार मेजर किनकैड माँ वाग्देवी की प्रतिमा को अपने साथ इंग्लैंड ले गया, जो आज भी लंदन के संग्रहालय में रखी हुई है।

इधर सन् 1909 में धार रियासत द्वारा 1904 के 'एंशिएंट मोन्यूमेंट एक्ट' को लागू कर धार दरबार के गजट जिल्द में भोजशाला को संरक्षित स्मारक

घोषित कर दिया। बाद में भोजशाला को पुरातत्त्व विभाग के अधीन कर दिया गया। सन् 1935 में धार रियासत ने अपने आदेश से भोजशाला परिसर में मुस्लिम धर्मावलंबियों को नमाज पढ़ने की अनुमति दी। स्टेट दरबार के दीवान नाडकर ने भोजशाला को 'कमाल मौला की मसजिद' बताते हुए इसमें शुक्रवार को 'जुमे की नमाज' अदा करने की अनुमति वाला आदेश जारी किया। इसके विरोध में लंबे समय तक हिंदू समाज द्वारा भोजशाला में पूजा-अर्चना का अधिकार प्राप्त करने के लिए संघर्ष किया जाता रहा।

सन् 1995 में यहाँ हुए मामूली विवाद के बाद प्रति मंगलवार यहाँ हिंदुओं को पूजन-अर्चन और प्रति शुक्रवार मुसलमानों को नमाज पढ़ने की अनुमति दी गई, लेकिन मई 1997 में जिलाधीश, धार के आदेश से यहाँ आम लोगों के प्रवेश पर प्रतिबंध लगाया गया और मंगलवार की पूजा भी रोक दी गई। हिंदुओं को वर्ष में केवल एक बार बसंत पंचमी और मुसलमानों को प्रति शुक्रवार को दोपहर 1 से 3 बजे तक नमाज पढ़ने की अनुमति दी गई। यह प्रतिबंध 1997 तक लागू रहा। फरवरी 1998 को केंद्रीय पुरातत्त्व विभाग ने फिर से आगामी आदेश तक यहाँ सभी के प्रवेश पर प्रतिबंध लगाया। सन् 2003 में मंगलवार को फिर से पूजा करने की अनुमति दी गई। धर्मावलंबियों को बगैर पूजन सामग्री के पूजा करने के लिए निर्देशित किया गया। पर्यटकों के लिए भी भोजशाला को खोला गया। तब से लगातार यहाँ माँ वाग्देवी की मूल प्रतिमा, जो कि इंग्लैंड में है, को स्थापित करने एवं पूर्ण स्वतंत्रता के साथ हिंदुओं को पूजा-अर्चना करने के अधिकार की माँग की जा रही है।

□

हिंदू सम्मेलन में साध्वी ऋतंभराजी का वह भाषण, जिसे शासन ने भड़काऊ माना

मध्य प्रदेश के देवास जिले स्थित आदिवासी बहुल गाँव 'उदय नगर' में साध्वी ऋतंभराजी के जिस चर्चित भाषण को लेकर इंदौर प्रशासन ने यह कार्रवाई की थी, वहाँ उस दिन भारतीय जनता पार्टी के लोकसभा सदस्य कुँवर दिलीपसिंह जूदेव भी उपस्थित थे। ये वही तेजतर्रार हिंदू नेता थे, जिन्होंने मध्य प्रदेश के तत्कालीन हिस्से छत्तीसगढ़ के वनवासी क्षेत्रों में धर्मांतरण के माध्यम से हजारों आदिवासियों को ईसाई धर्म में परिवर्तित कर देने वाली ईसाई मिशनरियों के विरुद्ध 'वनवासी कल्याण परिषद' के माध्यम से मोर्चा खोला हुआ था। संपन्न हिंदू समाज की अनदेखी के फलस्वरूप थोड़ी सी मूलभूत सुविधाओं के लोभ में हिंदू से ईसाई बन जाने वाले भोले-भाले वनवासियों के लिए जूदेव राजपरिवार के उत्तराधिकारी कुँवर दिलीपसिंह किसी अवतार से कम नहीं माने जाते थे।

सर्वसमर्थ और तत्कालीन सरकारों को अपने प्रभाव में लेकर धर्मांतरण करने वाली ईसाई मिशनरियों के विरुद्ध मोर्चा खोलना तब बहुत ही कठिन कार्य था। प्रदेश के कई स्थानों पर उन्हें ऐसा करने से रोकने वाले कई कार्यकर्ताओं की रहस्यमय मौतें भी हुईं। लेकिन धर्मनिष्ठ व्यक्ति स्वधर्म की रक्षा के लिए किसी भी चुनौती से भिड़ता है। हिंदू धर्म का प्रचार-प्रसार करते हुए श्री जूदेव ने मिशनरी प्रभावित सैकड़ों गाँवों का दौरा किया। आदिवासियों को बताया कि किस प्रकार से ईसाई मिशनरी षड्यंत्रपूर्वक आपको ईसाई बना रही हैं और किस प्रकार अपने

धर्म की रक्षा की जानी चाहिए। 'ऑपरेशन घर वापसी' के अंतर्गत तब तक जूदेव जी छत्तीसगढ़ के विभिन्न अंचलों में हिंदू से ईसाई बने पचास हजार वन बंधुओं को पुनः हिंदू बना घर वापसी करा चुके थे।

इधर साध्वी ऋतंभराजी की गिरफ्तारी के बाद हिंदू संगठनों के पदाधिकारियों एवं कार्यकर्ताओं तथा भाजपा नेताओं का इंदौर पहुँचना जारी था। इसी क्रम में सांसद श्री दिलीपसिंह जूदेव ने 23 अप्रैल को इंदौर की रेसीडेंसी कोठी पर पत्रकार वार्त्ता को संबोधित करते हुए कहा कि 'कल मैंने स्वयं उदय नगर में साध्वी ऋतंभराजी के साथ मंच पर भाषण दिया था। उस पूरे कार्यक्रम में कहीं कुछ ऐसा नहीं हुआ, जिससे कोई उत्तेजना फैलने की आशंका दिखे। साध्वीजी के भाषण में यदि कोई भड़काऊ बात होती तो वहाँ मौजूद हजारों लोग उसी समय हिंसा करते। उन्हें इस प्रकार बंदी बनाना न केवल हिंदू समाज, बल्कि महिलाओं का भी अपमान है। उनके भाषण के बाद वहाँ मौजूद हजारों हिंदू बंधु शांतिपूर्वक अपने-अपने घरों को लौट गए थे। दरअसल, इस आयोजन की अभूतपूर्व सफलता से बौखलाकर ही वहाँ के ईसाई समाज ने अपना प्रभुत्व दिखाने के लिए सरकार को इस कार्रवाई के लिए बाध्य किया है।

'मध्य प्रदेश विधानसभा के पूर्व अध्यक्ष श्री ब्रजमोहन मिश्र ने प्रदेश सरकार की तीखी आलोचना करते हुए कहा कि 'साध्वी ऋतंभराजी के भाषण से नहीं, बल्कि मुख्यमंत्री दिग्विजयसिंह द्वारा करवाई गई साध्वी की गिरफ्तारी से प्रदेश में अशांति फैलने की आशंका प्रबल हो गई है। साध्वी ऋतंभराजी के भाषण के बाद कहीं भी दंगे भड़के हों, इसका एक भी प्रमाण नहीं है। उन्हें गिरफ्तार नहीं किया गया बल्कि उनका अपहरण किया गया है। किसी साध्वी को देर रात घर में घुसकर बंदी बनाना, किसी भी तरीके से उचित नहीं है। दिग्विजयसिंह ने साध्वीजी को गिरफ्तार कर दूसरा मुलायमसिंह बनने की तैयारी कर ली है।'

इन सारे वक्तव्यों के बीच सबसे चौंकाने वाला बयान उदयनगर स्थित चर्च के पादरी का था। उन्होंने बताया कि 'कैथोलिक नन रानी मारिया की हत्या व्यक्तिगत झगड़े का परिणाम थी। मारी गई नन की स्थानीय राजनीति में अघोषित, किंतु सक्रिय भागीदारी थी। लेकिन इसे ऐसे पेश करवाया गया, मानो वह हिंदू-ईसाई संघर्ष का परिणाम हो। कोई एक असंयत, उत्तेजित और

हिंसक हिंदू कांग्रेस कार्यकर्ता अपनी किसी पुरानी रंजिश का बदला लेने के लिए यदि किसी ईसाई नन की हत्या कर देता, तब भी क्या यह हिंदू-ईसाई संघर्ष माना जाता?'

पादरी के इस बयान के संदर्भ में यहाँ यह बताना जरूरी हो जाता है कि केरल मूल की नन सिस्टर रानी मारिया 'रोमन कैथोलिक डायोसिस इंदौर' के अंतर्गत मध्य प्रदेश के देवास जिले में स्थित उदयनगर गाँव एवं आस-पास के वनवासी क्षेत्र में मिशनरी कार्यों के लिए नियुक्त थीं। गाँव के अनेक लोग बताते हैं कि उनकी रुचि सेवाकार्यों में कम और राजनीति में ज्यादा थी। कई बार उनके द्वारा कुछ ग्रामीणों पर अपनी जमीनें स्थानीय चर्च को बेचने का दबाव भी डाला गया था, ऐसा स्थानीय लोग कहते थे। इसी प्रकार का कोई दबाव स्थानीय ग्रामीण समंदर सिंह पर भी था, जिसके चलते सरल, सहज और मिलनसार प्रवृत्ति का यह ग्रामीण रानी मारिया से तंग आकर अचानक हिंसक हो उठा और उसने उदयनगर के नाचनबोर पहाड़ी क्षेत्र में 25 फरवरी, 1995 को चलती बस में चाकू से हमला कर सिस्टर मारिया को मौत के घाट उतार दिया।

अत्यंत नृशंस तरीके से की गई हत्या के आरोपी समंदर सिंह को पुलिस ने गिरफ्तार कर लिया। सिस्टर मारिया की अंत्येष्टि में भारत सहित विश्व के अनेक हिस्सों से ईसाई समुदाय के धर्मगुरु और मतावलंबी उदयनगर क्षेत्र में एकत्र हुए। कहा जाता है कि यह जमावड़ा अप्रत्यक्ष रूप से वहाँ के हिंदू समुदाय को भयभीत करने के लिए भी था। इसके बाद एक बड़े ईसाई प्रतिनिधि मंडल ने भोपाल पहुँचकर तत्कालीन मुख्यमंत्री दिग्विजयसिंह से भेंट भी की और सिस्टर रानी मारिया की हत्या के आरोपी समंदर सिंह को सीधे-सीधे राष्ट्रीय स्वयंसेवक संघ से जोड़ने की कोशिश भी की।

यह एक निराधार आरोप था। सिस्टर रानी मारिया द्वारा भूमि संबंधित किसी मामले में समंदर सिंह पर दबाव डाला जा रहा था और इसी बात को लेकर वह मानसिक रूप से परेशान था। यह विशुद्ध रूप से व्यक्तिगत रंजिश थी, इससे किसी संगठन या धर्म का सरोकार न था। समंदर सिंह ने गिरफ्तारी के बाद पुलिस और कोर्ट को दिए अपने बयान में भी यही बात दोहराई। इससे स्पष्ट होता था कि इस घटना में किसी भी प्रकार से राष्ट्रीय स्वयंसेवक संघ या उसका कोई

आनुषंगिक संगठन जिम्मेदार नहीं है। यह तथ्य स्वयं उदयनगर चर्च के पादरी द्वारा दिए गए बयान से स्पष्ट हो जाता है।

रानी मारिया की अंत्येष्टि में शामिल हुए ईसाई समुदाय से स्थानीय हिंदू समाज भयभीत था, जिसे दूर करने के लिए यहाँ संस्था 'हिंदू चेतना मंच' द्वारा एक विराट् हिंदू सम्मेलन आयोजित किया गया था। यहाँ पर यह बताना आवश्यक है कि 6 दिसंबर, 1992 को अयोध्या में उमड़े कारसेवकों के जन सैलाब ने श्रीरामजन्मभूमि मंदिर स्थित उस प्राचीन ढाँचे को ढहा दिया था, जिस पर मुगल हमलावर बाबर के सेनापति मीर बाकी ने जबरन कब्जा करके एक इमारत का निर्माण किया था। इस विध्वंस के बाद इसके लिए हिंदुओं की विश्वव्यापी संस्था विश्व हिंदू परिषद पर केंद्र में सत्तारूढ़ तत्कालीन नरसिम्हाराव सरकार ने देशव्यापी प्रतिबंध लगाकर उसके कार्यालयों को बंद करने के साथ ही उसकी तमाम गतिविधियों को निषेधात्मक धाराओं के अंतर्गत प्रतिबंधित कर दिया था। देशभर में संस्था के हजारों कार्यकर्ताओं को अकारण बंदी बनाने के प्रयत्न भी राज्य सरकारों के द्वारा किए जा रहे थे। अत: हिंदू हितों की रक्षा के लिए संस्था की गतिविधियों को सुचारु रूप से जारी रखने हेतु 'हिंदू चेतना मंच' का गठन किया गया था।

बागली क्षेत्र के उदयनगर में आयोजित 'हिंदू चेतना मंच' के इस विराट् आयोजन में हिंदू समाज का प्रखर नेतृत्व कर रहीं साध्वी ऋतंभराजी, मध्य प्रदेश के पूर्व मुख्यमंत्री श्री कैलाश जोशी एवं लोकसभा सांसद कुँवर दिलीपसिंह जूदेव सहित अनेक अतिथि सम्मिलित थे। चारों ओर हरी-भरी पहाड़ियों के बीच हजारों की संख्या में हिंदू वनबंधुओं का जन-ज्वार उत्साह के साथ उमड़ रहा था। ढोल-ढमाकों के साथ 'जय श्रीराम' का जयकारा लगाते दल के दल उस विराट् मैदान में उमड़ते चले आते थे। अपनी तेजस्विता से संपूर्ण हिंदू विश्व को आलोकित कर देने वाली, श्रीरामजन्मभूमि मुक्ति आंदोलन की प्रमुख सूत्रधार एवं दुर्गा स्वरूपिणी साध्वी ऋतंभराजी को कार्यक्रम की मुख्य वक्ता के रूप में सुनने के लिए वह विराट् जनमेदिनी उत्साहित थी।

निश्चित समय पर साध्वीजी अपने उद्बोधन के लिए मंच पर खड़ी हुईं। उनकी तेजस्विता का दर्शन करते ही चारों ओर से 'जय श्रीराम' का गगनभेदी

उद्घोष गूँजने लगा। मंच से जहाँ तक भी दृष्टि जाती, विराट् हिंदू जन-ज्वार का दर्शन होता था।

(दिनांक 23 अप्रैल, 1995 को देवास (मध्य प्रदेश) के आदिवासी क्षेत्र उदयनगर में हिंदू चेतना मंच द्वारा आयोजित हिंदू सम्मेलन में दोपहर 3:30 बजे से शाम 5:05 बजे तक साध्वी ऋतंभराजी द्वारा दिए गए भाषण का मूल पाठ, जिसे भड़काऊ बताकर उन्हें गिरफ्तार किया गया।)

मंच पर विराजमान इस विराट् सभा के अध्यक्ष पूज्य स्वामीजी महाराज, आदरणीय श्री कैलाश जोशीजी, आदरणीय दिलीपसिंह जूदेवजी, आदरणीय हमारे दादाभाई खंडेलवालजी एवं इस पंडाल में उपस्थित हमारे हिंदू संगठन के पदाधिकारीगण, बजरंग दल के नौजवान बंधुओ, श्रद्धामयी, वात्सल्यमयी, शक्ति-भक्ति स्वरूपा, मंगलमय मेरी मातृशक्ति, धर्मप्रेमी, राष्ट्रप्रेमी बंधुओ एवं मेरे पत्रकार भाइयो!

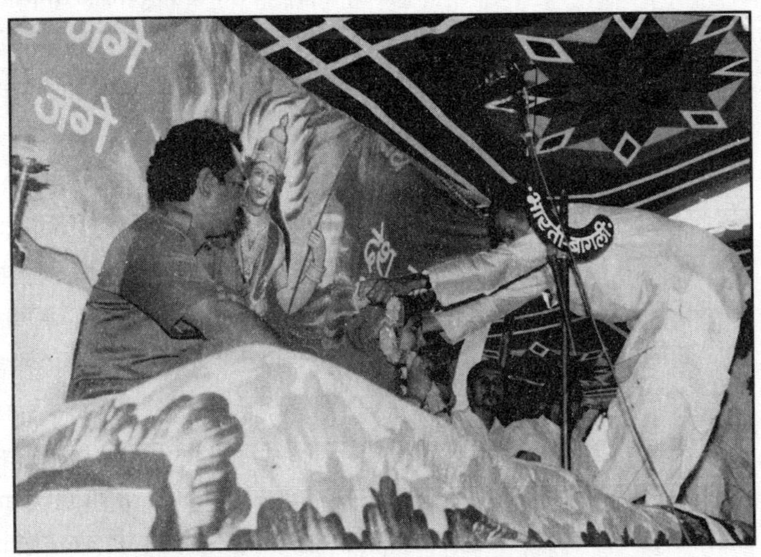

23 अप्रैल, 1995 को उदयनगर (जिला-देवास) में हिंदू चेतना मंच पर पूज्या दीदीमाँ साध्वी ऋतंभराजी का स्वागत करते हुए विश्व हिंदू परिषद, मध्यभारत प्रांत के तत्कालीन कोषाध्यक्ष श्री गुलाबचंदजी खंडेलवाल, पास में बैठे हैं श्री दिलीपसिंह जूदेव तथा श्री संजय भैयाजी और अन्य

अभी हम लोग आदरणीय कैलाशजी एवं मेरे आदरणीय भाई दिलीपसिंह जूदेवजी के विचार श्रवण कर रहे थे। हम सब यहाँ एकत्र हुए हैं, अपने हिंदू समाज की सुप्त चेतना को जाग्रत् करने के लिए। आज भारत षड्यंत्रों से घिरा है। आंतरिक और बाहरी षड्यंत्रों से भारत की सभ्यता, संस्कृति और भारत का भविष्य आज सबकुछ खतरे में है। जब धरा खतरे में हो, भारत की संस्कृति खतरे में हो, तब धरा के पुत्रों को मूक-बधिर बनकर तमाशा नहीं देखना चाहिए, बल्कि अपने कर्तव्यों और दायित्वों के साथ मैदान में खड़े हो जाना चाहिए। आज जिस तरह से अपनों के ही द्वारा इस देश के अंदर विघटन के बीज बोए जा रहे हों, तब स्थिति बड़ी चिंताजनक हो जाती है, जिसने सदैव विश्व को 'वसुधैव कुटुम्बकम्' का संदेश दिया हो, आज ऐसे भारत में उसकी अपनी परंपराएँ अपने ही घर में गाली खा रही हैं। भारत की पावन-पवित्र मान्यताएँ अपने घर में अपमानित हो रही हैं। जिस तरह देश के अंदर धर्म परिवर्तन के लिए धर्मांतरण का कार्य चल रहा है, जिस तरह हिंदुओं की संख्या को कम करने का षड्यंत्र चल रहा है, यह सबकुछ चुप रहकर देखने वाला तमाशा नहीं है, बल्कि ये जो सबकुछ हो रहा है, इसका विरोध करने के लिए हम सबको डटना है।

मुझे आश्चर्य नहीं होता है कि भारत का विघटन हो रहा है, ईसाई मिशनरियाँ हिंदुओं को ईसाई बना रही हैं, मुसलमान अनेक शादियाँ करके बहुत-बहुत संतानें पैदा कर रहे हैं। इसमें आश्चर्य की कोई बात नहीं। आश्चर्य की बात तो यह है कि हिंदू समाज अपने ऊपर जिन अन्यायों को होता देख रहा है, उनका विरोध करने के लिए अभी तक वह अपना सीना तानकर मैदान में डटा क्यों नहीं है ? जो विघटन हो रहा है, वह तो होगा ही। शत्रु विघटन करते हैं, शत्रु देश को तोड़ने का प्रयत्न करते हैं, पर ऐसी स्थिति में भारत की संतानों का क्या दायित्व है ? मुझे यह जानकर बड़ा आश्चर्य हुआ, ईसाई मिशनरियों के द्वारा भय पैदा किया जा रहा है। सिंहों के पुत्रों को गीदड़ों के द्वारा डराया जा रहा है। यह आश्चर्य की बात नहीं तो और क्या है ? आज आपको अपना पुरुषत्व और अपने पुरखों के आदर्श का स्मरण दिलाना चाहती हूँ मैं। यह समर्थ हिंदू समाज आज निरीह क्यों है ? आपके पुरखे, आपके पूर्वज''उनका स्मरण कीजिए आप।

चिड़ियों से जिन्होंने बाज लड़ाए
गिने दाँत सिंह शावक के
लपटों में हँस-हँस के नाचे
हम बेटे हैं पावक के।
पकड़ मौत के जबड़े
हमने भरवाया उससे पानी
छोड़ा शत्रु कोई नहीं है
जिसको याद न आई हो नानी।
जिसके दाँत नहीं तोड़े हों
ऐसा कोई नाग नहीं
जिस पर तान न छेड़ी हो
ऐसा कोई राग नहीं।
हम उस पूरब के बेटे हैं
जो जन्म सूर्य को देता है
हम उस भारत के वासी
जिसमें सतयुग, त्रेता हैं।
त्याग-तपस्या घुट्टी में
माता के हाथ पिया करते
खुद भूखे रहकर भी हम
औरों के लिए जिया करते।
जन्मजात से देशभक्त
फाँसी फंदे चूमा करते
राष्ट्रप्रेम का आँसू पीकर
मस्ती में झूमा करते।
मातृभूमि को पुण्यभूमि मानें
हम ऐसे दीवाने।
पितृभूमि के दीपक पर
जल जाने वाले परवाने।

राम-कृष्ण, गंगा का विरोधी
जाने मेरा मर्म नहीं
अब राष्ट्र धरा से करे द्रोह जो
उसे छोड़ना धर्म नहीं।

यह हमारा आदर्श है। यही हमारे पुरखों का आदर्श था। अब मैं आपको स्मरण दिलाना चाहती हूँ कि भारत की इन तमाम विघटनकारी परिस्थितियों में से यदि भारत को उबारना है तो हम सबको एकजुट होकर संघर्ष करना होगा। 'उदारता' जो अति हो गई है, 'सहनशीलता' जो सीमा पार करती चली जा रही है, इन सबको ताक पर धरकर गऊ जैसे हिंदू को अब सिंह बनने की आवश्यकता है।

6 दिसंबर, 1992 को जब अयोध्या की पावन, पवित्र धरती पर वह तथाकथित जर्जर 'बाबरी ढाँचा' हटाया गया तो दुनिया भर के लोगों ने छाती पीट-पीटकर रोना शुरू कर दिया। दुनिया भर के प्रमुख समाचार-पत्रों में यह समाचार प्रमुखता से छापा गया। क्यों? वह बाबरी ढाँचा गिरा तो कौन सी इतनी आफत आ गई थी। पाकिस्तान के कराची में जब सैनिक छावनी का विस्तार किया गया, तब वहाँ की अनेक मसजिदों को हटाया गया था। सऊदी अरब में हजरत मोहम्मद के दत्तक पुत्र द्वारा बनवाई गई मसजिद वहाँ के बादशाह ने अपने भवन का विस्तार करने के लिए हटा दी थी। कहीं कोई चर्चा नहीं हुई। कहीं कोई हाय-तौबा नहीं मची। अयोध्या में जब 6 दिसंबर को बाबरी ढाँचा हटाया गया तो पूरे विश्व के अंदर तहलका क्यों मचा? देश के प्रधानमंत्री अपनी छाती पीट-पीटकर क्यों रोए? जैसे रावण के मरने पर मंदोदरी छाती पीट-पीटकर रोई थी। इसके पीछे एक ही कारण वह तथाकथित ढाँचा नहीं है।

6 दिसंबर को लोगों ने सहनशील उदारवादी हिंदू समाज को, जिसने हमेशा अपनी इज्जत लुटवाई, संपत्ति लुटवाई, हमेशा सबको क्षमा करना सीखा, जब एक सिंह के रूप में देखा तो पूरे विश्व के अंदर तहलका मच गया। 'हिंदू को प्रतिक्रियावादी नहीं होना चाहिए, हिंदू को उग्रवादी नहीं बनना चाहिए, हिंदू को तो लात खाकर चुप होना चाहिए, यही आचरण हिंदू को शोभा देता है' ऐसे वक्तव्य आना शुरू हो गए। देश की सरकारें चाहती हैं कि हिंदू गऊ जैसा बना रहे। आज

'हिंदू' शब्द पर ही आपत्ति है। हिंदुओं को संगठित करने वालों को आज अपराधी सिद्ध कर दिया जाता है। बड़ी विचित्र स्थिति है!

ऋतंभरा जब कहीं कोई सभा करने जाती है तो दूसरे दिन पेपरों में छपता है कि 'विवादित साध्वी ऋतंभरा की सभा फलानी जगह हुई।' मैंने कहा, यह ऋतंभरा विवादित क्यों हो गई? ऋतंभरा ने क्या हर्षद मेहता से दलाली खाई है या चीनी घोटाले में ऋतंभरा का हाथ है? ऋतंभरा इसलिए विवादित है कि वह हिंदू की बात करती है। 'हिंदू' शब्द भारत के अंदर विवादास्पद बनाया गया। आज मैं ब्राह्मणों को एकत्र करके कोई सम्मेलन करूँ तो किसी को कोई आपत्ति नहीं होगी। क्षत्रियों का संगठन किया जाए तो भी किसी को कोई आपत्ति नहीं। लेकिन जब हिंदू को हिंदू के नाम पर संगठित करने का प्रयत्न होता है तो चारों तरफ बेचैनी पैदा हो जाती है। हिंदू अगर हिंदू के रूप में खड़ा हो गया तो तथाकथित राजनीतिक सत्ता के भूखे भेड़ियों के षड्यंत्र विफल हो जाएँगे, यही सबसे बड़ा कारण है। भारत को कमजोर करने का एक ही तरीका है कि हिंदुओं को अलग-अलग कर उन्हें विभाजित कर दो। हिंदुओं की कमर तोड़ दो। हिंदुओं के मनोबल को कमजोर कर दो। यही आजादी के बाद आज तक होता चला आया है।

अब देश की ऐसी स्थिति हो गई कि 70 करोड़ हिंदू अपने ही घर में गाली खा रहे हैं। अपने ही घर में अपमानित हो रहे हैं। मैं अभी कल ही जम्मू से आई हूँ। वहाँ काश्मीर से आए हिंदुओं के साथ भी मिलना हुआ। क्या दुर्दशा, क्या दयनीय स्थिति है उनकी! 6 वर्षों से वे कैसी जिल्लत भरी जिंदगी जी रहे हैं। कैसे अभावों में रह रहे हैं। उनकी उपेक्षा की जा रही है। क्या उनका यह दोष है कि वे हिंदू जाति में पैदा हुए? अभी हरियाणा विधानसभा में एक प्रश्न उठा। वहाँ चिंता व्यक्त की गई कि हरियाणा प्रांत में उल्लुओं की स्थिति चिंताजनक है। यानी उल्लुओं की चिंता विधानसभा में की जा रही है। वहाँ पूछा गया एक महिला सदस्य के द्वारा कि कितने उल्लू चले गए, कितने उल्लू बाकी हैं, अभी उनके स्वास्थ्य का क्या हाल-चाल है? यहाँ उल्लुओं की चिंता हो सकती है, लेकिन हिंदू की चिंता नहीं की जा सकती, क्योंकि हिंदू के घर में जन्म लेना ही मानो अपराध है। कुवैत से लाखों-लाख मुसलमानों को दामादों की तरह हवाई

जहाजों से भारत में ढोया जा सकता है, पर तीन लाख विस्थापित कश्मीरी हिंदुओं के लिए उनकी घर वापसी का कोई प्रयास नहीं किया जाता। इसके पीछे एक ही कारण है कि हमारी शक्ति बिखरी पड़ी है। संगठित होकर जिस दिन हम मुँहतोड़ जवाब देंगे, बस उसी दिन सारी समस्याओं का समाधान हो जाएगा। मेरे ऊपर बड़ा आरोप लगता है कि ऋतंभरा कभी-कभी बहुत उग्र बोलती है। मेरे अपने लोगों को भी तकलीफ होना शुरू हो जाती है। मुझे समझ नहीं आता कि जब तक चोर को चोर, डाकू को डाकू और देशद्रोही को देशद्रोही नहीं कहा जाएगा, तब तक कैसे देशद्रोहिता के दौर समाप्त हो सकते हैं?

जिनके माथे पर मेहनत से, नहीं चमकता मीत पसीना
कामचोर जो बनकर चाहें, इस दुनिया के अंदर जीना
जो रिश्वत ले टेक्स चुराए, काले धन से भरे तिजोरी
घर की पूँजी बाहर भेजे, चुपके-चुपके चोरी-चोरी
चोरों का सरदार कहेंगे, एक नहीं सौ बार कहेंगे।

और जब तक भारत के अंदर चोर को चोर कहकर निंदित नहीं किया जाएगा, तब तक चोरी का सिलसिला समाप्त नहीं होगा। पर वाह रे भारत की परंपरा, कि आज यहाँ देशद्रोहियों को इज्जत दी जा रही है, सम्मान दिया जा रहा है। यहाँ कश्मीर के अंदर बशीर शाह जैसे गुंडे को मुख्यमंत्री बनाने का आश्वासन दिया जा रहा है, जिसके हाथ हजारों-हजार निरीह मनुष्यों के खून से रँगे हुए हैं। यहाँ मेरे भारत की स्थिति देखो कि एक-दो कत्ल करते हो तो किसी भी न्यायाधीश के द्वारा जेल में डाल दिए जाओगे, आजीवन कारावास भुगतोगे। लेकिन अगर कत्लों की फेहरिस्त लंबी हो जाती है, 50 या 100 तक चली जाती है तो फिर दुनिया में दम नहीं है कि वह आपको किसी जेल में बंद कर सके। फिर तो आपको राजनीति का 'हीरो' बनाकर खड़ा कर दिया जाएगा। यहाँ 'राजनीति का अपराधीकरण' और 'अपराधियों का राजनीतिकरण' हो रहा है। तब ऐसी स्थिति में भारत के साधु क्या चुप बैठे रहें? भारत के अच्छे लोग मूक बने तमाशा देखें?

गम उनका नहीं जो मौजों में, तूफान के मारे डूब गए,
रोना तो उनकी किस्मत पर, जो बैठ किनारे डूब गए।

हमको पीड़ा तो है, पर उसे व्यक्त नहीं करते बनता। अन्याय हो रहा है, पर अन्याय का विरोध करने की हिम्मत नहीं है हममें। आज उस हिम्मत को पैदा करने की आवश्यकता है। अपनी संस्कृति को बचाना आपका भी अपना कर्तव्य है। उसी का स्मरण मैं आपको दिलाना चाहती हूँ। अपने धरतीपुत्रों को जाग्रत् करना चाहती हूँ। कश्मीर की घायल घाटी का स्मरण दिलाना चाहती हूँ। पूरब के भारत की दुर्दशा आपको स्मरण दिलाना चाहती हूँ।

भारत के अंदर जिस तरह ईसाई मिशनरियाँ सेवा के नाम पर सौदा कर रही हैं। मदर टेरेसा जैसी जादूगरनी जिस तरह भारत के अंदर हिंदुओं का धर्मांतरण कर रही है, वहाँ आपको चुप रहने की आवश्यकता नहीं है। इसके विरोध में मैदान में उतरने की आवश्यकता है। देश के राजनेताओं को सत्ता चाहिए। किसी को सत्ता चाहिए तो कोई जोंक की तरह उससे चिपका बैठा है। सारी राजनीति सत्ता के इर्द-गिर्द ही घूमती है। भारत की सीमाओं की, भारत की सभ्यता की किसी को चिंता नहीं है। उत्तर प्रदेश के अंदर मुलायमसिंह 'नरभक्षी हत्यारा' राज कर रहा है, साथ में कांशीराम है। वहाँ जब दोनों की सरकार बनी तो लोगों ने नारा लगाया—'मिले मुलायम-कांशीराम, हवा में उड़ गए जय श्रीराम।' मैं भारत के नौजवानों का आह्वान करती हूँ कि इस देश में ऐसी स्थिति पैदा करो कि—'क्या मुलायम, क्या कांशीराम, यहाँ तो मियाँ भी बोलेंगे जय श्रीराम।' जब भारत का नौजवान अपनी जवानी का परिचय देगा, जब भारत की तरुणाई सीना तानकर मैदान में खड़ी होगी। आज आवश्यकता है इस बात की। श्रीरामजन्मभूमि पर भव्य मंदिर का निर्माण करना चाहते हैं हम, लेकिन देश के प्रधानमंत्री के इरादे अच्छे नहीं हैं। आज आपके माध्यम से मैं चेतावनी देना चाहती हूँ भारत के प्रधानमंत्री को कि श्रीरामजन्मभूमि पर यदि बाबरी मसजिद का निर्माण हुआ तो भारत की हर मसजिद पर 'हर-हर महादेव' होगा। जन्मभूमि के मामले में हम किसी भी तरह का कोई समझौता करने के लिए राजी नहीं हैं। अभी-अभी देश के प्रधानमंत्री ने विश्व हिंदू परिषद पर पुनः प्रतिबंध लगाया। यह दोबारा प्रतिबंध क्यों? अब खिसियानी बिल्ली तो खंभा नोचेगी ही, बेचारी कर ही क्या सकती है इसके अलावा।

जिस गागर में केवल विष ही विष है,
किसके बरतन में अमृत भर सकती है

फिर भी विष है स्वीकार हमें
ले आओ, हम नीलकंठ बन करके देख लिये हैं।
तुम रौद्र रूप की हमको देते धमकी
हम महा रौद्र का पाठ पढ़े हैं,
तुम चक्रव्यूह-षड्यंत्र रचो कितने ही
हम भेदन का भी मंत्र गढ़े बैठे हैं।
हम तांडव रचते, अब भी रच सकते हैं
क्रोधित होते तो प्राण लिया करते हैं
हम शंकर के वंशज औढरदानी हैं
खुश होते तो प्राण दिया करते हैं।
हम पहले नहीं किसी से कुछ भी कहते
पीछे शीशे सा शीश दिया करते हैं।
हम रामदास के शिष्य शिवा मतवाले
जब चलते तो भूचाल चला करते हैं।
प्रतिबंधों के बंधों को भी हम सहते
हर बंध तोड़कर महाप्रलय करते हैं
मत छेड़ो हमको, गलती न दोहराओ
हम नेत्र तीसरा खोल, भस्म करते हैं।

आज हिंदू समाज को अपना तीसरा नेत्र खोलने की आवश्यकता है। मैं गुजरात की धरती पर भरुच जिला में गई, जहाँ प्रशासन द्वारा रातों रात भगवा पताकाएँ उतार ली गईं। मैंने कारण पूछा तो कहा गया कि 'विश्व हिंदू परिषद पर प्रतिबंध है और भगवा पताका विश्व हिंदू परिषद की है, इसलिए भगवा रंग का झंडा कहीं नहीं फहराएगा।' मैंने कहा, 'सुनो भाई, फिर जब सुबह सूर्य भगवान् भुवन भास्कर उदय होते हैं तो वे भी केसरिया-भगवा रंग में उदय होते हैं। उन पर भी प्रतिबंध लगाओगे क्या? अग्नि की ज्वालाओं को भी प्रतिबंधित करोगे क्या, जो भगवा रंग में प्रज्वलित होती हैं?' पृथ्वीराज चौहान की झाँकी 26 जनवरी की परेड में नहीं निकालने दी गई। कारण यह था कि उनके सैनिक पुतलों के हाथों में भगवा झंडे थे। मैंने पूछा कि 'पृथ्वीराज चौहान के सैनिकों के हाथों में क्या हरे

परचम होने चाहिए?' भगवा रंग से जिनको एलर्जी है, उन्हें सबक सिखाना होगा। रामनाम का जो विरोध करते हैं, उनका 'रामनाम सत्य' करना पड़ेगा। यही आज के हिंदू का 'युगधर्म' है और इसी युगधर्म की प्रेरणा आपको देने के लिए मैं आई हूँ।

अयोध्या की श्रीरामजन्मभूमि पर रामलला के भव्य मंदिर का निर्माण करना है, काशी विश्वनाथ के मंदिर का उद्धार करना है, श्रीकृष्ण की जन्मभूमि मुक्त करवानी है, कश्मीर को आतंकवादियों के चंगुल से छुड़वाना है तो फिर हाथ पर हाथ धरकर बैठने से काम नहीं चलेगा। साध्वी ऋतंभरा को सुनने के बाद ताली पीटकर घर चले जाने से भी काम नहीं चलेगा, क्योंकि बात तो कर्तव्य के मैदान में डटने की है। वहाँ पाकिस्तानी गुंडे नारे बुलंद करते हैं कि 'भारत तेरे हाथ में लकीर नहीं है और कश्मीर तेरे बाप की जागीर नहीं है।' बेनजीर भुट्टो भारत को युद्ध की धमकी देती है और देश के प्रधानमंत्री लाल किले की प्राचीर पर खड़े होकर पाकिस्तान से निवेदन करते हैं कि वह हमारे देश में गड़बड़ न करे।

यह तो बिल्कुल वैसा ही हुआ, जैसे कि पति ने अपनी पत्नी से कहा, 'देखो जी, मेरे लिए पानी गरम कर दो, नहीं तो।' पत्नी ने कहा, 'नहीं तो क्या कर लोगे?' पति ने कहा, 'नहीं तो ठंडे पानी से ही नहा लूँगा।' ऐसी ही कुछ स्थिति है आपका नेतृत्व करने वालों की। नेतृत्व करने वालों के पास बल होना चाहिए और बल चरित्र से आता है। लेकिन मेरे बंधुओ, इस समय तुम्हारा नेतृत्व करने वाले अंधे हैं, बहरे हैं। उनको दिखाई नहीं देता, सुनाई नहीं देता। इसलिए उन पर भरोसा मत करना। भरोसा अपनी भुजाओं पर करना। भरोसा अपनी आस्थाओं पर करना। अपनी श्रद्धा को प्रज्वलित करो।

हिंदुओं, तुम्हारे सारे यज्ञ-अनुष्ठान सफल होने चाहिए, फलीभूत होने चाहिए, लेकिन यह तब तक संभव नहीं है, जब तक गऊ माता के रक्त की एक भी बूँद भारत की धरती पर गिर रही है। देश के अंदर कत्लखाने खुले हैं, मेरी गायों के मांस को, चमड़े को नोंचा जा रहा है। उन पर तेजाब डालकर उनको तड़पाया जाता है। गाय का गोश्त गुलाबी हो जाए, इसके लिए मारने से पहले उनको लाठियों से, चाबुकों से पीटा जाता है। उनके खून से लाल हुआ गोश्त अरबी शेखों की प्लेटों में परोसने का काम तुम्हारे इस देश का नेतृत्व करने वालों की छत्रच्छाया में हो रहा है और तुम मंदिरों में बैठकर नारे बुलंद करते हो कि

'गाय की हत्या बंद हो', 'गऊ माता की जय।' केवल इन जयघोषों से कुछ होने वाला नहीं, जब तक सीना तानकर संघर्ष की तैयारी आप नहीं करोगे। इसलिए मेरा आपसे केवल इतना ही निवेदन है—

हो गई है पीर पर्वत सी, पिघलनी चाहिए
इस हिमालय से कोई गंगा निकलनी चाहिए
सिर्फ हंगामा खड़ा करना मेरा मकसद नहीं
मेरी कोशिश है कि ये सूरत बदलनी चाहिए
मेरे सीने में नहीं तो तेरे सीने में सही
हो कहीं भी आग, लेकिन आग जलनी चाहिए।

जब तक आग नहीं जलेगी, बात नहीं बनेगी। कांग्रेस के कूड़े-कर्कट का ढेर बहुत बड़ा हो गया है। उसमें बेरोजगारी के कीड़े पैदा हो गए हैं, उसमें सांप्रदायिकता के, आतंकवाद के कीड़े पैदा हो गए हैं। तुम्हें आग बनकर जलना है और इस कूड़े को भस्म करना है। जातिवाद पर राष्ट्रवाद की विजय का अभियान शुरू किया है हम सबने। श्रीरामजन्मभूमि पर मंदिर निर्माण की बात करते ही लोगों को लगता है कि ये ईंट-पत्थरों के मंदिर की लड़ाई है। ये ईंट-पत्थरों के मंदिर के निर्माण की नहीं, बल्कि हिंदुओं के स्वाभिमान की लड़ाई है। हिंदू के अस्तित्व को बचाने की लड़ाई है। मेरे रामभक्तों को ललकारकर यह कहना होगा—

अब रामभक्त ललकार उठे
खून की नदियाँ बह जाएँगी
रामजनमभू नहीं मिली तो
सरकारें ढह जाएँगी।
अब तक तो हम चुपचाप रहे
अब करके कुछ दिखलाएँगे।
जिसमें दम हो रोके आकर
हम मंदिर वहीं बनाएँगे।
सावरकर के हिंदू राष्ट्र का
अब होगा सपना साकार।
रामभक्त ललकार उठे हैं

सावधान दिल्ली सरकार।
मंदिर का निर्माण रुका यदि
सरकारी बलबूते से
फिर खबर तुम्हारी लेंगे हम
हिंदुस्तानी जूते से।
रामधरा पर, रामलला का मंदिर भव्य बनाएँगे
जिसमें दम हो रोके आकर, हम मंदिर वहीं बनाएँगे।
सबसे पहले श्रीराम से 'विश्वनाथ' ने द्रोह किया
बजा दिया राजा का बाजा, कर्मों का फल भोग लिया।
पी.वी. तुम तैयार रहो, अपनी पीपी बजवाने को
बजरंगी तैयार खड़ा है, मंदिर भव्य बनाने को।
दिल्ली की छाती पर भी हम, भगवा अब फहराएँगे
जिसमें दम हो रोके आकर, हम मंदिर वहीं बनाएँगे।

'श्रीरामजन्मभूमि पर मंदिर का निर्माण' यह शपथ लेनी है आपने, क्योंकि आपका संकल्प अभी अधूरा है। कारसेवकों के रक्त से सरयू का पानी लाल किया गया। वह लाल पानी अभी भी आपको पुकार रहा है। देश के प्रधानमंत्री के इरादे अच्छे नहीं हैं। उत्तर प्रदेश की सरकार के इरादे अच्छे नहीं हैं। हिंदुओं का अपमान, हिंदुओं का मनोबल कमजोर करने के षड्यंत्र हो रहे हैं। उत्तराखंड की बहू-बेटियों की इज्जत मुजफ्फरनगर के खेतों में लूटी गई, कहीं कोई प्रतिकार नहीं हुआ। हम किसी दूसरे से भयभीत नहीं हैं। आज साध्वी ऋतंभरा आपके बीच में चिंता व्यक्त करने आई है। किसलिए? क्या हम ईसाई मिशनरियों से भयभीत हैं? क्या हम अमेरिका से भयभीत हैं? क्या हम पाकिस्तान से भयभीत हैं?

नहीं मेरे बंधुओं! ये सारे मिलकर भी मेरे देश का कुछ नहीं बिगाड़ सकते। हमारी चिंता मुसलमानों या ईसाइयों को लेकर नहीं है। हमारी चिंता तो अपने ही जयचंदों और मानसिंहों को लेकर है, जो राजनीति की रोटियाँ सेंकने के लिए देश की बहुसंख्यक जनता के साथ खिलवाड़ कर रहे हैं। भारत की सीमाओं के साथ खिलवाड़ कर रहे हैं। तस्करी हो रही है, हथियार आ रहे हैं, भारत की सीमाओं पर हमारा शत्रु कब्जा जमाकर बैठ गया है। देश के अंदर हिंदू को सिखाया जाता है कि

ज्यादा बच्चे पैदा मत करो, हम दो-हमारे दो। क्या बढ़िया नीति है, 'हम दो-हमारे दो और बँगलादेशी आने दो।' उनके लिए दरवाजे खोल दिए। भारत को लावारिस धर्मशाला बना दिया। इसका प्रतिकार कौन करेगा? इसका एक ही इलाज है और वह इलाज है कि हिंदू समाज संगठित होकर अपनी शक्ति का परिचय दे। यदि थप्पड़ का जवाब घूँसा होता है तो फिर घूँसे का जवाब कुछ नहीं होता। मैं तो इतना ही निवेदन कर सकती हूँ कि जिस तरह आपकी संस्कृति और सभ्यता खतरे में है, हालात अच्छे नहीं दिख रहे। भारत के आकाश पर स्टार टी.वी. ने कब्जा कर लिया है। मेरे देश के ऊपर अपसंस्कृति लादी जा रही है। कल तक देश के नौजवान का नजरिया कुछ और था, आज कुछ और हो गया है। आप जानते हो कि नजरें बदल गईं तो नजारे बदल गए और किश्ती का रुख बदला तो किनारे बदल गए। जो भगिनी थी, वह भोग्या की दृष्टि से देखी जाने लगी है।

कॉन्वेंट स्कूलों में भगतसिंह पैदा नहीं हो सकते और तुम अपने बच्चों को कॉन्वेंट स्कूलों में पढ़ाकर गौरव का अनुभव करते हो। मातृभाषा अच्छी तरह आती है, फिर भी दूसरों पर रोब मारने के लिए अंग्रेजी जरूर बोलोगे। अंग्रेजी बोलकर छाती ऐसे चौड़ी करोगे कि देखकर लगता है, जैसे कुत्ता झूठी पत्तल चाटकर गौरव का अनुभव कर रहा हो। अरे गौरव और स्वाभिमान अपनी मातृभूमि, अपनी मिट्टी, अपनी मान्यता, अपनी परंपराओं पर होना चाहिए, लेकिन वह समाप्त हो चुका है। स्वाभिमान शून्य हो चुका है हिंदू। आज उसका स्वाभिमान जाग्रत् करने की आवश्यकता है।

मेरा आपसे अनुरोध है कि आने वाले समय की चुनौतियों को आपने स्वीकार करना है। ईसाई मिशनरियों की गतिविधियों को लगाम डालिए और ऐलान कीजिए कि अगर वनवासी बंधुओं को प्रलोभन देकर या भय दिखाकर उनका धर्मांतरण किया गया, अगर एक भी चोटी काटी गई, एक भी जनेऊ काटा गया, अगर रोटी का एक टुकड़ा या एक मुट्ठी चावल देकर अथवा शिक्षा और चिकित्सा के प्रलोभन से धर्मांतरण हुआ तो हम इन ईसाई मिशनरियों को, जो यहाँ सेवा के नाम पर सौदा कर रही हैं, जड़ से उखाड़ फेंकेंगे। इस देश में रहना है तो देश की मुख्यधारा से जुड़कर रहिए। यदि देश के साथ कोई भी गद्दारी करेगा तो उससे निपटने के लिए हम तैयार हैं।

हो हिंदू चाहे मुसलमान,
जिसको इस देश से प्यार नहीं,
तो फिर उसको इस देश में,
रहने का कोई अधिकार नहीं।

इस देश के अंदर रहना है तो देश की सीमा, सभ्यता, संस्कृति, धरती और आकाश के प्रति आस्था व्यक्त करनी होगी। धर्मांतरण जैसे कुचक्रों और षड्यंत्रों को विफल करने के लिए हिंदू समाज को अपनी शक्ति संगठित करके जूझने की तैयारी करनी है।

बजरंग दल के नौजवानो! व्यायामशाला में जाइए, अपनी शारीरिक और मानसिक तैयारी कीजिए। सेठो! अपने धन की थैलियाँ खोलिए, माँ भारती को आपका धन चाहिए, नौजवानों का तन चाहिए, ऋषि-मुनियों का मन चाहिए। तभी इन सारी समस्याओं का समाधान होगा हिंदुओ। केवल कुछ वर्षों के लिए अपने लिए जीना भूल जाओ, मातृभूमि के चरणों में अपना सर्वस्व समर्पित करो। जिस तरह से देशद्रोही मुसलमान और ईसाई भारत को कमजोर करने का षड्यंत्र कर रहे हैं, उनको विफल करने की तैयारी करो। देश के अंदर बहुराष्ट्रीय कंपनियों ने कब्जा कर लिया है। भारत जो कभी 'जगद्गुरु' कहलाता था, आज कर्जे में डूबा हुआ जगत् के सामने कटोरा लिए घूम रहा है। इस दशा में किसने पहुँचाया? देश का नेतृत्व करने वाले इन तथाकथित राजनीतिज्ञों ने। उनके प्रति मैं आपको जाग्रत् करना चाहती हूँ।

जमीं बेच देंगे, चमन बेच देंगे
धरा बेच देंगे, गगन बेच देंगे
अगर तुम यों ही सोये रहे राष्ट्रभक्तों
तो वोटों के ये भिखारी
मेरा वतन बेच देंगे।

आज वोटों के लिए ही तो धार की भोजशाला के साथ अन्याय हो रहा है। वहाँ जाकर मियाँ नमाज पढ़ सकते हैं, लेकिन हिंदू वहाँ हनुमान चालीसा नहीं पढ़ सकता। हिंदू वहाँ जाकर हवन-यज्ञ नहीं कर सकता। भारत की इन गंदी नीतियों को विफल करने की तैयारी हिंदू समाज को करनी है। भारत की सीमाओं की रक्षा का दायित्व भी आपके ऊपर है। पाकिस्तान को मुँहतोड़ जवाब देना है हिंदुओ!

विश्व शक्तियों ने सीमा पर, फिर से जाल बिछाया है
हथियारों का ओढ़ लबादा, गीदड़ फिर गुर्राया है
हम डरते नहीं अणुबमों, विध्वंसक जलपोतों से
हम डरते हैं ताशकंद-शिमला जैसे समझौतों से
सियार-भेड़ियों से डर सकतीं, सिंहों की संतान नहीं
भरतवंश के इस पानी की, है तुमको पहचान नहीं
एटम बम बना करके तुम, फिर से मद में फूल गए
पैंसठ और इकहत्तर के युद्धों को शायद भूल गए
याद करो अब्दुल हमीद ने पैटर्न टैंक जला डाला
हिंदुस्तानी नेटों ने अमरीकी जेट जला डाला
याद करो गाजी का बेड़ा, झटके में ही डुबा दिया
ढाका के जनरल नियाजी को, दूध छठी का पिला दिया
याद करो नब्बे हजार, उन बंदी पाक जवानों को
याद करो शिमला समझौता, इंदिरा के अहसानों को
अबकी जंग छिड़ी तो, निश्चित युद्ध विराम नहीं होगा
काश्मीर तो होगा, लेकिन पाकिस्तान नहीं होगा।
एटम बम चलाने की हिम्मत कौन दिखाएगा
इन्हें चलाने को बोलो क्या बाप तुम्हारा आएगा
अबकी चिंता मत कर मियाँ, चेहरे का खोल बदल देंगे
इतिहास की तो हस्ती है क्या, पूरा भूगोल बदल देंगे
धारा हर मोड़ बदल करके, लाहौर से गुजरेगी गंगा
इस्लामाबाद की छाती पर, फहराएगा भारत का झंडा
रावलपिंडी और कराची तक, सबकुछ गर्त हो जाएगा
सिंध नदी के आर-पार, पूरा भारत हो जाएगा
फिर सदियों तक जिन्ना जैसा शैतान नहीं होगा
काश्मीर तो होगा लेकिन पाकिस्तान नहीं होगा।

पाकिस्तान को मिट्टी में मिलाने के लिए हिंदू समाज को संगठित होना है। मैं कहना चाहती हूँ कि वर्तमान सरकार में कश्मीर को बचाने की

इच्छाशक्ति नहीं है; कश्मीर की समस्या का समाधान आप नहीं कर पाओगे, इसलिए कश्मीर घाटी को मेरी सेना के नौजवानों के हाथों में सौंपो। हमारी सेना के नौजवान कश्मीर की एक-एक गली में ऐसा 'डिटर्जेंट' डालकर धोएँगे कि तुम देशद्रोहिता का एक भी दाग ढूँढ़ते रह जाओगे। यह काम देश की सेनाओं को करना है। एक बार हनुमानजी लंका गए थे, मच्छर का रूप धारण करके। इतना छोटा रूप होने पर भी वे लंका के बॉर्डर पर खड़ी लंकिनी की नजर में आ गए। लंका में इतनी चाक-चौबंद सुरक्षा व्यवस्था थी और यहाँ भारत की देखो। यहाँ छह फुटे अफगानी और पाकिस्तानी प्रवेश कर जाते हैं और किसी को कानों कान खबर भी नहीं होती। कहीं-न-कहीं तो गड़बड़ है।

जहाँ शस्य श्यामला धरा न हो
नभ हवन धूम्र से भरा न हो
जहाँ प्रकृति सुंदरी के अधरों पर मदमाती मुसकान नहीं
वो मेरा हिंदुस्तान नहीं।

जहाँ स्वार्थ दशानन ने हर ली, मानवता की मिथिलेश लली
आदर्श राम के नेत्रों से, स्नेह अश्रु की धार बही
अब कौन मसक सम रूप धरे, स्वारथ की लंका दाह करे
जहाँ प्रकट पराक्रम ज्ञानरूप, श्रीराम भक्त हनुमान नहीं
वो मेरा हिंदुस्तान नहीं।

जहाँ राजनीति लग गई गले, कर्तव्य तले अपराध पलें
जहाँ अपनी भूख मिटाने को, आलस पुरुषारथ को निगले
जहाँ न्याय खड़ा पछताता हो, कानून सत्य को खाता हो
जिस धरती पर ईमान नहीं, इनसान जहाँ इनसान नहीं
वो मेरा हिंदुस्तान नहीं।

संगठन झुकाए सिर नीचे, जहाँ धर्म खड़ा आँखें मींचे
जहाँ शुभ्र संस्कृति की साड़ी, शासन दुःशासन बन खींचे
जहाँ वासनाओं का नर्तन हो, नित नया भेष परिवर्तन हो

जहाँ समूची सभ्यता के तन पर, मर्यादा का परिधान नहीं
वो मेरा हिंदुस्तान नहीं।

मेरे भारत में रामराज्य की जो कल्पना हमारे पुरखों ने की थी, उसे साकार करने के लिए आपको संगठित होना है। एक चेतावनी और मेरे हिंदू बंधुओ, कि यदि आप संगठित नहीं हुए तो फिर एक-एक हिंदू को ईसाई या मुसलमान बना दिया जाएगा। यहाँ फूलन देवी पुरस्कृत होगी और लक्ष्मीबाई निंदित की जाएगी। हमें इस तरह की सभी परिस्थितियों से भारत को उबारना है। आपको संगठित होकर, कमर कसकर मैदान में खड़े होना होगा। इस क्षेत्र में ईसाई मिशनरियों की गतिविधियों पर लगाम डालने के लिए और जिस तरह से देशद्रोहिता के कार्य हो रहे हैं, उन पर नजर रखने के लिए, उन्हें रोकने के लिए आपको सजग रहना है।

आज मैं जब इंदौर एयरपोर्ट पर उतरी तो देखा कि इंदौर की पुलिस बड़ी सतर्क है। मैंने कहा कि भैया, ऋतंभरा यहाँ आई है न, कोई डाकू तो नहीं। प्रशासन की नजर है ऋतंभरा की गतिविधियों पर। मैंने कहा कि भाई, अगर आपको किसी की गतिविधियों पर नजर रखनी ही थी तो मेमन गुंडों की गतिविधियों पर रखते। भारत की किस गली या घर में बम तैयार हो रहे हैं, यह देखना प्रशासन का काम है। देश को तोड़ने का षड्यंत्र कहाँ चल रहा है, यह देखना और उसे विफल करना प्रशासन का काम है। अस्सी करोड़ हिंदुओं के खून-पसीने की कमाई देश की पुलिस वर्दी को मेंटेन करने में लग रही है, इसलिए उनका काम है कि वे देशद्रोही गतिविधियों पर नजर रखें, न कि संन्यासी या साध्वियों पर। यह रवैया कब बदलेगा? जब हिंदू सीना तानकर मैदान में खड़ा होगा। इसलिए मेरे साथ मुट्ठी बाँधकर हाथ खड़े कीजिए। और हाँ, पंजा मत दिखाइए। खूनी पंजा नहीं, अपनी मुष्ठिका बाँधिए। दोनों हाथ खड़े कीजिए और दोहराइए—

“तेरा वैभव अमर रहे माँ
हम दिन चार रहें न रहें
जय भारत
जय श्रीराम!”

□

गिरफ्तार साध्वीजी पर प्रशासनिक अत्याचार और बढ़ता जनाक्रोश

इधर गिरफ्तार करके ग्वालियर जेल ले जाई गईं साध्वी ऋतंभराजी के पक्ष में कानूनी कार्रवाई भी शुरू कर दी गई। चूँकि उन्हें बंदी बनाए जाने के बाद उनके समर्थकों, हिंदू चेतना मंच, बजरंग दल और भारतीय जनता पार्टी के कार्यकर्ताओं पर इंदौर पुलिस प्रशासन का दबाव बढ़ गया था, जगह-जगह से उन्हें बंदी बनाकर जेल भेजा जा रहा था, इसलिए इस स्थिति में पुलिस की नजर उनके ऐसे समर्थकों पर थी, जो इस प्रकरण की कानूनी कार्रवाई में महत्त्वपूर्ण थे। प्रशासन की मंशा साफ तौर पर यही दिखाई दे रही थी कि जितना हो सके, साध्वीजी और उनके समर्थकों का मनोबल तोड़ दिया जाए।

इसी क्रम में साध्वीजी के गुरु भाइयों पर भी पुलिस का कड़ा शिकंजा कसा हुआ था, लेकिन सब अपने-अपने घरों से दूर पुलिस की गिरफ्त से बचकर आंदोलन को गति दे रहे थे। ऐसे ही श्री इंदर पांचाल इस प्रकरण में साध्वीजी के अभिभाषक श्री कृष्णगोपाल माहेश्वरी के माध्यम से प्रशासन की इस कार्रवाई के विरुद्ध कानूनी लड़ाई छेड़े हुए थे। स्थानीय प्रशासन उन्हें भी किसी-न-किसी मामले में फँसाकर निरुद्ध करना चाहता था, ताकि साध्वीजी को कानूनी सहायता पहुँचाने में बाधा खड़ी की जा सके। इंदौर में चल रहे आंदोलन के बीच अचानक ही एक दिन शहर भर में एक समाचार-पत्र जैसा पर्चा बाँटा गया, जिसमें हिंदुओं के विरुद्ध स्थानीय मुसलमानों के षड्यंत्रों और गौहत्या में उनकी संलिप्तता को लेकर अनेक लेख और जानकारियाँ दी गई थीं। अनेक ऐसे मुस्लिम अपराधियों के नामों की सूची भी छापी गई थी, जो गैर-कानूनी गतिविधियों में संलग्न थे।

चूँकि इस परचे पर प्रकाशक या मुद्रक का कोई उल्लेख नहीं था और न ही यह पता चल सका कि इसे शहर भर में किसने बाँटा, इसलिए प्रशासन ने इसे 'भड़काऊ परचा' मानते हुए इस पर प्रतिबंध लगाने के साथ ही इसे प्रकाशित करने वालों की तलाश शुरू कर दी।

इधर साध्वीजी को कानूनी सहायता पहुँचाने के प्रमुख रणनीतिकार के रूप में विश्व हिंदू परिषद के पदाधिकारी श्री इंदर पांचाल को घेरने का षड्यंत्र प्रशासन द्वारा लगातार किया ही जा रहा था। लिहाजा इस आपत्तिजनक परचे के बहाने प्रशासन ने यह घोषणा की कि इसके प्रकाशन में उनका हाथ है। चूँकि साध्वीजी को बंदी बनाए जाने के बाद से ही वे इसके विरोध में जन-आंदोलन का नेतृत्व कर रहे थे, अत: उन्हें पुलिस से बचे रहने के लिए भी लगभग भूमिगत ही रहना पड़ रहा था, इसी बात का लाभ उठाकर पुलिस-प्रशासन ने यह माना कि विश्व हिंदू परिषद के महामंत्री इंदर पांचाल और बजरंग दल के नगर संयोजक दिनेश पांडे ने ही उस परचे को प्रकाशित करवाया है और वे शहर भर में तनाव पैदा कर सांप्रदायिक विद्वेष फैलाने की कोशिश कर रहे हैं। इस लिहाज से उन्हें बंदी बनाया जाना बहुत जरूरी है। वे फरार हैं, इसलिए उनकी कोई भी सूचना देने वाले को 10-10 हजार रुपयों का इनाम दिया जाएगा। जबकि सच्चाई यह थी कि इंदर पांचाल किसी भी प्रकार से इस परचे के प्रकाशन में संलिप्त नहीं थे। मैं देवेंद्र शुक्ल (लेखक) और आनंद कानड़कर भी दीदी ऋतंभराजी के गुरुभाई तथा श्री इंदर पांचाल के निकटतम सहयोगियों के रूप में दीदी की गिरफ्तारी के प्रकरण में अपनी-अपनी भूमिका निभा रहे थे, इसलिए हमें भी पुलिस की गिरफ्त में आने से बचने के लिए कई दिनों तक भूमिगत रहकर कार्य करना पड़ा। संपूर्ण इंदौर में हो रहे उपद्रवों का मुख्य षड्यंत्रकर्ता मानते हुए प्रशासन ने शहर के अनेक पुलिस थानों में इंदर पांचाल पर मुकदमे दर्ज किए। ये सारी घटनाएँ इंदौर जिला प्रशासन की मंशा को उजागर कर रही थीं कि वह किस तरह से साध्वी ऋतंभराजी को कानूनी मदद पहुँचाने की कोशिश कर रहे लोगों को प्रकारांतर से झूठे आरोपों में फँसाकर उन्हें लंबे समय तक जेल में निरुद्ध रखने की साजिश रच रहा है। इसी प्रकार और भी कई प्रमुख कार्यकर्ताओं को पुलिस लगातार परेशान कर मानसिक रूप से त्रस्त करने की अनेक कोशिशों में जुटी हुई थी, लेकिन इन

सबसे बचकर भूमिगत रहते हुए वे लोग साध्वीजी की रिहाई के आंदोलन को लक्ष्य तक पहुँचाने में जुटे हुए थे।

इसी बीच न्यायालय ने राज्य शासन को यह आदेश दिया कि ग्वालियर जेल में निरुद्ध साध्वी ऋतंभराजी को उनके विरुद्ध भारतीय दंड विधान की धारा 153ए के अंतर्गत दर्ज प्रकरण में सुनवाई हेतु जिला-देवास के बागली न्यायालय में प्रस्तुत किया जाए। न्यायालय के आदेश का पालन करने हेतु ग्वालियर केंद्रीय कारागार में हलचलें बढ़ गईं। 27 अप्रैल को उच्चाधिकारियों के साथ एक बड़ा पुलिस दल उन्हें लेने के लिए वहाँ पहुँचा। चूँकि साध्वीजी की गिरफ्तारी के विरुद्ध एक बड़ा जन-आंदोलन पूरे मध्य प्रदेश में चल रहा था, इसलिए सड़क मार्ग से उन्हें बागली ले जाना खतरनाक सिद्ध हो सकता है, हो सकता है कि उग्र जनता पुलिस पार्टी पर हमला बोलकर उन्हें छुड़ाने का प्रयत्न भी करे, खुफिया पुलिस की ऐसी कुछ पक्की सूचनाओं के आधार पर उन्हें रेल मार्ग से भोपाल तक और फिर वहाँ से सड़क मार्ग द्वारा बागली लाने की योजना बनी।

ऋतम्भरा की गिरफ्तारी का उग्र विरोध

इंदौर में तनाव, पथराव, वाहनों में आग लगाई, ४ भाजपा पार्षद सहित १६८ गिरफ्तार, प्रशासन की निंदा

योजना बहुत गोपनीय थी, लेकिन जो व्यक्ति लोकनायक होता है, उससे संबंधित खबरें छुपाना किसी भी तंत्र के लिए बहुत मुश्किल होता है। पुलिस दल ने लाख कोशिशें कीं कि साध्वी ऋतंभराजी को ग्वालियर से भोपाल और फिर वहाँ से बागली लाने की योजना को गुप्त रखा जा सके, लेकिन ऐसा हो न सका। कहीं से यह पूरी योजना लीक होकर आम जनता तक पहुँच गई कि साध्वी ऋतंभराजी को 'केरला एक्सप्रेस' ट्रेन द्वारा भोपाल लाया जा रहा है।

हजारों की संख्या में उनके प्रशंसक और हिंदू संगठनों के कार्यकर्ता तथा नेता भोपाल रेलवे स्टेशन पर उनकी प्रतीक्षा करने लगे। कुछ समय बाद केरला एक्सप्रेस को स्टेशन पर रुकता देख चारों ओर से जयकारों का गगनभेदी घोष उठने लगा। वहाँ तैनात पुलिस अमले की साँसें फूल रही थीं कि हजारों समर्थकों की इस भीड़ के बीच से साध्वीजी को बाहर खड़े पुलिस वाहनों तक कैसे

पहुँचाया जा सकेगा। खैर, गाड़ी रुकी। जिस कोच में साध्वीजी और पुलिस बल के सफर करने की सूचना लोगों को मिली थी, काफी देर तक उसमें से वे लोग नहीं उतरे तो कुछ लोगों ने अंदर जाकर पता किया। मालूम हुआ कि साध्वीजी और पुलिस बल इस गाड़ी में है ही नहीं, उन्हें भोपाल आने के पहले ही किसी स्टेशन पर उतारकर कहीं और ले जाया गया है। इतना पता चलना था कि स्टेशन पर जैसे बवंडर मच गया। वहाँ एकत्र हिंदू समुदाय बिफर उठा। स्टेशन और उसके बाहर के बड़े क्षेत्र में इस प्रशासनिक धोखेबाजी के विरोध में भारी हिंसा हुई। तोड़फोड़ और पथराव के बीच पुलिस ने भारी बल प्रयोग करते हुए अश्रुगैस और लाठीचार्ज किया, जिसमें भारतीय जनता पार्टी के वरिष्ठ नेता एवं भोपाल नगर निगम महापौर श्री उमाशंकर गुप्ता सहित सैकड़ों कार्यकर्ता घायल हुए।

इधर भोपाल से पहले के एक छोटे से सुनसान रेलवे स्टेशन 'सूखी सेवनिया' पर साध्वीजी को लेकर पुलिस बल ट्रेन से उतरा। बतौर साध्वीजी—'आधी रात के समय मुझे भोपाल से पहले अचानक इस स्टेशन पर हमें क्यों उतारा जा रहा है, इसकी कुछ भी जानकारी साथ चल रहे अधिकारियों ने मुझे नहीं दी। उतरने पर पता चला कि वास्तव में यह केरला एक्सप्रेस का स्टॉपेज ही नहीं था। इस ट्रेन के लिए यह केवल एक 'फ्लेग स्टेशन' था। वहाँ बहुत दूर तक मुझे कंकड़-पत्थरों और झाड़ियों के बीच घने अँधेरे से भरे जंगली रास्ते पर चलाया जाता रहा। वे मुझे कहाँ लेकर जा रहे हैं, इस बात से मैं पूरी तरह अनभिज्ञ थी। कई बार मुझे यह भी लगा कि हो सकता है कि ये लोग 'एनकाउंटर' की साजिश रचकर मेरी हत्या कर देना चाहते हों।

भोपाल में उग्र भीड़ पर लाठियां

महापौर सहित कई घायल ❑ ऋतंभरा को न उतारे जाने पर स्टेशन पर तोड़-फोड़

काफी देर तक चलने के बाद हम एक सुनसान सड़क पर पहुँचे, जहाँ पहले से ही कई गाड़ियों का काफिला खड़ा हुआ था। जल्दी-जल्दी सारा पुलिस बल मुझे लेकर उनमें सवार हुआ और हम चल पड़े। मुझे कुछ भी पता नहीं था कि हम किस मार्ग पर हैं और कहाँ जा रहे हैं। सुबह करीब 4 या 5 बजे का समय

रहा होगा, जब गाड़ियाँ किसी छोटे से शहर को पार करते हुए एक शासकीय गेस्ट हाउस पर रुकीं। वहाँ पहुँचकर मुझे पता चला कि हम लोग इंदौर के पास स्थित औद्योगिक नगरी देवास में हैं। मुझे नित्य क्रियाओं से निपटकर तैयार रहने को कहा गया। शहर के लोग पूरी तरह जाग पाते, इसके पहले ही हम लोग फिर से देवास को छोड़कर किसी और सड़क पर आगे बढ़ चले थे।

कुछ समय चलने के बाद अंततः पुलिस बल बागली पहुँचा। यह उसी उदय नगर का सत्र न्यायालय क्षेत्र था, जहाँ साध्वी ऋतंभराजी पर आपराधिक मुकदमा दर्ज किया गया था। इंदौर से 60 किलोमीटर दूरी पर स्थित और आमतौर पर शांत रहने वाले बागली कस्बे में आज एक अजीब सी उत्तेजना घुली हुई थी। प्रखर राष्ट्रवाद के साथ हिंदू जनजागरण कर रही साध्वी ऋतंभराजी को यहाँ न्यायिक दंडाधिकारी के समक्ष प्रस्तुत किया जाना है। मई की चिलचिलाती धूप में भी दूर-दराज के गाँवों से आए हजारों की संख्या में हिंदू बंधु-भगिनी यहाँ एकत्र हो रहे थे। स्वयं साध्वीजी के गुरुदेव युगपुरुष स्वामी परमानंदजी महाराज इस अदालत में पहुँचे। पूर्व मुख्यमंत्री एवं भारतीय जनता पार्टी के वरिष्ठ नेता श्री कैलाश जोशी सहित बड़ी संख्या में कार्यकर्ता बंधु न्यायालय परिसर में उपस्थित हैं। भारी संख्या में इंदौर से बागली गया सशस्त्र पुलिस बल मौजूद है। भारी भीड़ पर दबाव बनाए रखने के लिए मध्य प्रदेश पुलिस का घुड़सवार दस्ता भी लगातार भीड़ के बीच गश्त कर रहा है। आम जनता का आक्रोश रह-रहकर प्रशासन विरोधी नारों के रूप में गगनभेदी घोष के साथ प्रकट होता था।

साध्वी ऋतुंभरा की रिहाई की मांग को लेकर

हिचेमं का तीन मई से जन जागरण

सभी वार्डों से प्रभात फेरियां निकलेंगी-विशाल प्रदर्शन होगा

इन्दौर। साध्वी ऋतुम्भरा की रिहाई की मांग को लेकर हिन्दू चेतना मंच ३ से १० मई तक जनजागरण अभियान चलाएगा, जिसके तहत प्रत्येक वार्डों से प्रतिदिन प्रभातफेरी निकलेगी और अंत में एक बड़ा प्रदर्शन कर गिरफ्तारियां दी

आज सुबह आर.एस.एस. कार्यालय अर्चना पर संघ, हिन्दू चेतना मंच, बजरंग दल के प्रमुखों की एक संयुक्त बैठक हुई। इस बैठक में साध्वी ऋतुम्भरा की रिहाई की मांग को लेकर ३ मई से जनजागरण अभियान चलाने का निर्णय लिया गया। अभियान १० मई तक चलेगा, जिसके तहत

हिन्दू संगठनों के कार्यकर्ताओं का विशाल प्रदर्शन होगा और प्रदर्शनकारी ऋतुम्भरा की रिहाई की मांग को लेकर गिरफ्तारियां देंगे। जनजागरण अभियान की तैयारियां शुरू हो गई है और सभी खंड और उपखंड प्रमुखों को प्रभावी ढंग से प्रभातफेरियां निकालने के निर्देश दिए गए हैं।

सुबह करीब ग्यारह बजे भारी सुरक्षा के बीच साध्वी ऋतंभराजी को न्यायालय के समक्ष प्रस्तुत किया गया। जय-जयकार करते जनसमुदाय के बीच न्यायालय कक्ष में मौजूद पत्रकारों, अभिभाषकों और अधिकारियों ने खड़े होकर उनके प्रति सम्मान प्रकट किया। तेजस्वी मुसकराहट के साथ साध्वीजी ने भी नमस्कार मुद्रा में उनका अभिवादन किया। न्यायिक दंडाधिकारी श्री अनिल

कुमार भाटिया की अनुमति पर न्यायालयीन कार्रवाई आरंभ हुई। साध्वीजी ने न्यायालय को बताया कि 'इस गिरफ्तारी के माध्यम से मेरा मनोबल तोड़ने का प्रयत्न किया जा रहा है, ताकि मैं चुपचाप बैठ जाऊँ। मेरा उद्देश्य केवल हिंदू समाज में जनजागरण है, न कि सांप्रदायिकता फैलाना। मैं निरपराधिनी हूँ। कानून की आड़ लेकर मुझे राजनीति में घसीटा जा रहा है। मेरे भाषण के बाद देश में आज तक कहीं भी दंगे नहीं हुए हैं।' साध्वीजी की ओर से उनके अभिभाषक द्वारा यह आवेदन किया गया था कि उन्हें ग्वालियर की बजाय इंदौर जेल में रखा जाए और इसी बात का निर्णय आज बागली सत्र न्यायालय में होना था।

साध्वीजी के अभिभाषक एवं वरिष्ठ कानून विशेषज्ञ श्री कृष्णगोपाल माहेश्वरी की ओर से उनके अभिभाषक पुत्र श्री उमेशचंद्र माहेश्वरी ने न्यायालय के समक्ष जोरदार बहस करते हुए तर्क दिया कि यदि कानून व्यवस्था का हवाला देकर साध्वीजी को अपराध क्षेत्र से इतनी दूर ग्वालियर जेल में रखा जा सकता है तो इसके नजदीक इंदौर जेल में क्यों नहीं, जहाँ सारी आवश्यक व्यवस्थाएँ एवं कानून व्यवस्था को नियंत्रण में रखने के सभी उपाय मौजूद हैं। सुनवाई के बाद बागली के प्रथम श्रेणी न्यायिक दंडाधिकारी श्री भाटिया ने अपने फैसले में उन्हें दस दिनों की न्यायिक हिरासत में विशेष सुविधाओं के साथ जिला जेल, इंदौर में निरुद्ध रखने का आदेश दिया।

अदालत के बाहर पत्रकारों को संबोधित करते हुए गुरुदेव युगपुरुष स्वामी परमानंदजी महाराज ने कहा कि 'अब हम इस लड़ाई को अहिंसक ढंग से लड़ेंगे। कानून से भी अपेक्षा रखेंगे कि वह भी हमारे साथ न्याय करे। 1 मई को देश के कोने-कोने से आकर संत-महात्मा राजधानी भोपाल में एकत्र होकर साध्वी ऋतंभरा की गिरफ्तारी के विरोध में सत्याग्रह करेंगे। सरकार इसे एक आम मुकदमा समझ रही है, जबकि यह देश की एक शीर्षस्थ एवं लोक सम्मान प्राप्त साध्वी का मामला है, जिसे पूर्ण गंभीरता के साथ समझा जाना चाहिए।'

गुरुदेव ने मध्य प्रदेश सरकार पर सीधा हमला बोलते हुए कहा कि 'यहाँ का प्रशासन कानून के हिसाब से नहीं, बल्कि राज्य की सत्तारूढ़ कांग्रेस पार्टी के इशारों पर चल रहा है। कम-से-कम प्रशासन को तो राजनीति से परे रहकर निष्पक्ष रूप से कार्य करना चाहिए। हम साधु हैं, राजनेता नहीं, इसलिए इस

मामले में किसी भी कीमत पर अब पीछे नहीं हटेंगे। यह किसी स्वतंत्र देश के लिए कितनी बड़ी विडंबना है कि जिन साधु-संतों को सम्मान और श्रद्धा का पात्र माना जाना चाहिए, उन्हें इस तरह सरेआम अपमानित किया जा रहा है।'

न्यायालय कक्ष से बाहर आतीं साध्वी ऋतंभराजी की एक झलक पाने के लिए बाहर भारी भीड़ उमड़ रही थी। गगनभेदी जयघोषों के बीच उन्हें पुनः गाड़ी में बैठाकर भारी सुरक्षा के बीच इंदौर जिला जेल की ओर रवाना कर दिया गया। चूँकि अब तक इंदौर की स्थिति बहुत विस्फोटक हो चुकी थी, इसलिए साध्वीजी को इंदौर जिला जेल तक लाना भी प्रशासन के लिए एक बड़ी चुनौती थी। भोपाल रेलवे स्टेशन पर हुए उपद्रव के बाद इंदौर जिला प्रशासन इस संदर्भ में सभी आवश्यक तैयारियों में जुट गया।

इसके पूर्व इसी जेल में 25 अप्रैल, 1995 को एक बड़ी सनसनीखेज घटना घटी। साध्वीजी को गिरफ्तार किए जाने की पहली सुबह ही हजारों लोगों के साथ चक्का जाम कर रहे उनके गुरुदेव युगपुरुष स्वामी परमानंदजी महाराज को भी बंदी बनाकर इसी जेल में उनके कई सारे भक्तों और शिष्यों के साथ निरुद्ध किया गया था। इसके अगले ही दिन इंदौर नगर से प्रकाशित होने वाले समाचार-पत्रों के कुछ पत्रकारों के अनुरोध पर जिला जेल के एक हिस्से में जेल अधिकारियों ने पत्रकार-वार्त्ता की अनुमति दे दी। चलती पत्रकार-वार्त्ता के बीच जाने कैसे प्रदेश के मुख्यमंत्री दिग्विजयसिंह का एक पुतला बंदी कार्यकर्ताओं ने तैयार कर उसका दहन कर दिया। इस घटना से पूरे प्रदेश में हड़कंप मच गया। स्वाभाविक भी था, क्योंकि इसके पहले पूरे देश में इस प्रकार की घटना जेल के भीतर होने की बात सुनने में नहीं आई थी। राज्य प्रशासन ने इस प्रकरण में इंदौर जिला जेल के उप जेलर एवं दो अन्य जेलकर्मियों को निलंबित करने के साथ ही शासकीय कार्य में बाधा डालने का आरोप लगाकर 17 पत्रकारों एवं फोटोग्राफरों के विरुद्ध धारा 147, 353 तथा 426 के तहत मुकदमा दर्ज कर प्रकरण की जाँच आरंभ कर दी। इस विषय पर 'इंदौर प्रेस क्लब' द्वारा जिला प्रशासन की कड़ी निंदा की गई।

□

साध्वी ऋतंभराजी को इंदौर जिला जेल लाया जाना

इस घटना के संदर्भ में साध्वी ऋतंभराजी को बागली न्यायालय से इंदौर जिला जेल लाए जाने के दौरान जिला प्रशासन द्वारा अभूतपूर्व सुरक्षा प्रबंध किए गए। उन्हें इंदौर जेल स्थानांतरित किए जाने का आदेश मिलते ही स्थानीय रेसीडेंसी क्षेत्र में स्थित इस जेल तक पहुँचने वाले चारों तरफ के रास्ते आम जनता के लिए प्रतिबंधित कर दिए गए। प्रत्येक मार्ग पर बेरिकेटिंग लगाकर चारों ओर दंगा निरोधक पुलिस टुकड़ियाँ तैनात की गईं। जेल तक पहुँचने वाले रास्ते पर वॉच टावरों और क्षेत्र की ऊँची इमारतों पर विशेष सशस्त्र पुलिस बल के जवान तैनात किए गए थे, ताकि भीड़ द्वारा साध्वीजी को छुड़ा लेने की किसी भी प्रकार की कोशिश को नाकाम किया जा सके। यहाँ तक की जेल के अंदर उस भाग में जहाँ साध्वीजी को निरुद्ध किया जाना था, वहाँ की महिला कैदियों तक पर खुफिया नजर रखी जा रही थी।

शाम का धुँधलका घिर आने तक भी दोपहर से ही जिला जेल के बाहर जमा हुए हिंदू बंधुओं की संख्या में कमी नहीं आई थी, बल्कि वह संख्या लगातार बढ़ती ही जाती थी। पुलिस का बढ़ता दबाव किसी भी प्रकार से साध्वीजी के समर्थकों को भयभीत नहीं कर पा रहा था। अचानक ही तेज गति से गाड़ियों के एक काफिले ने जेल के मुख्य द्वार की तरफ प्रवेश किया। एक सफेद रंग की एंबेसेडर कार को चारों ओर से बड़ी संख्या में सशस्त्र पुलिस के वाहन घेरकर चल रहे थे। 'साध्वी ऋतंभरा को रिहा करो' और 'इंदौर पुलिस-प्रशासन मुर्दाबाद' जैसे नारों के साथ जेल परिसर और पूरा रेसीडेंसी क्षेत्र गूँज उठा। जिला

जेल के कई नजदीकी रास्तों पर इकट्ठा हुई भारी भीड़ पुलिस अवरोधों को हटाने की कोशिश भी कर रही थी। साध्वीजी के पास तक पहुँचने की जद्दोजहद में कई बार पुलिस और आम जनता के बीच टकराहट की स्थिति भी बनी।

कुछ पत्रकार जरूर उन तक पहुँचने में सफल रहे, जिनके सवालों के जवाब में साध्वी ऋतंभराजी ने स्पष्ट शब्दों में कहा, 'मेरी गिरफ्तारी के माध्यम से प्रदेश की दिग्विजयसिंह सरकार अपने राजनैतिक लाभ के लिए कानूनी दाँव-पेंच खेल रही है। सारे कार्यकर्ता एकजुट होकर इस दमनचक्र का पूरी ताकत के साथ मुकाबला करें।'

ऋतंभरा को जिला जेल लाया गया

जिला प्रशासन चौकस रहा

छावनी अनाज मंडी में आज अवकाश रहेगा

विषाक्त मिठाई खाने से १६ व्यक्ति बीमार

कुछ ही क्षणों में पुलिस छावनी के रूप में बदल चुके इंदौर जिला जेल परिसर के मुख्य भवन का दरवाजा खुला और साध्वीजी को उसमें ले जाकर तत्काल उसे बंद कर दिया गया। उनके जेल में जाते ही इंदौर से भारतीय जनता पार्टी के तत्कालीन विधायकों श्री लालचंद मित्तल एवं श्री गोपीकृष्ण नेमा ने वहाँ तैनात अतिरिक्त पुलिस अधीक्षक मूलचंद बजाज से कहा कि उन्हें साध्वीजी से मिलना है। बजाज ने पहले तो इससे साफ इनकार कर दिया, लेकिन श्री नेमा ने जब उत्तेजित होकर कहा, 'इसके लिए हमने पहले ही जिला कलेक्टर से अनुमति ले ली है और किसी भी हालत में हम अभी साध्वीजी से मुलाकात करेंगे ही, आप हमें रोक नहीं सकते।' इस पर बजाज ने वायरलेस सेट पर इस संबंध में जिला कलेक्टर एस.आर.मोहंती से चर्चा करने के बाद उनके साथ महंत श्री घनश्यामदासजी, विधायक श्री प्रकाश सोनकर एवं श्री निर्भयसिंह पटेल को साध्वीजी से मिलने के लिए जेल के भीतर प्रवेश करने की अनुमति दी।

जैसे-जैसे रात का अँधेरा गहरा रहा था, वैसे-वैसे जेल के बाहर भीड़ का दबाव लगातार बढ़ता जाता था। जो जननायक होता है, उसके विरुद्ध हुए किसी

भी अन्याय का सामना करने के लिए किसी जनजागरण की आवश्यकता नहीं होती। स्व स्फूर्त होकर आम जनता उसके समर्थन में जुटती है। साध्वी ऋतंभराजी की गिरफ्तारी से इंदौर सहित पूरे मध्य प्रदेश में एक ऐसा ही स्वस्फूर्त आंदोलन खड़ा हो चुका था। बच्चे, युवा, महिलाएँ और बुजुर्ग सभी अपने-अपने स्तर पर सरकार की इस अनैतिक कार्रवाई का पुरजोर विरोध कर रहे थे। अंदर नेतागण साध्वीजी से मुलाकात कर रहे थे और उन्हें बाहर आने में देर होती देख, जेल के आस-पास बड़ी संख्या में एकत्र जनसैलाब की बेचैनी बढ़ती जाती थी। रात होते-होते कई बार उसका पुलिस के साथ हिंसक टकराव हुआ।

इस बीच खबर आई कि जेल के अंदर इंदौर के वरिष्ठ चिकित्सकों डॉ. इनामदार, डॉ. भागवत, डॉ. रमन और उनके साथ जिला जेल के डॉ. चतुर्वेदी ने जिला प्रशासन की ओर से साध्वी ऋतंभराजी का पूरा मेडिकल चेकअप किया है। सभी प्रकार की जाँचों में उन्हें सामान्य पाया गया है। कोर्ट के आदेशानुसार जेल में साध्वीजी के लिए सभी प्रकार की 'ए क्लास' सुविधाएँ प्रदान की गई हैं। संभवत: इंदौर की जेल में यह पहला अवसर था, जबकि बंदी बनाए गए किसी धार्मिक नेता को इस प्रकार की वी.आई.पी. सुविधाएँ प्रदान की गई हों। आंदोलन का नेतृत्व कर रहे नेताओं से इस प्रकार की जानकारी मिलने के पास जेल की घेराबंदी किए हुए लोगों का आक्रोश थोड़ा कम हुआ।

साध्वीजी के अभिभाषकों द्वारा उनके स्वास्थ्य संबंधी दलीलें प्रस्तुत किए जाने के बाद 29 अप्रैल को सुबह अतिरिक्त जिला दंडाधिकारी सी.बी. सिंह ने डॉक्टरों के साथ उनके स्वास्थ्य संबंधी जानकारी ली। दोपहर में इंदौर लोकसभा सांसद श्रीमती सुमित्रा महाजन, मध्य प्रदेश विधानसभा उपाध्यक्ष श्री भैरूलाल पाटीदार ने जेल पहुँचकर साध्वीजी से मुलाकात की।

जेल से जुड़े सूत्रों ने बताया कि साध्वीजी को महिला बैरक में रखा गया है, लेकिन यह व्यवस्था आम महिला बैरक से अलग है, जिसके अंतर्गत उनके लिए एक कमरा खाली करवाकर उसमें उनके साथ पाँच महिला कैदियों को रखा गया है, ताकि साध्वीजी अकेलापन न महसूस करें। इसी बैरक में शिवजी का एक मंदिर भी है, इससे उन्हें पूजा-पाठ में सहूलियत होगी। इतने सारे आश्वासनों के बाद भी जेल के भीतर से यह समाचार मिल रहे थे कि साध्वीजी को कोर्ट

के आदेशानुसार सभी सुविधाएँ नहीं दी जा रही हैं। अप्रैल-मई की भीषण गरमी से उन्हें राहत मिल सके इसके लिए निर्दिष्ट कूलर सुविधा उन्हें न दिए जाने पर जेल के बाहर हिंदू संगठनों एवं भारतीय जनता पार्टी पदाधिकारियों की जेल अधिकारियों से प्रतिदिन तीखी तकरार हो रही थी।

कोर्ट के आदेशों की अनदेखी का सीधा-सीधा आशय था कि इंदौर जिला प्रशासन साध्वीजी को ग्वालियर जेल की भाँति इंदौर जिला जेल में भी मानसिक और शारीरिक कष्ट पहुँचाने पर तुला हुआ है। ऐसी ही एक झड़प में एक जेल अधिकारी ने तो यहाँ तक कह दिया कि 'साध्वीजी तो इससे भी ज्यादा गरमी में रहकर तपस्या करती होंगी। भौतिक सुविधाओं का तो इन लोगों के जीवन से कोई संबंध ही नहीं होना चाहिए, फिर आप लोग उनके लिए कूलर सुविधा को लेकर चिंतित क्यों हो?' जेल अधिकारी की इस बात से स्पष्टतया इंगित होता था कि प्रशासन येन-केन-प्रकारेण साध्वी ऋतंभराजी का मनोबल तोड़ना चाहता है, ताकि वे घबराकर हिंदू जन-जागरण कार्य से पीछे हट जाएँ, लेकिन यह एक ऐतिहासिक सत्य है कि जिन लोगों ने भी स्वयं को समाज एवं राष्ट्र के लिए समर्पित किया, वे दृढ़ संकल्पित थे। उनके संकल्पों में विकल्प की कोई संभावना नहीं थी और इसलिए वे अपने लक्ष्य तक पहुँच सके।

साध्वी समर्थकों को जिला जेल से दूर रखने के पुख्ता प्रबंध

पृथक एवं स्वच्छ स्थान पर रखें : कलेक्टर को टेलीग्राम, 'अज्ञात पत्रकारों' में रोष

शासन को तार भेजा

साध्वीजी ने प्रशासन ही हठधर्मिता के चलते कारागार में अन्नाहार त्याग दिया। वे केवल फल या दूध ही ले रही थीं। इधर सारे इंदौर में जनाक्रोश फैला हुआ था और उधर जिला जेल के कारागार नंबर 6 में एक अलग ही तरह का वातावरण था, जिसमें साध्वी ऋतंभराजी को रखा गया था। अलग-अलग मामलों में हत्या की आरोपी चार सजायाफ्ता महिलाओं को उनकी सेवा के लिए रखा गया था। वे नित्यप्रति सुबह 5 बजे जाग जातीं। स्नानादि से निवृत्त होने के बाद कुछ समय ध्यान और पूजा-पाठ में बीतता। बाहर से साध्वीजी के लिए जो कुछ भी फलाहार या मिष्टान्न इत्यादि खाद्य सामग्री आती, वे पहले उसे अपनी साथिन उन चारों कैदियों को बाँटती, स्वयं केवल फलाहार ग्रहण करतीं।

जलपान, फलाहार के बाद समाचार-पत्र पढ़तीं, सत्साहित्य अध्ययन होता। पहले ही दिन वो चारों महिला कैदी साध्वीजी से इस प्रकार प्रभावित हो गईं कि जैसे उनका कोई बरसों पुराना संबंध हो। उन्होंने भी उन चारों से उनके द्वारा किए गए अपराधों और फिर सजा के संबंध में जानकारी प्राप्त की। कैसे एक क्षण का क्रोध हमारा जीवन बरबाद कर देता है, औरों की सेवा करते हुए अपना जीवन कैसे धन्य बनाया जा सकता है, समाज और राष्ट्र के प्रति हमारे क्या दायित्व हैं और हमें कैसे उनका निर्वहन करना चाहिए, कैसे हम इस जीवन में रहते हुए ही मुक्त हो सकते हैं, ध्यान-साधना हमें कैसे जीवन के द्वंद्वों से निकाल लेती है, जैसे जाने कितने गंभीर विषय थे, जिन पर उन सात दिनों में उन चारों महिला कैदियों और दो जेल वार्डनों ने साध्वी ऋतंभराजी से बहुत कुछ जाना। उनके आभावलय से प्रभावित होकर वे महिला कैदी सब प्रकार से उनकी सेवा करतीं। कई बार वे चारों यह कहते हुए भावुक हो जातीं कि 'दीदी, कुछ ही दिनों में आपकी रिहाई हो जाएगी, फिर हम आपके बिना इस बैरक में कैसे रह सकेंगी। इन दिनों आपसे ऐसा बहुत कुछ सीखने को मिला है, जिसे हम अपने अब तक के जीवन में नहीं जान सकी थी।'

साध्वीजी हँसकर उन्हें समझातीं—'जरूर हम लोगों के पूर्वजन्म का कोई अधूरा संबंध रहा होगा, जो इस जन्म में मिलकर पूरा हो गया। जीवन में जिसका जितना साथ मिल जाए, उसे आनंदपूर्वक जीना चाहिए। मैं भी आप चारों से मिला स्नेह और सहयोग कभी नहीं भूल सकूँगी। आपसे कुछ अपराध हुए और उसकी सजा भी मिल रही है, लेकिन यह समय भी बीत जाएगा। जो हो गया, वह किसी प्रारब्ध का दुष्परिणाम था, आगे जो होना है, उसमें भी ईश्वर की कुछ योजना होगी। लेकिन इस सबके बावजूद हमेशा कोशिश करना कि औरों के लिए कुछ अच्छा कर सको। प्रायश्चित् करके अपनी गलतियों को फिर से न दोहराना ही सज्जनता का गुण है। अगर सचमुच आप चारों मुझे स्नेह करती हो तो फिर अपनी-अपनी सजा पूरी होने के बाद पूरी लगन से समाजसेवा के किसी कार्य में जुटना। अपने परिवार की देखभाल के अतिरिक्त ऐसा कुछ भी जरूर करना, जिससे किसी और का कल्याण हो सके।'

□

संतों के साथ गुरुदेव की मुख्यमंत्री से भेंट और वार्त्ता

साध्वी ऋतंभराजी की गिरफ्तारी का विरोध राष्ट्रीय स्तर पर चारों ओर हो रहा था। इस संबंध में देश भर के संत समाज ने भी निश्चय किया कि वे गुरुदेव युगपुरुष स्वामी परमानंदजी महाराज के नेतृत्व में भोपाल में एक बड़ी रैली आयोजित कर प्रदेश के मुख्यमंत्री दिग्विजयसिंह से मिलेंगे। 30 अप्रैल, 1995 को पूज्य गुरुदेव के पावन सान्निध्य में डॉ. रामविलास वेदांतीजी, आचार्य गिरिराज किशोरजी, स्वामी उमेश मुनिजी, श्री विनय कटियार तथा श्री जयभानसिंह पवैया ने भोपाल में रैली का नेतृत्व कर जनता को संबोधित किया। निश्चित समय पर गुरुदेव के नेतृत्व में पंद्रह प्रमुख साधु-संत मध्य प्रदेश के तत्कालीन मुख्यमंत्री दिग्विजयसिंह से मिलने पहुँचे। साध्वी ऋतंभराजी की गिरफ्तारी को लेकर बातचीत शुरू हुई—

मुख्यमंत्री : गुरुदेव, भड़काऊ भाषण करना गलत है। इसे रोकने के लिए सरकार कटिबद्ध है। धार के राजा द्वारा किए गए सत्तर साल पुराने फैसले का हम पालन कराएँगे ही।

गुरुदेव : लेकिन रात में साढ़े तीन बजे किसी महिला की गिरफ्तारी करना क्या उचित बात है ?

मुख्यमंत्री : वह रात नहीं थी, वह तो सुप्रभात था, ब्रह्म मुहूर्त था।

गुरुदेव : लेकिन अदालत में उसे निश्चित रूप से गलत ठहराया जाएगा।

मुख्यमंत्री : अदालत में हम निपटेंगे। भड़काने वाले भाषणों के बाद तोड़फोड़ होना जरूरी नहीं है। हमारे पास रिपोर्ट आई, हमने कार्रवाई की।

गुरुदेव : लेकिन कैलाश जोशी और दिलीपसिंह जूदेव ने भी तो भड़काने वाले भाषण दिए थे (जैसी भड़काऊ भाषण की आपकी परिभाषा है)।

मुख्यमंत्री : उन्होंने ऐसे भाषण नहीं दिए। अगर यह प्रमाणित हुआ तो उन पर भी कार्रवाई होगी।

गुरुदेव : भड़काने वाले भाषण तो आप भी देते हैं, आपके मंत्री भी देते हैं, कई लोग आपत्तिजनक भाषण देते हैं।

मुख्यमंत्री : आप भी मेरे खिलाफ इस्तगासा दे सकते हैं।

गुरुदेव : साध्वी ऋतंभरा जो कहती हैं, लोग उसे मानते हैं, उनका समर्थन करते हैं और तालियाँ बजाते हैं।

मुख्यमंत्री : किसी धर्म का कोई अपमान करे, यह मैं सहन नहीं कर सकता। चाहे वह किसी भी धर्म का क्यों न हो। मैंने जो जरूरी था, वह किया। पुजारियों के पैसे बढ़ाए, लेकिन आप लोगों का, भगवा वस्त्र वालों का दुरुपयोग किया जा रहा है, मैं इसका विरोध करता हूँ।

गुरुदेव : हमें किसी ने बहकाया नहीं है। हमारी पीड़ा को, हमारे कहने को भारतीय जनता पार्टी समर्थन देती है, इसलिए हम उसके साथ हैं। आप हमारा समर्थन करें, तो आप भी हमारे प्रिय हो जाएँगे, लेकिन आपको यह चालाकी छोड़नी पड़ेगी कि हिंदू राक्षस और मुसलमान देवता। आपके उपमुख्यमंत्री ने पुजारियों की कटु आलोचना की है।

मुख्यमंत्री : इसकी जाँच मैं करा लूँगा। साध्वी ऋतंभरा की रिहाई का मामला न्यायालय में है। मेरे हाथ में कुछ भी नहीं है। मैंने कभी किसी संत से अपने लिए भाषण नहीं करवाया।

गुरुदेव : आपने भी कई संतों के भाषण करवाए हैं अपने चुनाव में।

मुख्यमंत्री : मैंने नहीं बुलवाया। वे स्वयं ही आए थे। आप लोग मुझे यदि लिखित में दे दें कि साध्वी ऋतंभरा मध्य प्रदेश में फिर कभी उत्तेजक भाषण नहीं देंगी तो उनकी रिहाई पर विचार किया जा सकता है।

गुरुदेव : यदि समाज की सच्चाई उजागर करने को आप उत्तेजक भाषण कहते हैं तो फिर साध्वी ऋतंभरा हजार बार ऐसा उत्तेजक भाषण देंगी।

गुरुदेव के साथ गए संत मंडल ने एक ज्ञापन भी मुख्यमंत्री को सौंपा, जिसमें माँग की गई थी—

(1) साध्वी ऋतंभराजी को तत्काल बिना शर्त के ससम्मान रिहा किया जाए।

(2) उनके साथ गिरफ्तारी के समय हुए अभद्र व्यवहार व अमानवीय आचरण करने वालों के विरुद्ध कठोर कार्रवाई हो।

(3) 26 अप्रैल को भोपाल रेलवे स्टेशन पर महापौर व अन्य लोगों पर हुए लाठीचार्ज करने वाले दंडित हों।

मुख्यमंत्री ने प्रतिनिधि मंडल के समक्ष दो विकल्प रखे—

पहला—साध्वीजी की रिहाई के लिए जमानत का आवेदन अदालत के समक्ष प्रस्तुत कर दें। दूसरा—प्रतिनिधि मंडल में शामिल सभी साधु-संत लिखित में यह आश्वासन दें कि भविष्य में साध्वी ऋतंभरा मध्य प्रदेश में कहीं भी भड़काऊ भाषण नहीं देंगी।

लेकिन संतों को सरकार की कोई भी शर्त स्वीकार नहीं थी। वे बिना शर्त और जमानत के साध्वी ऋतंभराजी की रिहाई चाहते थे। लगभग पौन घंटे की इस बातचीत का कोई परिणाम नहीं निकला। साधु-संतों ने निर्णय लिया कि अब पूरे मध्य प्रदेश में आंदोलन शुरू किया जाएगा। इधर सरकार ने भी अपना रुख स्पष्ट कर दिया कि साध्वी ऋतंभराजी को किसी भी कीमत पर बिना जमानत रिहा करने का सवाल ही नहीं उठता। देश के सर्वमान्य साधु-संतों से मुख्यमंत्री की वार्त्ता विफल हो जाने के बाद साध्वी ऋतंभराजी की रिहाई के लिए मध्य प्रदेश की जनता भी एक बड़े जन-आंदोलन को खड़ा करने की मानसिकता बना चुकी थी। संत समाज ने 8 मई, 1995 से ऐसा ही एक बड़ा आंदोलन शुरू करने की तैयारी आरंभ कर दी। ऐसा निश्चित किया गया कि साध्वीजी की बिना शर्त रिहाई को लेकर 5,000 से भी अधिक संख्या में संत समाज अपनी गिरफ्तारी देगा। शासन-प्रशासन पर नित्यप्रति दबाव बढ़ता ही जा रहा था।

□

मध्य प्रदेश उच्च न्यायालय द्वारा साध्वी ऋतंभराजी की गिरफ्तारी को अवैध ठहराया जाना

इस बीच 5 मई को एक लंबी सुनवाई के बाद मध्य प्रदेश उच्च न्यायालय की इंदौर खंडपीठ ने साध्वी ऋतंभराजी की गिरफ्तारी को अवैध ठहराते हुए उन्हें तत्काल आदेश से रिहा करने का आदेश दिया। खंडपीठ के माननीय न्यायाधीश जस्टिस आसाराम तिवारी एवं माननीय जस्टिस दीपक वर्मा ने अपने आदेश में कहा, 'बागली अदालत द्वारा साध्वी ऋतंभरा को पेश करने का वारंट प्रथम दृष्टया अनधिकृत प्रतीत होता है। अत: साध्वीजी का न्यायिक रिमांड मंजूर करना भी अनधिकृत है।' बागली की अदालत के आदेशों को निरस्त करते हुए खंडपीठ ने स्वयं साध्वी ऋतंभराजी द्वारा अदालत में प्रस्तुत बंदी प्रत्यक्षीकरण याचिका को अनुमति दी। अपने ऐतिहासिक फैसले में न्यायाधीशों ने लिखा कि 'धारा 267 के अंतर्गत जारी किया जाने वाला प्रोटेक्शन वारंट तभी वैध एवं कानूनी रूप से तर्कसंगत होता है, जब न्यायालय के समक्ष हुई जाँच, ट्रायल अथवा कार्रवाई लंबित हो।'

न्यायालय ने कहा, '26 अप्रैल, 1995 को जब प्रोटेक्शन वारंट जारी किया गया था, तब बंदी साध्वी ऋतंभरा के खिलाफ ऐसा कोई प्रकरण विचाराधीन नहीं था, इसलिए बागली के मुख्य न्यायिक दंडाधिकारी द्वारा बंदी साध्वी ऋतंभरा को न्यायिक हिरासत में भेजा जाना 'अन लॉ फुल' है। संविधान की धारा 21 और 22 के अंतर्गत हर नागरिक को वैयक्तिक स्वतंत्रता का अधिकार प्राप्त है।

'अन लॉ फुल' प्रक्रिया के तहत किसी भी व्यक्ति को बंदी बनाकर नहीं रखा जा सकता है।' न्यायालय ने कहा, 'इंदौर पुलिस तथा प्रशासन द्वारा जो कागजात न्यायालय में पेश किए गए हैं, उनमें सरकार तथा प्रशासन के अधिकारियों के कथनों में एकरूपता नहीं है। इसका अर्थ यह है कि प्रशासन ने गिरफ्तारी के झूठे दस्तावेज तैयार किए हैं।

इसके पूर्व बंदी प्रत्यक्षीकरण याचिका पर बहस करते हुए याचिकाकर्ता के अभिभाषकों ने बहस में तर्क दिया था कि 'पुलिस ने जो वीडियो फिल्म पत्रकारों को दिखाई है, उसमें साध्वीजी पुलिस से पूछती हैं कि मुझे क्यों गिरफ्तार किया जा रहा है, बताएँ? इस पर अतिरिक्त पुलिस अधीक्षक मूलचंद बजाज कहते हैं

ऋतंभरा की गिरफ्तारी अवैध

(मांगीलाल चौहान द्वारा)

इंदौर, २७ अप्रैल। मध्यप्रदेश उच्च न्यायालय की इंदौर खण्डपीठ ने साध्वी ऋतम्भरा की इंदौर में पुलिस तथा प्रशासन द्वारा धारा १५१ के तहत की गई प्रारम्भिक गिरफ्तारी को अवैध ठहराया है और सरकार को एक हजार रुपए का वाद व्यय अदा करने के निर्देश दिए हैं। न्यायालय ने साध्वी ऋतम्भरा को इस बात की छूट दी है कि वे चाहें तो सरकार पर हर्जाने का दावा कर सकती हैं।

म.प्र. उच्च न्यायालय की इंदौर खंडपीठ के न्यायमूर्ति श्री आर.डी. शुक्ला तथा श्री दीपक वर्मा के संयुक्त न्यायालय ने आज शाम तक फैसला सुनाया। न्यायमूर्ति श्री शुक्ला तथा श्री वर्मा की बेंच में सुरेश गुप्ता नामक व्यक्ति ने साध्वी ऋतम्भराजी की धारा १५१ के तहत इंदौर में पुलिस द्वारा की गई गिरफ्तारी को चुनौती देते हुए अनुच्छेद २२६ के तहत बंदी प्रत्यक्षीकरण याचिका पेश की थी। याचिका की सुनवाई २५ अप्रैल से शुरू हुई थी। सुनवाई के तीसरे दिन आज दोपहर ३ बजे से शाम ५.३० बजे तक लगातार ढाई घंटे की सुनवाई के बाद न्यायालय ने फैसला देते हुए साध्वी ऋतम्भराजी की गिरफ्तारी के संदर्भ में प्रशासन तथा पुलिस द्वारा दिए गए तर्क पर असहमति व्यक्त की और कहा कि ये तर्क धारा १५१ की गिरफ्तारी के आधार नहीं हैं।

दुर्गा वाहिनी की साध्वी ऋतम्भरा इन दिनों सुर्खियों में है। उदयनगर में दिए गए उनके भाषण को लेकर की गई प्रारम्भिक गिरफ्तारी पर देशभर में बवेला मचा हुआ है। म.प्र. उच्च न्यायालय की इंदौर खण्डपीठ ने उनकी प्रारम्भिक गिरफ्तारी को अवैध ठहराकर कानूनी लड़ाई के नए द्वार खोल दिए हैं।

इंदौर हाईकोर्ट का फैसला

न्यायालय में पेश किए गए हैं, उनमें सरकार तथा प्रशासन के अधिकारियों के कथनों में एकरूपता नहीं है। इसका अर्थ यह है कि प्रशासन ने गिरफ्तारी के झूठे दस्तावेज तैयार किए हैं।

याचिकाकर्ता के अभिभाषकों ने बहस में तर्क दिया था कि पुलिस ने जो वीडियो फिल्म पत्रकारों को दिखाई है, उसमें साध्वीजी पुलिस से पूछती हैं कि मुझे क्यों गिरफ्तार किया जा रहा है, बताएं। इस पर एडीशनल ...

... से पैरवी कर रहे अभिभाषकों ने यह भी तर्क दिया कि भोपाल में गृह सचिव तथा अतिरिक्त पुलिस महानिदेशक पत्रकारों से कहते हैं कि साध्वी ऋतम्भरा धार की भोजशाला में प्रवेश करना चाहती थीं और वहां स्थिति बिगड़ सकती थी। इस कारण साध्वीजी को इंदौर में गिरफ्तार करना पड़ा।

जिला प्रशासन द्वारा प्रस्तुत तर्कों में कहा गया था कि ऋतम्भराजी द्वारा देवास जिले की बागली तहसील के गांव उदयनगर में ...

... हुए २३ तथा २४ अप्रैल की मध्यरात्रि तीन बजे साध्वी को धारा १५१ के तहत गिरफ्तार करना पड़ा। याचिकाकर्ता के वकीलों ने तर्क दिया कि अगर यह बात थी तो वीडियो फिल्म तथा अधिकारियों के तर्कों में भिन्नता क्यों है।

दोनों पक्षों के तर्क सुनने के बाद न्यायमूर्ति श्री शुक्ला तथा श्री वर्मा ने फैसला दिया कि इस मामले में बिना जांच प्रारंभ किए हुए ही अंतरिम जमानत की मांग की गई, जबकि १६९(३) जाब्ता फौजदारी के अंतर्गत जांच शुरू करने के पश्चात ही अंतरिम जमानत की मांग की जा सकती है और अंतरिम जमानत मुचलका पेश न किए जाने पर उन्हें अभिरक्षा में रखा गया।

अदालत ने कहा कि धारा १५१ की गिरफ्तारी के लिए भी अपराध करने की पूर्व योजना के प्रमाण होने चाहिए, जबकि ऐसा कोई प्रमाण नहीं था। अतः प्रारंभिक गिरफ्तारी और जमानत मुचलका का आदेश अवैध है। किंतु धारा १५३(ए) भा.द.वि. के अपराध के अंतर्गत की गई गिरफ्तारी व उसके आधार पर न्यायिक दंडाधिकारी बागली द्वारा जारी किए गए प्रोडक्शन वारंट (उपस्थित रहने हेतु) के आधार पर वर्तमान अभिरक्षा को सही ठहराया गया।

अतः धारा १५१ के तहत की गई गिरफ्तारी अवैध है। अतः सरकार वादि वाद ...

कि आपको धारा 153ए के तहत गिरफ्तार किया जा रहा है, जबकि इंदौर जिला कलेक्टर एस.आर. मोहंती तथा एस.पी. रुस्तमसिंह पत्रकार-वार्त्ता में कहते हैं कि देवास पुलिस अधीक्षक के संदेश के बाद साध्वीजी को गिरफ्तार किया गया।

अभिभाषकों ने यह तर्क भी दिया कि भोपाल में गृह सचिव तथा पुलिस महानिदेशक पत्रकारों से कहते हैं कि साध्वी ऋतंभरा धार की विवादित भोजशाला में प्रवेश करना चाहती थीं, जिससे वहाँ स्थिति बिगड़ सकती थी, इस कारण उन्हें इंदौर में गिरफ्तार करना पड़ा। इस प्रकार इंदौर से भोपाल तक के अधिकारियों के कथनों में भिन्नता साफ दिखलाई पड़ती है। न्यायालय ने कहा, 'शासन द्वारा इस पूरे प्रकरण में की गई कार्रवाई, कानूनी रूप से तर्कसंगत एवं वैधानिक नहीं है। धारा 151 की गिरफ्तारी के लिए भी अपराध

करने की पूर्व योजना के प्रमाण होने चाहिए, जबकि साध्वी के विरुद्ध ऐसा कोई प्रमाण प्रस्तुत नहीं किया गया। अतः प्रारंभिक गिरफ्तारी और जमानत मुचलका आदेश अवैध है।'

भारतीय दंड संहिता की धारा 151 के तहत साध्वी ऋतंभरा की गिरफ्तारी को न्यायालय पहले ही कानूनी रूप से प्रक्रियात्मक त्रुटिपूर्ण होने के कारण 'अन लॉ फुल' करार दे चुका है, इसलिए उसके बाद की सभी कार्रवाइयाँ उसी श्रेणी में आती हैं। इन सभी कारणों को देखते हुए बागली के मुख्य न्यायिक दंडाधिकारी द्वारा दिया गया न्यायिक हिरासत का आदेश निरस्त किया जाकर बंदी साध्वी ऋतंभरा को तत्काल मुक्त किया जाए। यह न्यायालय साध्वी ऋतंभराजी को इस बात की भी छूट देता है कि वे चाहें तो अपनी अवैध हिरासत के संदर्भ में सरकार पर हर्जाने का दावा कर सकती हैं।'

□

रिहाई का न्यायालयीन आदेश

माननीय मध्य प्रदेश उच्च न्यायालय जबलपुर की इंदौर खंडपीठ के न्यायाधीश माननीय जस्टिस आसाराम तिवारी एवं जस्टिस दीपक वर्मा द्वारा 5 मई, 1995 को लिखा गया वह ऐतिहासिक निर्णय, जो प्रशासन द्वारा साध्वी ऋतंभराजी पर आरोपित गैर-कानूनी दंडात्मक कार्रवाई रूपी अत्याचार की पोल खोलता है—

(माननीय मध्य प्रदेश उच्च न्यायालय जबलपुर इंदौर खंडपीठ का यह निर्णय अंग्रेजी भाषा में लिखा गया था, अतः हम इस शब्दशः अंग्रेजी भाषा में ही प्रकाशित कर रहे हैं, ताकि न्यायालय के निर्णय का मूल भाव बना रहे)

05.05.1995

Shri Maheshwari, learned Counsel for petitioner.

Shri S.Kulshreshtha, learned Addl. Advocate General for Respdt.

Sd/- A.R. Tiwari — Sd/- Deepak Verma
Judge — Judge

(D.B.: Hon'ble Shri A.R.Tiwari and Hon'ble Shri Deepak Verma)

Writ Petition No. 671 / 95)

Sadhvi Ritambhara

V/s.

State of M.P. & others

05.05.1995

Later on:

1. Sadhvi Ritambhara claims in this petition issuance of writ of Habeas Corpus for termination of her alleged 'unlawful

detention', resting on the fulcrum of production warrant and consequent authorisation of detention and restoration of 'liberty'.

2. Factual matrix manifests that on allegation of inflammatory speech delivered at Udai Nagar in district Dewas, she was taken into custody on the night intervening 23rd and 24th April at Indore, not at the place of speech but from the place of stay, under purported exercise of powers under Section 151 Cr.P.C. and promptly transposed to Gwalior. Later, on production warrant dated 26.04.95, issued by J.M.F.C. Bagli under purported exercise of Sec.267 Cr.P.C. she was produced before him and committed to judicial custody till 10.05.1995 in connection with alleged offence under Section 153-A IPC of which report is yet not filed in that Court under Section 173 Cr.P.C. She is loged in district Jail, Indore at present. This entire exercise eclipsing 'the liberty' is dubbed as 'unlawful' deprivation of personal liberty, provided by the constitution, and is painted as political design in the garb of legal process.

3. In a petition registered as W.P.No. 596/95 of Public Interest, filed by one Suresh Gupta, this court held that initial arrest as detention were unlawful. Yet writ of habeas corpus was not issued with the observation as "we would not like to pass any comment...(Para 15). At that stage we thought that in view of our finding of illegality, the concerning authority shall take appropriate step to terminate the torture of detention or the concerning Court in the face of production warrant shall scrutinise the matter and pass appropriate order refusing authorisation of detention. In view of the fact that under Section 196 Cr.P.C. no court is permitted to take cognizance of the offence under Section 153-A except with the pervious sanction of the concerning Government. But this was not done and judicial, categorised as pre judicial, custody was sanctioned. The petitioner in this backdrop has approached this Court to secure maintenence of rule of law as being soul of democratic set up.

4. In a public interest litigation, the initial detention is hold to be unlawful. Section 267 Cr.P.C. confers power on Criminal Court to procure attendance of a person confined or detained

in a prison before it for answering to a charge of an offence, or for the prupose of any proceeding or for examination of such person as a witness. There are thus two parts. This power is thus exercisable when a person is lawfully confined or detained (first part) in connection with some other legal proceeding and is required (second part)... First part was held to be unlawful and situation with regard to second part, i.e. purposes, does not exist in the absence of report under Section 173 Cr.P.C. Hence production warrant prima facie seems to be unauthorised in law.

5. The question of Police remand or authorisation of detention otherwise than in custody of the Police in terms of Section 167 Cr.P.C. springs when a person is arrasted or detained in custody and it appears that the investigation can not be completed within the period of 24 hours fixed by Section 57 Cr.P.C. In the instant case, judicial remand is obtained on production through warrant under Section 267 Cr.P.C.

6. Article 21 of the Constitution of India rules that "No person shall be deprived of his life or personal liberty except according to procedure established by law". Article 22 (2) insists upon production before the nearest magistrate within 24 hours of arrest. It is not contended that J.M.F.C. Bagli is the nearest magistrate from Gwalior where petitioner suffered detention.

7. in AIR 1978 SC 527; Babu Singh ad ors. Vs. State of M.P., it is held that liberty is too precious a value recognised under article 21.

8. R.G. Inger soll, observed in classic terms in the progress that—

"What light is to the eyes-what air is to the lungs-what love is to the heart, liberty is to the soul of man."

9. Art. 1 of the Constitution reminds us that "India that is Bharat shall be union of states". Our Bharat, proudly called 'Mera Bharat Mahan' should be understood as belonging to 90 crores, irrespective of caste or religion and no one, muchless a person known as Sadhvi, should pour out words, even unintentionally, which may plunge the nation into turmoil and perish common brotherhood and harmony. It is apt to remember what Nehru Ji said "who lives, if India dies?" This is,

in our view, time for introspection, not incarceration imposed without due process of law. Boneless tongue is to operate softly and sweetly.

It is submitted that unlawful detention is the cause of annoyance of a section of people and has the potential of disturbing public traquility and that vile rumours are being spread varbally and in writing. It is thus, urged that this Court, as sentinel of rights, should intervene in public interest as well.

10. The counsel for the petitioner argues with some substance that if speech warranted registration of case under Section 153-A IPC then why the relevant portion of the speech was not censored and was allowed to appear in print. He says that if speech was bad and offensive, then its publication to general public was worse. In further pursuit, it is submitted that registration of case is vitiated by disclosed debility and proposed prosecution was evidently oppressive and objectionable. He submits that such an act, born on evil design, merited to be mortalised right at its infancy.

11. Shri Kulshreshta submitted that the points raised in this petition are already answered by this Court in earlier petition. Shri Maheshwari submitted that the petitioner was not a party in the earlier petition and as such the order passed is not exactly binding on the petitioner and the petitioner is free to assail continued detention on proper grounds. He, therefore, submits that the points are open and litigable and are required to be answered by this Court.

12. As noted above in the earlier order, the matter was left to be decided by the Court below. The relevant portion of the order is extracted below:

"We would not like to pass any comment as to the correctness and legality of this act at this stage as the J.M.F.C. is already seized of the matter and it is for him to decide, at what stage, the sanction of the State Government would be required in the case, if such a point is raised by the parties."

That point is still not decided. Learned magistrate was required to consider whether remand was proper on production warrant and whether remand was permissible in case where such cognizance is barred without previous sanction of the concerning Government.

13. However, we are not required to scrutinise this aspect at this stage and hamper the course of investigation. The inescapable inference is that detention so far is unauthorised in law and is not "according to procedure established by law."

14. Law is not expected to stay petrified in such cases and utter 'monosylabic no' when 'yes' is required to be said. Shri Kulshreshtha submitted that order passed in earlier petition binds the petitioner.

15. Position is thus luculent. Shri Maheshwari sbmitted that the order is as such not binding on the petitioner. The two cases are contradictory to each other.

16. We, therefore, hold that continued detention is demonstrably unlawful and deserves to be demolished.

17. Consequently, we quash the order of judicial remand passed by J.M.F.C. Bagli and issue writ of Habeas Corpus directing that the petitioner, if unwanted in any other case, shall be set at liberty forthwith.

18. We, however, make it clear that on submission of report under Section 173 Cr.P.C. which shall depend only on previous sanction of the concerning Government in terms of Section 196 Cr.P.C. in the Court, the Court shall be free to issue appropriate process to secure persence or representation of the petitioner in such proceedings in conformity with law.

19. This petition, is therefore, allowed in terms indicated above. Copy of this order shall also be transmitted to J.M.F.C. Bagli.

Cc today on usual charges.

05-05-1995

Sd/- A.R. Tiwari   Sd/- D. Verma

Judge   Judge

(माननीय न्यायालय के उपर्युक्त आदेश को हमने शब्दशः संपूर्ण या आंशिक रूप में प्रकाशित करने का प्रयत्न किया है, फिर भी यदि कहीं कोई शाब्दिक त्रुटि रह गई हो तो हम क्षमाप्रार्थी हैं—लेखक)

□

साध्वीजी को इंदौर जिला कारागार से मुक्त किया जाना

5 मई, 1995 की संध्या का समय है। न्यायालय का आदेश आने के बाद जैसे सारा शहर इंदौर जिला जेल के इर्द-गिर्द सिमट जाने को आतुर है। वह इंदौर, जिसने कई बार साध्वी ऋतंभराजी की सिंह-गर्जना सुनी थी, आज जेल से रिहाई के बाद उनके दर्शन करने की अकुलाहट में है। हर कोई जेल के उस मुख्य द्वार के पास जाना चाहता है, रिहाई के बाद जहाँ से साध्वीजी बाहर निकलने वाली हैं। जेल के आस-पास ही नहीं, बल्कि पूरे शहर में चारों तरफ कड़े सुरक्षा प्रबंध किए गए हैं। संवेदनशील इलाकों में इंदौर पुलिस एवं रैपिड एक्शन फोर्स की टुकड़ियाँ तैनात हैं। न्यायालय का आदेश जेल प्रशासन के पास पहुँचने के बाद साध्वीजी के अभिभाषक श्री कृष्णगोपाल माहेश्वरी एवं श्री उमेशचंद्र माहेश्वरी रिहाई संबंधी सभी प्रक्रियाएँ पूर्ण करने के लिए जेल अधीक्षक के कक्ष में गए हैं।

हाईकोर्ट के आदेश से ऋतंभरा रिहा

शाम 6 बजकर 50 मिनट का समय। कारागार के खुलते हुए दरवाजे के साथ ही चारों ओर 'जय श्रीराम' का गगनभेदी जयघोष गूँज रहा है। अपने हाथों में कुछ कागज लिए हुए साध्वी ऋतंभराजी आज बारह दिनों के बाद जेल से बाहर कदम रख रही हैं। खचाखच भरे हुए इंदौर जिला जेल के मैदान में सबसे आगे प्रदेश एवं देश का पत्रकार

जगत् मौजूद था। ससम्मान रिहा हुईं साध्वी ऋतंभराजी ने सिंह गर्जना करते हुए कहा, 'मध्य प्रदेश की सरकार ने मुझे गिरफ्तार करके ज्वाला में हाथ डाला है। इस ज्वाला की तपन सरकार को भस्म कर देगी। अभी तक तो मैं चिनगारी ही थी, लेकिन अब ज्वाला बनकर जेल से बाहर निकली हूँ। यह रिहाई प्रदेश सरकार के मुँह पर एक तमाचा है। मुझे जालसाजीपूर्वक बंदी बनाया गया था, लेकिन माननीय न्यायालय ने अपने आदेश में उसे नंगा किया है। मैं अपने राष्ट्र और धर्म की सेवा कर रही हूँ। मैं जब तक हूँ, तब तक इस देश की संस्कृति पर आघात पहुँचाने वालों के खिलाफ लड़ती रहूँगी। मुझे राजनीति से कोई लेना-देना नहीं है, लेकिन यह जरूर चाहती हूँ कि इस देश की लोकसभा एक दिन भगवा चोला पहनकर जनता के सामने आए।

अपनी रिहाई के बाद इंदौर जिला जेल से बाहर निकलते हुए साध्वी ऋतंभराजी, साथ में हैं उनके अभिभाषक श्री उमेशचंद्र माहेश्वरी

'आज चारों ओर हिंदू धर्म के विरुद्ध जहर उगला जा रहा है, षड्यंत्रपूर्वक उसे कमजोर किया जा रहा है। धर्म के मायने खत्म किए जा रहे हैं। तुष्टीकरण के लिए सरकार हिंदुओं का धर्मांतरण करने वालों को प्रश्रय दे रही है। लेकिन

राजनीतिक फायदे के लिए कानून से खेल रही है दिग्विजय सरकार

पत्रकारों, विधायकों से साध्वी ऋतम्भरा की चर्चा

इंदौर, २८ अप्रैल (भास्कर)। साध्वी ऋतंभरा को कड़ी सुरक्षा के बीच जैसे ही जिला जेल लाया गया उनकी प्रतीक्षा में खड़े भाजपा विधायकों, पार्षदों तथा हिन्दूवादी संगठनों के कार्यकर्ताओं ने जय-जय सियाराम के उद्घोष के साथ अगवानी की। मौजूद पत्रकारों ने ऋतम्भरा के कार से उतरते ही सवाल दागे।

पहला सवाल था- साध्वीजी गिरफ्तारी के बारे में आप क्या कहना चाहेंगी? इस पर ऋतंभरा ने अपनी चिरपरिचित शैली में जवाब दिया कि दिग्विजयसिंह सरकार राजनीतिक फायदे के लिए कानून का खेल-खेल

एक सवाल के जवाब में साध्वी ने कार्यकर्ताओं से कहा वे इस दमनचक्र का शक्ति के साथ मुकाबला करें। यह पूछे जाने पर की इस मुकाबले का स्वरूप क्या होगा। साध्वी ने कोई जवाब नहीं दिया और थकी हुई हालत में जेल के मुख्य द्वार की ओर अपने कदम बढ़ा लिए।

विधायकों से चर्चा

पत्रकारों से चर्चा के बाद साध्वी सीधे जेल अधीक्षक के कक्ष में चली गई। करीब १५ मिनट बाद साध्वी से मिलने विधायक गोपीनेमा, लालचंद मित्तल, प्रकाश सोनकर, निर्भयसिंह पटेल, पूर्व महापौर नारायण धर्म तथा अखिल

घनश्यामदास पहुंचे। इस दौरान अधीक्षक कक्ष में कलेक्टर सुधिरंजन मोहंती तथा एस.पी. रुस्तमसिंह भी उपस्थित थे।

एक विधायक ने साध्वी से पूछा आप कैसी हैं? इस पर साध्वी ने कहा आप खुद ही मेरा चेहरा देख लीजिए। मैं क्या बताऊं। धूप और धूल से मुझे काफी एलर्जी है। इसी कारण मेरे स्वास्थ्य में गिरावट आई है।

बातचीत के दौरान साध्वी ने कहा हिरासत के दिन से मैंने अन्न त्याग दिया है। मैं सिर्फ फल और दूध ले रही हूं। साध्वी ने कहा अभी मैं स्नान करके आराम करना चाहती हूं। अगर फल या

मैं जब तक जीवित हूँ, तब तक इसके विरुद्ध जनजागरण करते हुए धर्मांतरण का विरोध करती रहूँगी। आज पूरा देश जल रहा है। इसका सबसे बड़ा उदाहरण कश्मीर के वर्तमान हालात हैं और इसके लिए पाकिस्तान से ज्यादा हमारे देश की सरकार दोषी है। इन विषम परिस्थितियों में आज हमारे साधु समाज का भी कर्तव्य है कि वह हमारे धर्म और संस्कृति को नष्ट करने की कोशिश करने वालों का विरोध करे। अपना यही धर्म मैं भी निभा रही हूँ।'

पत्रकार वार्त्ता समाप्त होने के बाद हजारों सर्मथकों के साथ साध्वीजी को एक विराट् शोभायात्रा के रूप में इंदौर शहर के प्रमुख स्थानों से गुजारकर प्रेमनगर स्थित उसी आवास पर लाया गया, जहाँ से बारह दिनों पहले उन्हें बंदी बनाया गया था। शहर में चारों ओर उल्लास का वातावरण था। हिंदू हित की जीत का उत्सव आतिशबाजी और कार्यकर्ताओं की विजय रैलियों के रूप में हर सड़क पर दिखलाई देता था। भारतीय जनता पार्टी और विश्व हिंदू परिषद सहित अनेक हिंदू संगठनों ने साध्वी ऋतंभराजी की इस रिहाई पर हर्षोल्लास व्यक्त किया।

ऋतंभरा की रिहाई पर उल्लास रैली निकली, खूब आतिशबाजी हुई

(नगर प्रतिनिधि द्वारा)

इंदौर, ५ मई। उच्च न्यायालय की इंदौर खंडपीठ के आदेश के बाद आज शाम साध्वी ऋतम्भरा की जिला जेल से रिहाई हुई। साध्वीजी की रिहाई पर उनके भक्तों व हिन्दू संगठनों, भारतीय जनता पार्टी के नेताओं, कार्यकर्ताओं में काफी उल्लास है। जेल से प्रेम नगर तक उन्हें एक रैली के रूप में ले जाया गया। जेल के बाहर और शहर में कई जगह खूब आतिशबाजी हुई और मिठाई बांटी गई।

पार्षद व भाजपा नेत्री शांता झंवर, मालती डागोर, निर्मला हार्डिया आदि बैठी हुई थीं।

रैली में शामिल लोगों ने ढोल-धमाकों के गूंज के साथ खूब नारेबाजी भी की। दिग्विजयसिंह की तानाशाही नहीं चलेगी-नहीं चलेगी, जय-जय सियाराम, के नारों के साथ यह रैली जी.पी.ओ., छावनी, स्नेह नगर मेनरोड, भंवरकुआ मेनरोड, जूनी इंदौर थाने के सामने से गुजरती हुई, पलसीकर कालोनी होते हुए प्रेमनगर पहुंची।

के नारे लगाए। इसमें भक्तों ने उनके स्वर में स्वर मिलाया। शादीजा परिवार ने साध्वीजी की रिहाई पर उनका आत्मीय स्वागत किया।

साध्वीजी की रिहाई की खुशी में उत्साही कार्यकर्ताओं ने लोधीपुरा, नरसिंह बाजार सहित कई जगह आतिशबाजी की। पलसीकर कालोनी में हर्षविभोर कार्यकर्ताओं ने रैली रोककर साध्वीजी का आशीर्वाद लिया। यहां मिठाई भी बांटी गई।

भाजपा के तत्कालीन प्रदेश अध्यक्ष डॉ. लक्ष्मीनारायण पांडे, मध्य प्रदेश विधानसभा में नेता प्रतिपक्ष श्री विक्रम वर्मा, पूर्व मुख्यमंत्रियों श्री सुंदरलाल पटवा एवं श्री कैलाश जोशी, प्रदेश भाजपा उपाध्यक्ष एवं इंदौर लोकसभा क्षेत्र की सांसद श्रीमती सुमित्रा महाजन ने प्रेस विज्ञप्ति जारी कर कहा, "स्थानीय प्रशासन द्वारा झूठे साक्ष्य तैयार

कर साध्वी ऋतंभराजी को गलत तरीके से निरुद्ध किया गया। इस घटनाक्रम के लिए पूरी तरह से मध्य प्रदेश के मुख्यमंत्री जिम्मेदार हैं, अत: नैतिक आधार पर उन्हें इस्तीफा दे देना चाहिए। आज म.प्र. उच्च न्यायालय के निर्णय ने यह सिद्ध कर दिया है कि न्याय, धर्म के साथ है और वह कभी भी अधर्म के पक्ष में खड़ा नहीं होता। यह निर्णय शासन के मुँह पर तमाचा है और यह सिद्ध करता है कि मध्य प्रदेश का शासन-प्रशासन तुष्टीकरण की नीति के अंतर्गत प्रदेश में अल्पसंख्यक वोटों का ध्रुवीकरण कर अराजकता फैलाना चाहता है।"

सरकार ने ज्वाला में हाथ डाला है : साध्वी

(नगर प्रतिनिधि द्वारा)

इंदौर, ५ मई। दुर्गावाहिनी की संयोजक, साध्वी ऋतम्भराजी ने कहा है कि राज्य की सरकार ने मुझे गिरफ्तार कर ज्वाला में हाथ डाला है। यह रिहाई एक तमाचा है। इस ज्वाला की तपन सरकार को भस्म कर देगी। उन्होंने कहा कि अभी तक तो मैं चिन्गारी थी, अब ज्वाला बन गई हूं।

साध्वी ऋतम्भरा आज शाम हाईकोर्ट के रिहाई के आदेश के बाद जेल से बाहर आने के बाद पत्रकारों से चर्चा कर रही थीं। जेल से बाहर आते ही पत्रकारों ने साध्वीजी पर प्रश्नों की बौछार कर दी। फिर ये एक साथ धाराप्रवाह बोलीं और कई प्रश्नों के उत्तर दे दिए। उन्होंने कहा मुझे जालसाजीपूर्वक पकड़ा गया है। यह रिहाई उसी पर करारा तमाचा है। मैं जब तक हूं तब तक इस देश की संस्कृति पर आघात पहुंचाने वालों के खिलाफ लड़ती रहूंगी। मैं धर्म की सेवा कर रही हूं। धर्म की रक्षा के लिए लड़ाई जारी रखूंगी। मुझे राजनीति से कोई लेना-देना नहीं। मुझे न एम.पी. बनना है और न एम.एल.ए.। साध्वीजी ने एक प्रश्न के उत्तर में कहा कि हिन्दू धर्म और समाज के खिलाफ जहर उगला जा रहा है, उसे कमजोर किया जा रहा है। धर्म के मायने खत्म किए जा रहे हैं। उन्होंने कहा कि अल्पसंख्यकों की तुष्टि के लिए धर्मान्तरण राजनीतिक भेड़ियों द्वारा कराया जा रहा है। इसका जवाब पूरा हिन्दुस्तान देगा। मैं जब तक जीवित हूं तब तक तुष्टिकरण की नीति का विरोध करती रहूंगी।

ऋतम्भरा ने कहा कि कांग्रेस की गलत नीतियों के कारण ही अखंड भारत को खंडित किया गया है। कांग्रेस की इन गंदी नीतियों के जरिए देश को कमजोर करने के षड्यंत्र रचे जा रहे हैं। आज पूरा देश जल रहा है। इसका सबसे बड़ा उदाहरण कश्मीर के हालात हैं। उन्होंने कहा कि कश्मीर के जो हालात उत्पन्न हुए हैं, उसके लिए पाकिस्तान से ज्यादा भारत दोषी है। साध्वीजी ने कहा कि कोई भी साधु हो या संत, उसका कर्तव्य है कि देश की संस्कृति और समाज को आघात पहुंचाने वालों के खिलाफ लड़े और मैं भी यही धर्म निभा रही हूं। जब साध्वीजी से पूछा गया कि आपके संदर्भ में मुख्यमंत्री ने बहस-बिन्दु रखे हैं, उसके बारे में आपका मत क्या है। इसके जवाब में उन्होंने कहा कि इस देश में तर्कों पर ही चर्चा होती है। मेरे बारे में कोई कुछ कहे, मैं अब तक तो चिन्गारी थी, अब ज्वाला हो गई हूं।

ऋतंभरा की गिरफ्तारी से नहीं, प्रशासनिक व्यवस्था से पीड़ा है—स्वामी परमानंद

इंदौर, २८ अप्रैल। वर्तमान में जो हिन्दू विरोधी राजनीति और धर्म निरपेक्षता का ढोंग चल रहा है, उसकी पोल ऋतंभरा की गिरफ्तारी के बारे में उच्च न्यायालय द्वारा दिए गए निर्णय से खुल गई है। सरकार एवं व्यवस्था को इस तरह की हरकतें शोभा नहीं देतीं। हमें ऋतंभरा की गिरफ्तारी व जेल की पीड़ा नहीं, बल्कि प्रशासनिक व्यवस्था से पीड़ा है।

उक्त शब्द स्वामी परमानंदजी ने गांधी हॉल में आयोजित ध्यान साधना एवं प्रवचन के आध्यात्मिक सत्संग में श्रद्धालुजनों को संबोधित करते हुए कहे। उन्होंने कहा कि हिन्दू मंदिरों और हिन्दू संस्कृति की उपेक्षा हम कब तक बर्दाश्त करते रहेंगे? हम तुष्टीकरण की नीति का प्रखरता से विरोध करते रहेंगे। हम राष्ट्र व समाज चेतना व उसे मार्गदर्शन देने के काम में लगे हैं और लगे रहेंगे, यही हमारा धर्म है। स्वामीजी ने कहा कि हम तो साधु हैं, इसलिए मृत्यु का हमें भय नहीं। महात्माओं का कर्त्तव्य तो मार्गदर्शन करने का होता है, उस कर्तव्य को हम अंतिम सांस तक पूरा करते रहेंगे। कुछ लोग हमारे राष्ट्र चेतना के काम को राजनीति कहते हैं, इसे आप समझें।

स्वामीजी ने कहा कि यदि ईमानदारी और चरित्र का क्षरण नहीं हुआ होता तो यह देश कहाँ का कहाँ पहुंच जाता। हमें समाधिस्थ होकर अपना कर्म करते रहना चाहिए। स्वधर्म के लिए यदि मर जाना पड़े तो ठीक है,

लेकिन दूसरों के अधिकारों का हनन नहीं होना चाहिए। उन्होंने ध्यान साधना पर प्रवचन देते हुए कहा कि वासना शरीर धारण के लिए है, उपासना शरीर से छुटकारे के लिए है।

इच्छाओं की निवृत्ति का सुख यदि कोई जान ले तो समझिए वह मोह बंधनों से छूट गया। इच्छाओं की निवृत्ति वास्तविक सुख है। सुख से शांति की कीमत ज्यादा है।

२९ अप्रैल को इस ध्यान साधना व प्रवचन कार्यक्रम का समापन होगा। प्रचार प्रमुख गोविन्द मालू ने बताया कि इस दिन सुबह ७ से ८.३० बजे ध्यान साधना के सत्र में तंत्र साधना का महत्वपूर्ण व दुर्लभ प्रयोग स्वामीजी कराएंगे।

□

प्रशासनिक अत्याचारों की कहानी, साध्वीजी की जुबानी

जेल से रिहा होने के बाद साध्वी ऋतंभराजी ने पत्रकारों के समक्ष उन्हें बंदी बनाए जाने के समय तथा पुलिस हिरासत, यातनापूर्ण यात्राओं एवं ग्वालियर की जेल में किए गए अमानुषिक व्यवहार का विवरण प्रस्तुत किया। पत्रकारों को संबोधित करते हुए उन्होंने कहा कि—मध्य प्रदेश के मुख्यमंत्री, प्रदेश के गृह सचिव सहित इंदौर जिला प्रशासन के करीब आधा दर्जन अधिकारियों ने एक प्रकार से मेरा अपहरण करके मुझे घोर शारीरिक तथा मानसिक प्रताड़ना देने का गंभीर अपराध किया है। मैंने उक्त अधिकारियों के खिलाफ भारतीय दंड विधान की करीब आधा दर्जन धाराओं के तहत उन्हें दंडित करने की माँग की है।

जूनी इंदौर पुलिस थाने पर अपनी लिखित शिकायत में मैंने मुख्यमंत्री दिग्विजयसिंह, प्रदेश के गृह सचिव विजय सिंह, पुलिस महानिदेशक अयोध्यानाथ पाठक, जिले के वरिष्ठ पुलिस अधीक्षक रुस्तम सिंह, अतिरिक्त पुलिस अधीक्षक मूलचंद बजाज, टी.आई. थाना मल्हारगंज सुभाष दुबे, टी.आई. थाना जूनी इंदौर के.एन. शर्मा, अपर कलेक्टर शैलेंद्रसिंह और एस.डी.एम. पृथ्वीराज धुलधोए के नामों का उल्लेख किया है।

मैं दुर्गावाहिनी की राष्ट्रीय संयोजक हूँ तथा दिल्ली सहित देश के अन्य भागों में अपने गुरुदेव पूज्य युगपुरुष स्वामी परमानंदजी महाराज के सान्निध्य में अध्यात्म एवं शाश्वत सनातन हिंदू धर्म के दर्शन का प्रचार-प्रसार करती हूँ। राजनैतिक लाभ के लिए मुख्यमंत्री दिग्विजयसिंह ईसाई मिशनरियों एवं सांप्रदायिक मुस्लिम नेताओं से अपना संबंध होने के कारण मुझसे व्यक्तिगत

रूप से विद्वेष रखते हैं, इसलिए उन्होंने मुझे अपमानित और पीड़ित करने के लिए 23-24 अप्रैल, 1995 की रात्रि लगभग साढ़े तीन बजे उक्त सभी अधिकारियों की साँठ-गाँठ से अवैध गिरफ्तारी के रूप में मेरा अपहरण करवाया। इंदौर के प्रेमनगर स्थित मकान, जहाँ मैं अपने गुरुदेव और गुरु भाई-बहनों के साथ ठहरी थी, के दरवाजे पर पुलिस द्वारा दस्तक देने पर जब शादीजा परिवार के सदस्यों ने बड़ी संख्या में पुलिस बल देखकर दरवाजा खोलने से मना किया तो बल के साथ आए कई लोगों ने उन्हें डपटकर उन्हें द्वार खोलने पर विवश किया।

इसके बाद प्रशासकीय अधिकारियों ने ऊपर की मंजिल पर आकर मेरे गुरुदेव से बहस की और मेरे गुरुभाई श्री संजय भैया द्वारा गिरफ्तारी वारंट माँगने पर पुलिस अधिकारियों द्वारा उनसे अभद्र व्यवहार किया गया। यहाँ तक कि उनका हाथ मोड़कर उन्हें प्रताड़ित भी किया गया। अंततः मुझे विवश किया गया कि मैं पुलिस बल के साथ चल दूँ। चलते समय मुझे कुछ बताया नहीं गया कि मुझे कहाँ ले जाया जा रहा है और न ही मुझे अपने साथ वस्त्र इत्यादि कोई सामान ही लेने दिया गया।

रात के घने अँधेरे में मुझे साथ ले वह काफिला चल पड़ा। शहर का एक हिस्सा पार कर लेने के बाद गाड़ियाँ जहाँ रुकीं, वह इंदौर शहर का पलासिया पुलिस थाना था। यहाँ दस मिनट रुकने के बाद मुझे लेकर गाड़ियों ने शहर से बाहर का रुख किया। कुछ समय बीतने के बाद मुझे अवगत कराया गया कि मुझे ग्वालियर सेंट्रल जेल ले जाया जा रहा है। एक पुरानी एंबेसडर कार में मुझे वह लंबा सफर तय करना था। यह जानते हुए भी कि मुझे अस्थमा की शिकायत है, प्रशासन द्वारा वह लगभग खटारा कार मुझे इंदौर से ग्वालियर ले जाने के लिए तय की गई थी। गाड़ी से निकल रहा जहरीला धुआँ बार-बार खिड़कियों से भीतर आकर मेरी तकलीफ को बढ़ाता था। रास्ते में लघुशंका इत्यादि करने के लिए भी किसी बाथरूम युक्त स्थान पर गाड़ी नहीं रोकी गई। मुझे खुले में ही उसे संपन्न करने के लिए विवश किया गया। प्रातःकाल की वेला में जब स्नान-पूजन का समय होता है, तब भी मेरे द्वारा माँग करने पर रास्ते में ऐसी किसी व्यवस्था के लिए गाड़ियाँ नहीं रोकी गईं।

ग्वालियर कारागार पहुँचने के बाद वहाँ जिन बुरी व्यवस्थाओं के बीच मुझे रखा गया, ऐसा अमानवीय व्यवहार तो शायद किसी सामान्य अपराधी के साथ भी नहीं किया जाता होगा। मुझे जेल में डालने के बाद इंदौर से मेरे साथ ग्वालियर तक लाई गईं मेरी गुरु बहन साध्वी निरंजन ज्योति को ग्वालियर जेल प्रभारी डी.जी.वर्मा द्वारा बिना किसी कारण वहाँ घंटों तक रोके रखा गया। मुझे जिस बैरक में रखा गया था, वहाँ लाल चींटियों की भरमार थी, जो शरीर से चिपककर बुरी तरह से काटती थीं। उस गंदे और बदबूदार बैरक में मुझे मानसिक यंत्रणा देने के लिए मेरे विश्राम के स्थान पर चौबीसों घंटे एक 200 वॉट का बल्ब जलता रहता था, ताकि मुझे ठीक से नींद भी न आ सके। मकड़ियों के जालों से युक्त उस कमरे में शौचालय के नाम पर मुझे एक गंदा सा डिब्बा देकर उसी में शौच इत्यादि करने के लिए बाध्य किया गया। स्नान आदि की भी कोई पृथक् व्यवस्था नहीं थी। इंदौर से चलते समय जिन वस्त्रों में थी, उन्हीं के साथ वहाँ दिन गुजारने थे। तब तक मैं सोच भी नहीं सकती थी कि कोई प्रशासन एक महिला साध्वी के साथ इस तरह का दुर्व्यवहार कर सकता है। लेकिन वह सब मेरे साथ घट रहा था, जिसे सामान्य व्यक्ति सोच भी नहीं सकता। इंदौर से ग्वालियर आते समय भीषण गरमी में लू लग जाने से मुझे बुखार भी आ गया था। 26 अप्रैल की सुबह तक मुझे किसी भी प्रकार की चिकित्सा सुविधा उपलब्ध नहीं कराई गई। बाद में ग्वालियर की सांसद राजमाता विजयाराजे सिंधिया जब मुझसे मिलने पहुँचीं, तब उन्हें भी मेरी यह दशा देखकर भारी मानसिक आघात पहुँचा।

इन सारी यंत्रणाओं के बीच मैं इतना तो समझ चुकी थी कि यह सब मेरी मन:स्थिति को कमजोर करने के लिए किया जा रहा है, अन्यथा मैंने ऐसा कौन सा अपराध कर दिया था, जिसके कारण मुझे इतना घोर मानसिक और शारीरिक त्रास दिया जा रहा है। मुझे बरबस ही अंडमान की काल कोठरियों में असह्य कष्टों को झेलते हुए भारत की स्वाधीनता के लिए बलिदान हो जाने वाले असंख्य क्रांतिवीरों का स्मरण हो आया। मुझे उस क्षण लगा कि इतिहास सदैव प्रासंगिक होता है। उसका कुछ न कुछ भाग सदैव वर्तमान के साथ जुड़ा रहता है, जो हमें प्रेरणा देता है, सहनशीलता देता है। स्वतंत्र भारत में हिंदू समाज और उसके मानबिंदुओं की रक्षा के लिए जनजागरण करने के विरोध में मुझे वह यंत्रणाएँ

भोगनी पड़ रही हैं, इस विचार मात्र से ही मेरा मनोबल और मजबूत होकर उभर उठा।

मैंने तय किया कि एक संप्रदाय विशेष का तुष्टीकरण करने के लिए यदि मध्य प्रदेश की दिग्विजयसिंह सरकार मेरे हिंदू जनजागरण अभियान को कुचलना चाहती है तो मैं किसी भी कीमत पर नहीं झुकूँगी। चाहे जितनी भी यातनाएँ क्यों न मिलें, समाज और राष्ट्र के जागरण का पुनीत कार्य मैं अपने जीवन की अंतिम श्वास तक जारी रखूँगी। जीवन में जब कभी भी अपने ऊपर हो रहे अत्याचारों के विरुद्ध हम अपने विचारों को एकाग्र भाव से केंद्रित कर लेते हैं, तब फिर उन यंत्रणाओं का कोई विशेष प्रभाव शरीर पर नहीं पड़ता। शरीर की नश्वरता का बोध ही उनसे पार पा लेने का एकमात्र और सरल उपाय है। उधर जेल के बाहर क्या हो रहा है, इसके कोई समाचार मुझ तक नहीं पहुँचते थे। प्रशासन इस बात का पूर्ण प्रयास कर रहा था कि कैसे भी मेरा मनोबल टूट जाए।

27 अप्रैल, 1995 की शाम पाँच बजे अचानक मुझसे कहा गया कि आपको जेल अधीक्षक कार्यालय में बुलाया गया है। जेल बैरक खोलकर पहले मुझे वहाँ लाया गया और फिर उसके बाद गाड़ियों के एक दल के साथ ग्वालियर रेलवे स्टेशन। मैंने जेल में कागजों पर जो कुछ लिखा था, चलते समय मुझे उन्हें भी नहीं उठाने दिया गया। स्टेशन पहुँचकर पता चला कि मुझे केरला एक्सप्रेस ट्रेन द्वारा भोपाल की ओर ले जाया जा रहा है। जिस बोगी में हम थे, उसे पुलिस ने ऐसे घेर रखा था, जैसे किसी डाकू को ले जाया जा रहा हो। लंबा सफर तय करने के बाद रात को ग्यारह बजे ट्रेन अचानक एक सुनसान से स्टेशन पर रुक गई। मुझे कहा गया कि आपको यहीं उतरना है। मैंने पुलिस अधिकारियों से पूछा कि आप लोग तो मुझे भोपाल ले जा रहे थे, यहाँ इस जंगल में क्यों उतरना है? जवाब में यही कहा गया कि नहीं आपको यहीं उतरना है। दरअसल वह भोपाल से पहले 'सूखी सेवनिया' नाम का एक स्टेशन था, जो वास्तव में उस गाड़ी का स्टॉपेज नहीं होने के बावजूद जबरन उस ट्रेन को वहाँ रोका गया था। समझ से परे था कि उस ट्रेन को अवांछित तरीके से एक सूने स्टेशन पर रोककर मुझे उतारने का क्या मतलब है?

स्टेशन के बाहरी भाग में घना अँधेरा पसरा पड़ा था। मुझे ऊबड़-खाबड़ कच्चे रास्ते पर पैदल चलाकर पता नहीं कहाँ ले जाया जा रहा था। किसी का किसी से कोई संवाद नहीं था। सब चुपचाप चलते जा रहे थे। आखिर वह कच्चा रास्ता एक पक्की सड़क पर जाकर खत्म हुआ। वहाँ एक अन्य पुलिस दल हम लोगों की प्रतीक्षा कर रहा था, जिसके साथ वाहनों में बैठकर हम लोग फिर चल पड़े। कच्चे रास्ते पर उड़ती धूल के कारण मुझे अस्थमा की तकलीफ बढ़ गई थी। मुझे वैसी ही हालत में रात को ही सोनकच्छ होते हुए देवास लाकर एक गंदे से तथा चारों ओर से लगभग बंद कमरे में रखा गया, यहाँ ढेरों मच्छर थे, जिनके बीच किसी का भी सो पाना मुश्किल था। सुबह पाँच बजे मुझे देवास गेस्ट हाउस लाकर दिन के ग्यारह बजे तक रखा गया। 28 अप्रैल को बागली पहुँचने के बाद मुझे इतने दिनों में पहली बार किसी न्यायालय में प्रस्तुत किया गया।

□

धार्मिक विद्वेष फैलाने की धारा 153ए में दर्ज किए गए प्रकरण में साध्वी ऋतंभराजी को दोषमुक्त किए जाने का न्यायालयीन आदेश

माननीय जिला न्यायालय, देवास, मध्य प्रदेश के प्रथम अपर सत्र न्यायाधीश माननीय श्री रघुवीरसिंह चुंडावत द्वारा 27 अप्रैल, 2000 को लिखा गया वह ऐतिहासिक निर्णय, जिसमें दुर्भावनापूर्ण तरीके से प्रशासन द्वारा साध्वी ऋतंभराजी पर धार्मिक विद्वेष फैलाने की धारा 153ए में दर्ज किए गए प्रकरण के आरोप से उन्हें दोषमुक्त सिद्ध किया गया है—

(माननीय जिला न्यायालय, देवास, मध्य प्रदेश का यह निर्णय हिंदी भाषा में लिखा गया था, अतः हम इसे शब्दशः हिंदी भाषा में ही प्रकाशित कर रहे हैं, ताकि न्यायालय के निर्णय का मूल भाव बना रहे।)

न्यायालय : प्रथम अपर सत्र न्यायाधीश, देवास (म.प्र.)

पीठासीन अधिकारी : रघुवीरसिंह चुंडावत

आपराधिक पुनरीक्षण क्रमांक 33/2000

साध्वी ऋतंभरा देवी

गुरु : परमपूज्य युगपुरुष स्वामी परमानंदजी महाराज

उम्र : 34 साल

धंधा : आध्यात्मिक चिंतन व समाज सेवा

निवास : संकटमोचन आश्रम, आर.के. पुरम्, सेक्टर नं. 2, नई दिल्ली

: प्रार्थी–आरोपी

–विरुद्ध–

मध्य प्रदेश शासन द्वारा पुलिस थाना–उदयनगर

जिला–देवास (म.प्र.)

: प्रतिप्रार्थी–फरियादी

प्रार्थी द्वारा श्री उमेश माहेश्वरी–अधिवक्ता

राज्य द्वारा श्री एन.एस. भाटी–अधिवक्ता

श्री के.सी. बांगर (न्यायिक दंडाधिकारी प्रथम श्रेणी, बागली)

जिला–देवास द्वारा आपराधिक प्रकरण क्रमांक 1578/99 में पारित आदेश दिनांक 13/3/2000 के विरुद्ध प्रस्तुत।

--------आदेश--------

दिनांक 27 अप्रैल, 2000 को पारित।

यह पुनरीक्षण श्री के.सी. बांगर, न्यायिक मजिस्ट्रेट प्रथम श्रेणी, जिला देवास के द्वारा आपराधिक प्रकरण क्रमांक 1578/99 में पारित आदेश दिनांक 13/3/2000 से परिवेदित होकर प्रस्तुत की गई है, जिसमें कि उन्होंने प्रार्थी का यह निवेदन अस्वीकृत कर दिया कि अभियोग–पत्र की संपूर्ण कार्रवाई को समाप्त किया जाकर, प्रकरण बंद किया जाकर प्रार्थी अभियुक्त को उन्मोचित कर दोषमुक्त किया जाए।

2. प्रकरण के तथ्य संक्षिप्त में इस प्रकार हैं कि पुलिस थाना–उदयनगर, जिला–देवास द्वारा दिनांक 23/4/1995 को प्रार्थी–आरोपी साध्वी ऋतंभरा देवी के विरुद्ध भा.दं.सं. की धारा 153(क) में आपराधिक प्रकरण क्रमांक 35/95 पंजीबद्ध करके दिनांक 10/5/1995 को न्यायिक दंडाधिकारी बागली के समक्ष

अभियोग-पत्र प्रस्तुत किया गया था। दिनांक 10/5/1995 को सर्वप्रथम प्रार्थी-आरोपी की उपस्थिति के लिए आदेशिका जारी करने का आदेश दिया गया था। प्रार्थी-आरोपी 26/2/1996 को सर्वप्रथम विचारण न्यायालय के समक्ष उपस्थित हुईं। उनकी उपस्थिति के बाद उन्हें जमानत पर रिहा करके व्यक्तिगत उपस्थिति से माफी दी गई थी।

अभियोजन पक्ष ने लंबे अंतराल तक प्रस्तुत दस्तावेजों में से 'ऑडियो-वीडियो कैसेट्स' की प्रति उपलब्ध नहीं करवाई थी। माननीय म.प्र. उच्च न्यायालय, खंडपीठ-इंदौर के आदेश से बाद में उक्त 'ऑडियो-वीडियो कैसेट्स' की प्रति उपलब्ध करवाई गई। लंबे अंतराल के बावजूद प्रार्थी-आरोपी के विरुद्ध आरोप विचरित करके परीक्षण की कार्रवाई प्रारंभ नहीं की गई। माननीय सर्वोच्च न्यायालय के द्वारा कामनकाज-विरुद्ध-यूनियन ऑफ इंडिया 1996 (4) जजमेंट टुडे 70 के अनुसार यदि अपराध तीन वर्ष तक की सजा के लिए दंडनीय हो और दो वर्ष से अधिक अवधि तक विचाराधीन रहा हो तथा परीक्षण की कार्रवाई प्रारंभ नहीं हुई हो तो ऐसी स्थिति में दंड न्यायालय द्वारा आरोपी को उन्मोचित अथवा दोषमुक्त करके प्रकरण समाप्त कर देने के निर्देश दिए गए हैं। ऐसी अवधि की गणना आरोपी को उपसंजात करने के लिए आदेशिका जारी करने के आदेश के दिनांक से संगणित की जावेगी। उक्त न्याय दृष्टांत का पालन नहीं करते हुए, विद्वान् विचारण न्यायालय ने आलोच्य आदेश दिनांक 13/3/2000 पारित किया है, जिससे असंतुष्ट होकर यह पुनरीक्षण याचिका प्रस्तुत की गई है।

3. पुनरीक्षण के आधार संक्षिप्त में इस प्रकार हैं कि विद्वान् विचारण न्यायालय ने चार वर्ष दस माह के पश्चात् भी प्रकरण में आरोप निर्धारण नहीं किया है और अभियोजन पक्ष द्वारा कार्रवाई आरंभ नहीं की गई है। प्रार्थी-आरोपी ने विचारण न्यायालय प्रकरण में विलंब कीरित नहीं किया है। अभियोजन पक्ष द्वारा बार-बार समय लेकर विलंब किया गया था। भा.दं.सं. की धारा 153(क) के अंतर्गत अधिकतम कारावास की सजा तीन वर्ष तक निर्धारित होने के बावजूद माननीय सर्वोच्च न्यायालय द्वारा कामनकाज पंजीकृत सोसायटी-विरुद्ध-भारत संघ 1996 (4) जजमेंट टुडे, 70 के आदेशात्मक निर्देशों का पालन नहीं करते हुए प्रकरण समाप्त नहीं करने में गंभीर त्रुटि की है। विद्वान् विचारण न्यायालय

ने दिनांक 10/5/1995 को प्रार्थी-आरोपी के विरुद्ध उपस्थित होने के लिए आदेशिका जारी करने के आदेश दिए थे। इसके बाद प्रकरण में चार वर्ष दस माह की अवधि व्यतीत हो गई है। इस विलंब में प्रार्थी-अभियुक्त को कोई दोष नहीं है। अतः प्रार्थी की यह पुनरीक्षण याचिका स्वीकार की जाकर विद्वान् विचारण न्यायालय द्वारा आपराधिक प्रकरण क्रमांक 1578/99 में पारित आदेश दिनांक 13/3/2000 को अपास्त किया जावे तथा उक्त प्रकरण के अभियोग-पत्र की संपूर्ण कार्रवाई को समाप्त किया जाकर प्रकरण बंद करते हुए प्रार्थी-आरोपी को आरोपित अपराध से उन्मोचित अथवा दोषमुक्त घोषित किया जाए।

4. प्रकरण के न्यायिक निराकरण हेतु निम्न प्रश्न विचारणीय है—

क्या विद्वान् विचारण न्यायालय ने 1996 (4) सुप्रीम कोर्ट 70, जजमेंट टुडे के न्याय दृष्टांत के प्रकाश में आपराधिक प्रकरण क्रमांक 1578/99 को बंद न करते हुए, प्रार्थी-आरोपी को उन्मोचित नहीं करे हुए आलोच्य आदेश दिनांक 13/3/2000 पारित करने में कोई सारभूत त्रुटि की है ?

निष्कर्ष के कारण एवं आधार—

5. विद्वान् विचारण न्यायालय के आपराधिक प्रकरण क्रमांक 1578/99 का अवलोकन किया गया। उभयपक्ष के विस्तार से तर्क सुने गए। विद्वान् अपर लोक अभियोजक का यह तर्क है कि विद्वान् विचारण न्यायालय ने आलोच्य आदेश दिनांक 13/3/2000 पारित करने में कोई सारभूत त्रुटि नहीं की है, क्योंकि प्रार्थी-आरोपी ने ही दिनांक 26/2/1996 तक न्यायालय में उपस्थित होने से विलंब कारित किया था।

6. प्रार्थी-आरोपी के विद्वान् अधिवक्ता का यह तर्क है कि अभियोजन पक्ष को नियमानुसार चालान प्रस्तुत करने के पूर्व चालान प्रस्तुत करने की सूचना प्रार्थी-आरोपी को दी जानी चाहिए थी, लेकिन ऐसी कोई सूचना प्रार्थी-आरोपी को नहीं दी गई। प्रकरण के अवलोकन से यह पाया जाता है कि अभियोजन पक्ष ने चालान प्रस्तुत करने की विधिवत् सूचना प्रार्थी-आरोपी को नहीं दी थी।

7. प्रकरण के अवलोकन से यह पाया जाता है कि न्यायालय में प्रकरण में 15-15 दिन की तारीख नियत करने के बजाय दो-दो माह की तारीख नियत की है। यदि वास्तव में प्रस्तुत प्रकरण में लोक शांति भंग होना संभावित थी तो

अभियोजन पक्ष पास की तारीख नियत करने का आवेदन-पत्र प्रस्तुत कर सकता था। प्रकरण के अवलोकन से यह पाया जाता है कि दिनांक 26/2/1996 से 13/3/2000 के बीच ऐसा कोई आवेदन-पत्र अभियोजन पक्ष द्वारा प्रस्तुत नहीं किया गया।

8. विद्वान् अपर लोक अभियोजक का यह तर्क भी सही नहीं है कि प्रकरण में प्रार्थी-आरोपी की ओर विलंब कारित हुआ है। प्रकरण के अवलोकन से यह पाया जाता है कि दिनांक 2/9/1995 को प्रार्थी-आरोपी की ओर से एक आवेदन-पत्र प्रस्तुत करके दस्तावेज अभियोग-पत्र के साथ प्रस्तुत दस्तावेज ऑडियो-वीडियो कैसेट्स की प्रति की माँग की गई थी। इस आवेदन-पत्र का अभियोजन पक्ष की ओर से गलत ढंग से अनावश्यक विरोध किया गया तथा अभियोजन पक्ष की ओर से ही ऐसा विरोध करते हुए अनावश्यक विलंब कारित किया गया था। मजबूर होकर प्रार्थी-आरोपी को इस संबंध में म.प्र. उच्च न्यायालय, खंडपीठ-इंदौर में पुनरीक्षण याचिका प्रस्तुत करना पड़ी थी और माननीय म.प्र. उच्च न्यायालय, खंडपीठ-इंदौर के आदेश के पालन में अंततः लगभग चौदह माह की देरी से ऑडियो-वीडियो कैसेट्स की प्रति उपलब्ध करवाई गई। यदि अभियोजन पक्ष इस संबंध में अवरोध-विलंब कारित नहीं करता तो इतनी अवधि में संपूर्ण प्रकरण का निराकरण वह त्वरित कार्रवाई करके करा सकता था, लेकिन माननीय म.प्र. उच्च न्यायालय के आदेश दिनांक 12/4/1996 के पालन में पुनः विलंब कारित करते हुए दिनांक 2/11/1996 को ऑडियो-वीडियो कैसेट्स की प्रति उपलब्ध करवाई गयी, वह भी माननीय म.प्र. उच्च न्यायालय की इस टिप्पणी के बाद कि 'पर्याप्त समय देने के बाद भी अभी तक ऑडियो-वीडियो कैसेट की प्रतिलिपि उपलब्ध नहीं करवाई गई है।' जबकि अभियोजन पक्ष ने पूर्व में माननीय उच्च न्यायालय के समक्ष यह वचन दिया था कि यह प्रति शीघ्र उपलब्ध करवा दी जाएगी। स्पष्ट है कि प्रकरण में अभियोजन पक्ष की ओर से अनावश्यक विलंब कारित किया गया है, अन्यथा प्रकरण का समय सीमा में निराकरण संभव था।

9. प्रकरण के अवलोकन से यह भी पाया गया जाता है कि दिनांक 26/2/1996 को प्रार्थी-आरोपी न्यायालय में उपस्थित हो चुकी थी। उसके बाद

आरोपी-प्रार्थी की ओर से प्रकरण में अनावश्यक विलंब कारित करने का कोई प्रयास नहीं किया गया है। अधिक-से-अधिक माननीय सर्वोच्च न्यायालय ने दिनांक 24/7/1995 को एक स्थगन आदेश पारित किया था, जिसे दिनांक 8/9/1995 को निरस्त कर दिया गया था। लगभग डेढ़ माह का समय यदि इस गणना में से अपवर्जित किया जावे फिर भी इस प्रकरण में इस समय को छोड़ने के बाद भी अत्यधिक विलंब कारित हो चुका है।

10. प्रकरण के अवलोकन से पाया जाता है कि दिनांक 26/2/1996 से दिनांक 13/3/2000 तक अभियोजन पक्ष की ओर से कभी भी विचारण न्यायालय को समक्ष ऐसा कोई आवेदन अथवा निवेदन नहीं किया गया था कि माननीय सर्वोच्च न्यायालय के उपर्युक्त कामनकाज वाले प्रकरण के संदर्भ में इस प्रकरण का शीघ्र निराकरण किया जाए।

11. आपराधिक प्रकरण क्रमांक 1578/99 के अवलोकन से यह पाया जाता है कि दिनांक 26/2/1996 के बाद से दिनांक 13/3/2000 तक अर्थात् लगभग चार वर्ष की अवधि में प्रार्थी-आरोपी की ओर से केवल निम्नानुसार दो आवेदन ही प्रस्तुत किए गए हैं—

(क) दिनांक 20/7/1996 को प्रार्थी-आरोपी की ओर से यह आवेदन प्रस्तुत किया गया था कि आरोपी के अधिवक्ता को प्रातः 11 से 12 बजे के बीच न्यायालय में उपस्थित होने का आदेश शिथिल किया जाए। यह आवेदन विद्वान् विचारण न्यायालय ने दिनांक 13/3/2000 को 11 बजे स्वीकार करके आवश्यक रूप से उपस्थित होने से शिथिलता प्रदान की गई है, अर्थात् दिनांक 13/3/2000 तक प्रार्थी-आरोपी के अधिवक्ता को 11 से 12 बजे के बीच प्रातः उपस्थित होना आवश्यक था। इसे देखते हुए भी यह कहा जा सकता है कि प्रार्थी-आरोपी की ओर से प्रकरण में विलंब कारित नहीं किया गया है।

(ख) दिनांक 15/3/1997 को प्रार्थी-आरोपी की ओर से एक आवेदन-पत्र प्रस्तुत करके कुछ समय के लिए धार्मिक कार्यक्रम में भाग लेने हेतु अमेरिका जाने की अनुमति माँगी गई थी। विद्वान् विचारण न्यायालय ने 18/3/1997 को यह आवेदन-पत्र स्वीकृत किया था। संक्षिप्त समय के लिए प्रार्थी-आरोपी ने अमेरिका जाने की अनुमति चाही थी, वैसे भी विद्वान् विचारण न्यायालय ने

प्रार्थी-आरोपी को उसके अधिवक्ता के मार्फत उपस्थित होने तथा उपस्थिति से छूट प्रदान की गई थी, इसलिए यह नहीं कहा जा सकता कि प्रार्थी-आरोपी की ओर से कोई विलंब कारित किया गया है।

12. उपर्युक्त दोनों आवेदन-पत्रों के अलावा प्रार्थी-आरोपी की ओर से अन्य कोई भी आवेदन-पत्र प्रस्तुत नहीं किया गया है, न ही विद्वान् विचारण न्यायालय से कार्रवाई स्थगित करने का निवेदन किया गया है। अभिलेख के अवलोकन से पाया जाता है कि प्रार्थी-आरोपी की वजह से विद्वान् विचारण न्यायालय की कार्रवाई प्रभावित नहीं हुई थी, बल्कि अभियोजन पक्ष यदि तत्परता से कार्रवाई करता और इस संबंध में सजग रहता तो निश्चित रूप से दो वर्ष की अवधि में संपूर्ण प्रकरण का निराकरण हो सकता था।

13. दिनांक 26/2/1996 से 13/3/2000 तक की अवधि में न तो अभियोजन पक्ष ने न्यायालय में आवेदन-पत्र प्रस्तुत करके आरोप विचरित करने का निवेदन किया और न ही न्यायालय ने तत्परता से यह कार्रवाई पूर्ण करने का प्रयास किया। अत: उपलब्ध अभिलेख को देखने से यह पाया जाता है कि विद्वान् विचारण न्यायालय के आलोच्य आदेश दिनांक 13/3/2000 में यह निष्कर्ष सर्वथा त्रुटिपूर्ण है कि अभियुक्ता की ओर से प्रस्तुत होने वाले आवेदन-पत्रों के निराकरण में समय लगा था, अत: प्रकरण के निराकरण में विलंब हुआ है। जैसा कि ऊपर विवेचन किया जा चुका है कि दिनांक 26/2/1996 से दिनांक 13/3/2000 की अवधि के बीच उपर्युक्त उल्लेखित दोनों आवेदन के अलावा प्रार्थी-आरोपी की ओर से विलंब कारित करने वाले ऐसे कोई आवेदन-पत्र प्रस्तुत नहीं हुए हैं, जिनके कारण न्यायालयीन कार्रवाई में विलंब हुआ हो। उपर्युक्त दोनों आवेदन-पत्र भी विलंब कारित करने वाले नहीं थे। अत: विद्वान् विचारण न्यायालय का यह निष्कर्ष त्रुटिपूर्ण है कि अभियुक्ता की ओर से प्रस्तुत होने वाले आवेदन-पत्रों के निराकरण में समय लगा था, अत: प्रकरण में विलंब हुआ।

14. अभिलेख के अवलोकन में यह पाया जाता है कि प्रकरण में ऐसा कोई तथ्य अथवा दस्तावेज उपलब्ध नहीं है कि साध्वी ऋतंभरा के उद्बोधन के बाद दो संप्रदायों में शत्रुता का संप्रवर्तन हुआ हो या उसके आधार पर कोई बलवा अथवा दंगा हुआ हो।

15. अभिलेख के अवलोकन से यह पाया जाता है कि दिनांक 23/4/1995 को उदयनगर में हिंदू चेतना मंच, तहसील बागली द्वारा हिंदू सम्मेलन आयोजित हुआ था, जिसमें पूर्व मुख्यमंत्री एवं तत्कालीन विधायक तथा वर्तमान सांसद श्री कैलाश जोशी तथा तत्कालीन सांसद श्री दिलीपसिंह जूदेव भी साध्वी ऋतंभरा के अलावा वक्तागण थे। ऐसी दशा में विद्वान् अपर लोक अभियोजक का यह तर्क अस्वीकृत किया जाता है कि इस प्रकरण से दो समुदायों में शत्रुता का संप्रवर्तन हो गया था, जिसके कारण अभी भी लोक प्रशांति विक्षुब्ध होना संभावित है, अत: प्रकरण समाप्त नहीं किया जाए।

प्रार्थी-आरोपी के उद्बोधन के बाद संपूर्ण देवास जिले में उनके भाषण के फलस्वरूप दंगा होना तो दूर कहीं कोई चींटी भी मरी हो, ऐसा अभिलेख पर आज तक कोई तथ्य-सामग्री उपलब्ध नहीं है। दिनांक 26/2/1996 से 13/3/2000 तक एक भी आवेदन-पत्र पेश करके अभियोजन पक्ष ने न्यायालय का ध्यान इस ओर आकृष्ट नहीं किया कि इस प्रकरण में लोक प्रशांति का सवाल अंतर्निहित होने से इसका शीघ्र निराकरण किया जाए, जबकि माननीय सर्वोच्च न्यायालय का कॉमनकाज वाला पूर्वोक्त निर्णय वर्ष 1996 में ही प्रकाशित हो चुका था। अत: विद्वान् अपर लोक अभियोजक का यह तर्क स्वीकार किए जाने योग्य नहीं है कि प्रकरण को समाप्त नहीं किया जाए।

16. निस्संदेह रूप से भारतीय संविधान के अनुच्छेद 19 (1) (अ) में वाक् और अभिव्यक्ति की स्वतंत्रता को भा.दं.सं. की धारा 153 (क) के द्वारा न केवल परिसीमित किया गया है, अपितु दंड का प्रावधान भी किया गया है, किंतु यह एक पक्षीय नहीं है। जहाँ अभियुक्त का उद्बोधन हुआ, वहाँ केवल एक समुदाय, अर्थात् हिंदू चेतना मंच के हिंदू वर्ग के सदस्य उपस्थित थे। अन्य किसी वर्ग को आमंत्रित नहीं किया गया था। फिर भी यदि वास्तव में आलोच्य उद्बोधन में लोक प्रशांति विक्षुब्ध करने जैसी कोई बात थी तो राज्य द्वारा उक्त उद्बोधन को प्रकाशित करने से उसे सेंसर अवश्य किया जाता, लेकिन अभिलेख पर ऐसी कोई सामग्री उपलब्ध नहीं है कि अभियुक्त के उद्बोधन को सेंसर किया था। जब समाचार-पत्रों में उसके उद्बोधन के प्रकाशन करने से सेंसर नहीं किया गया तो विद्वान् अपर लोक अभियोजक का यह तर्क स्वीकारने

योग्य नहीं है कि लोक प्रशांति से संबंधित यह प्रकरण होने से इसे समाप्त नहीं किया जाए।

17. भारतीय संविधान में अभिव्यक्ति की स्वतंत्रता के साथ ही साथ अनुच्छेद 19 (1) (ख), आर, खंड (3) में भारतीय नागरिकों को शांतिपूर्वक बिना हथियार के सभा करने की स्वतंत्रता है। संविधान के अनुच्छेद 25 व 28 में देश के समस्त नागरिकों को विचार अभिव्यक्ति, विश्वास, धर्म और उपासना की स्वतंत्रता का अधिकार प्रदान किया गया है। यदि संविधान द्वारा प्रदत्त मूल अधिकारों का प्रयोग करते हुए अभियुक्त ने हिंदू चेतना मंच के माध्यम से प्रश्नाधीन उद्‍बोधन दिया है और राज्य को इस उद्‍बोधन पर भा.दं.सं. की धारा 153 (क) के अंतर्गत चालान पेश करने का अधिकार है, तो उससे कहीं बड़ा अधिकार है एक नागरिक को संविधान के अनुच्छेद 21 के अंतर्गत प्रकरण के शीघ्र विचारण का प्राप्त है, जिसे अनदेखा नहीं किया जा सकता।

18. माननीय सर्वोच्च न्यायालय ने ए.आर. अंतुले-विरुद्ध-आर.एस. नायक (1992) एस.सी.सी. 225, करतारसिंह-विरुद्ध-पंजाब राज्य (1994) एस.सी. सी. 569 के प्रकरण में संविधान के अनुच्छेद 21 में शीघ्र विचारण के मूल अधिकार पर बल देते हुए शीघ्र विचारण करने के निर्देश दिए थे, किंतु प्रत्येक प्रकरण की परिस्थिति को देखते हुए समय सीमा निर्धारित करने पर बल दिया था। तदंतर माननीय सर्वोच्च न्यायालय ने 'कॉमनकाज' ए रजिस्टर्ड सोसाइटी-विरुद्ध-भारत संघ (1996) 4 एस.सी.सी. 33 एवं (1996) 6 एस.सी.सी. 775 तथा राजदेव शर्मा-विरुद्ध-बिहार राज्य एस.सी.सी. 507 एवं (1999) 7 एस.सी. सी. 604 के प्रकरणों में स्पष्ट रूप से यह अभिनिर्धारित कर दिया है कि दांडिक प्रकरणों को यथाशीघ्र तथा निश्चित समय-सीमा में निराकृत किया जाता है।

19. अभियोग-पत्र में यह बताया गया है कि साध्वी ऋतंभरा का यह उद्‍बोधन उत्तेजक भाषा, घृणा, द्वेष व असौहार्द प्रदर्शित करने वाला था। इस देश में ऐसी स्थिति पैदा करे कि 'क्या मुलायम-क्या कांशीराम, यहाँ तो मियाँ भी बोलेगा जय श्रीराम।' यदि कोई साधु-संत यह उम्मीद करे कि यहाँ ऐसा सौहार्द का वातावरण पैदा हो जावे कि यहाँ मुसलमान भाई भी 'जय श्रीराम' बोलेंगे तो इस प्रकार की अपेक्षा करना कोई विद्वेष फैलाने वाला कथन नहीं कहा जा

सकता, क्योंकि आज भी हिंदुस्तान के हिंदू भाई अपने मुस्लिम भाई को 'अस्ला-वालेकुम' कहकर अभिवादन करते हैं तथा मुस्लिम भाई भी 'जय श्रीराम' कहकर अभिवादन करते हुए देखे गए हैं।

इस न्यायालय को फिलहाल यह देखना है कि भाषण की विषय-वस्तु क्या थी, क्योंकि यह साक्ष्य का विषय है, किंतु प्रार्थी-आरोपी की ओर से 1997 (7) सुप्रीम टुडे 122 बिलाल एहमद कालू-विरुद्ध-आंध्र प्रदेश राज्य का दृष्टांत प्रस्तुत किया गया, जिसमें यह अभिनिर्धारित किया गया है कि विद्वेष फैलाने के लिए कम-से-कम दो समुदायों की उपस्थिति या उनका संलग्न होना आवश्यक है। अपीलार्थी यह उद्बोधन करता था कि सेना द्वारा काश्मीर के मुसलमानों पर अत्याचार किया जा रहा है। अपीलार्थी एक आतंकवादी व्यक्ति था, जो मुसलमान युवकों के बीच पुराने हैदराबाद में युवकों में सांप्रदायिक भावना जाग्रत् करता था। उसके पास से घातक हथियार रिवाल्वर व कारतूस वगैरह बरामद किए गए थे। वह मुस्लिम समुदाय में प्रोपेगेंडा प्रचार करता था कि काश्मीर में मुस्लिमों पर सेना द्वारा अत्याचार किया जा रहा है। माननीय सर्वोच्च न्यायालय ने यह अभिनिर्धारित किया कि उक्त अपीलार्थी भा.दं.सं. की धारा 153(क) के अंतर्गत दोष सिद्ध नहीं ठहराया जा सकता, क्योंकि वहाँ दो समुदाय संलग्न नहीं थे। प्रस्तुत प्रकरण में भी हिंदू चेतना मंच के द्वारा अभियोग-पत्र के अनुसार दिनांक 23/4/1995 को उदय नगर में विराट् हिंदू सम्मेलन का आयोजन किया गया था। स्पष्ट है कि वहाँ एक ही समुदाय था, जिसे साध्वी ऋतंभरा ने उद्बोधन दिया था। अतः बिलाल एहमद कालू वाले उपर्युक्त न्याय दृष्टांत के प्रकाश में विद्वान् अपर लोक अभियोजक का यह तर्क अस्वीकृत किया जाता है कि प्रस्तुत प्रकरण में दो समुदायों के बीच लोक-प्रशांति विक्षुब्ध होने का मामला अंतर्वलित होने से यह प्रकरण समाप्त नहीं किया जाए, क्योंकि इस प्रकरण में पूर्वोक्त प्रकरण की तुलना में कोई हथियार और कारतूस वगैरह भी बरामद नहीं हुए हैं और दो समुदायों की उपस्थिति भी स्वयं अभियोग-पत्र के अनुसार प्रथम दृष्ट्या प्रमाणित नहीं होती है।

20. जजमेंट टुडे 1996 (4) एस.सी.सी.70, 'कॉमनकाज' ए रजिस्टर्ड सोसाइटी-विरुद्ध-यूनियन ऑफ इंडिया एवं अन्य के न्याय दृष्टांत की कंडिका

2 (एफ) के अनुसार जहाँ कि भा.दं.सं. अथवा किसी अन्य विधि के अंतर्गत दंड न्यायालय के अंतर्गत तीन साल तक की अवधि के लिए सजा से दंडनीय अपराध, अर्थदंड सहित या अर्थदंड के बिना, लंबित हों और तथा ऐसे प्रकरणों में यदि अभी तक विचारण आरंभ नहीं हुआ हो तो दंड न्यायालय द्वारा आरोपी-अभियुक्त को तत्काल उन्मोचित अथवा दोषमुक्त घोषित कर दिया जाएगा और प्रकरण को बंद कर दिया जाएगा।

21. उपर्युक्त निष्कर्षों के प्रकाश में प्रस्तुत प्रकरण को माननीय सर्वोच्च न्यायालय के उक्त न्याय दृष्टांत के पालन में विचारण न्यायालय द्वारा समाप्त करके प्रार्थी-आरोपी को उन्मोचित कर देना चाहिए था, लेकिन विद्वान् विचारण न्यायालय ने यह निष्कर्ष देकर कि प्रार्थी-आरोपी की ओर से प्रस्तुत होने वाले आवेदन-पत्रों के निराकरण में लगने वाले समय के कारण इस प्रकरण में विचारण की प्रक्रिया आरंभ नहीं हो सकी है, यह निष्कर्ष त्रुटिपूर्ण है। अतः स्थिर रखे जाने योग्य नहीं है। परिणामतः विद्वान् विचारण न्यायालय द्वारा आपराधिक प्रकरण क्रमांक 1578/99 में पारित आदेश दिनांक 13/3/2000 के उपर्युक्त निष्कर्ष को अपास्त करते हुए प्रस्तुत पुनरीक्षण याचिका स्वीकार की जाती है।

माननीय सर्वोच्च न्यायालय के उपर्युक्त न्याय दृष्टांत के प्रकाश में साध्वी ऋतंभरा को भा.दं.सं. की धारा 153-ए के आरोपित अपराध से उन्मोचित किया जाता है। प्रकरण समाप्त किया जाता है।

22. प्रकरण की परिस्थितियों को देखते हुए आदेश दिया जाता है कि उभयपक्ष इस पुनरीक्षण याचिका का व्यय अपना-अपना वहन करेंगे।

दिनांक : 27 अप्रैल, 2000

हस्ताक्षर

(रघुवीरसिंह चुंडावत)

प्रथम अपर सत्र न्यायाधीश

(माननीय न्यायालय के उपरोक्त आदेश को हमने शब्दशः संपूर्ण या आंशिक रूप में प्रकाशित करने का प्रयत्न किया है, फिर भी यदि कहीं कोई शाब्दिक त्रुटि रह गई हो तो हम क्षमाप्रार्थी हैं—लेखक)

साध्वी ऋतंभराजी को अकारण गिरफ्तार किया जाना, गैर-कानूनी तरीके से बंदी बनाकर उनके द्वारा किए गए 'तथाकथित अपराध' के स्थल से सैकड़ों किलोमीटर दूर उन्हें ग्वालियर जेल में निरुद्ध किया जाना और फिर म.प्र. उच्च न्यायालय की इंदौर खंडपीठ द्वारा उन्हें ससम्मान रिहा किया जाना लोकतंत्र में प्रशासन की विद्वेषपूर्ण कार्रवाई और सत्य की जीत का ज्वलंत उदाहरण है, जिसे कानून की किताबों में आने वाली पीढ़ियाँ पढ़ती रहेंगी।

घटना के केंद्रबिंदु रहे म.प्र. के देवास जिले स्थित उदयनगर गाँव में आखिर साध्वीजी ने ऐसा क्या कह दिया था, जिसके कारण समाज में विघटन का खतरा पैदा हो गया था? उनकी रिहाई के दिन उच्च न्यायालय की इंदौर खंडपीठ में न्यायमूर्ति माननीय श्री आसाराम तिवारी ने बागली पुलिस से यही प्रश्न किया था कि आखिर साध्वीजी के भाषण के बाद क्षेत्र में ऐसा कौन सा तनाव हुआ था, जिसके कारण उन्हें रात्रि को तीन बजे एक स्त्री के संरक्षण संबंधी सभी कानूनों को दरकिनार करते हुए बंदी बनाया गया? कठघरे में खड़ा संबंधित पुलिस अधिकारी केवल इतना ही कह सका कि 'साहब, ऊपर से आदेश था कि साध्वीजी को रात में ही बंदी बनाना है, इसलिए हमने उन पर प्रकरण दर्ज कर इंदौर पुलिस को सूचित किया था।' उदयनगर के अपने भाषण में साध्वीजी ने सांप्रदायिक वैमनस्यता फैलाने वाला आखिर ऐसा क्या बयान दिया था? इस प्रश्न पर वह अधिकारी कोर्ट को कोई उत्तर न दे सका था।

वस्तुतः सिस्टर मारिया की हत्या हो जाने के बाद उस क्षेत्र के हिंदुओं विशेषकर राष्ट्रीय स्वयंसेवक संघ और विश्व हिंदू परिषद जैसे राष्ट्रनिष्ठ संगठनों को उदय नगर के ईसाई समुदाय और तत्कालीन म.प्र. सरकार द्वारा किसी-न-किसी प्रकार से प्रताड़ित किया जा रहा था, क्योंकि यह सब जानते थे कि वहाँ ईसाई मिशनरी व्यापक स्तर पर धर्मांतरण का कार्य चला रही है और हिंदू संगठन उनकी वास्तविकता सामने लाने के लिए आदिवासियों के बीच लगातार काम कर रहे हैं। यहाँ तक कि मारिया के हत्यारे को भी हिंदू संगठनों से जोड़ने की कोशिश की गई, भले ही यह हत्याकांड व्यक्तिगत रंजिश के तहत हुआ था।

साध्वीजी ने हिंदू सम्मेलन के उस मंच से यदि हिंदू समाज को एकजुटता का संदेश दिया तो इसमें क्या गलत था? उन्होंने यह तो नहीं कहा कि एकजुट

होकर हमें अन्य धर्मावलंबियों को डराना, धमकाना अथवा प्रताड़ित करना है? हमें कोई डरा, धमका या प्रताड़ित न कर सके, केवल इसके लिए एकजुट रहना है। आप किसी धर्म की अच्छाई को समझकर और पूर्ण विवेक के साथ अपना धर्म बदलते हो तो ऐसा करने से आपको कानूनन कोई रोक नहीं सकता, रोका जाना भी नहीं चाहिए। लेकिन, यदि सेवा के नाम पर कोई आपका धर्मांतरण करे, रोटी, कपड़ा और मकान देने का वादा करके कोई आपसे चर्च में आने को कहे तो क्या यह सेवा के नाम पर सौदा नहीं है? क्या यह उचित है? यह सच्चाई है कि कई आदिवासी क्षेत्रों में धर्मांतरण में जुटी मिशनरियों ने भोले-भाले आदिवासियों को दर्द निवारक दवाएँ पानी में घोलकर उसे 'पवित्र पानी' बता, उन्हें पिलाकर उनका दर्द दूर करने जैसे झूठे चमत्कार बताकर उन्हें अपने धर्म से प्रभावित करने की कोशिश की है। आप किसी की सेवा कर रहे हैं और बदले में आप उससे कुछ चाह रहे हैं तो फिर यह सेवा नहीं, बल्कि उसकी आड़ में सौदा है। इसके विरुद्ध यदि कोई संन्यासिन अपने हिंदू बंधु-भगिनियों को इस षड्यंत्र के विरुद्ध सचेत करती है तो क्या वह अपराध करती है? स्वधर्म के गौरव को जीवित रखने के लिए यह संघर्ष केवल एक साध्वी ने ही नहीं, बल्कि समाज के प्रत्येक जिम्मेदार व्यक्ति को करना चाहिए।

लेकिन क्या यह संघर्ष केवल भाषणों में ही हो? एक सदी से यह बातें चलती आई थी कि ईसाई मिशनरियाँ भारत के आदिवासी अंचलों में धर्मांतरण कर रही हैं। लोग यह भी कहते आए कि यह 'सेवा के नाम पर सौदा है,' लेकिन क्या कभी किसी ने यह सोचा कि अभावों में जी रहे अपने हिंदू बंधुओं के लिए हमने क्या किया? भोजन को अन्न नहीं, पीने को स्वच्छ पानी नहीं, बच्चों को शिक्षा नहीं, बीमारों को इलाज नहीं'''यही वे मूलभूत आवश्यकताएँ हैं, जो जीवन संघर्ष में आम मनुष्य को अपने धर्मपथ से भी डिगा देती हैं। पेट की आग बुझाने के लिए मट्ठी भर अनाज और मरते हुए को इलाज, ये दो ऐसी जरूरतें हैं, जिनके आगे आम आदमी को धर्म भी बौना दिखता है। उसे लगता है कि मेरे बच्चे भूख से बिलख रहे हैं और ऐसे में यदि कोई व्यक्ति दो वक्त की रोटी देने का वादा करके मुझसे चर्च आने को कहता है तो इसमें क्या बुराई है? जीवन ही नहीं बचेगा तो फिर धर्म का क्या अर्थ है।

कुछ हिंदू संगठनों या संत-महात्माओं की बात छोड़ दें तो हमारे समर्थ हिंदू समाज ने कभी भी इस बात की चिंता नहीं की कि सुदूर वनवासी क्षेत्रों में हमारा वनबंधु कैसा नारकीय जीवन जी रहा है। हमने उसके धर्मांतरण पर उसे गाली तो दी, लेकिन कभी यह नहीं सोचा कि जिस धर्म और संस्कृति को उसने पल-पल जिया, उसे केवल मुट्ठी भर अनाज और बच्चों को अक्षर ज्ञान मिलने की विवशता में अपना वही धर्म छोड़ते हुए क्या उसे पीड़ा नहीं हुई होगी? हमने कभी नहीं सोचा कि इस देश में करोड़ों हिंदुओं के होते हुए भी हमारे वनवासी ईसाई बन जाने पर विवश हैं। देश के कुछ भागों में मिशनरियों के इस दुष्चक्र के विरुद्ध हिंसा का प्रयोग भी किया, लेकिन क्या हिंसा इसका निदान है? हम अपनी लकीर बड़ी करने के लिए किसी और की लकीर को बिगाड़ने की बजाय खुद अपनी ही लकीर को बड़ी क्यों नहीं करते? हमने यह तय क्यों नहीं किया कि ईसाई मिशनरियों के मुकाबले हम भी वनवासी क्षेत्रों में अपने वन-बंधुओं की सेवा और सहायता का विराट् मिशन चलाएँगे? ये तमाम प्रश्न साध्वी ऋतंभराजी के प्रकरण के बीच रह-रहकर उठते रहे।

घटना के ईमानदार विश्लेषण के बाद केवल एक ही बात उभरकर सामने आती है कि हमेशा ही ऐसे व्यक्तित्वों के कार्यों को बल अथवा छल से रोकने की कोशिशें राजनैतिक शक्तियों द्वारा की जाती हैं, जिनके जन-जागरण से उन्हें अपनी सत्ता से च्युत हो जाने का खतरा बना रहता है।

□

बाबरी ध्वंस प्रकरण में साध्वी ऋतंभराजी को आरोपित किया जाना

6 दिसंबर, 1992 को अयोध्या में ढाँचा ध्वंस होने के 265 दिनों के बाद प्रकरण की जाँच का जिम्मा केंद्रीय अन्वेषण ब्यूरो (सी.बी.आई.) को सौंपा गया। जाँच में उसे इस बात का अनुसंधान करना था कि किसने इस घटना की योजना बनाई और किन-किन लोगों ने ढाँचे को गिराने वाली भीड़ को उकसाया। सी.बी.आई. की टीम लगभग तीन वर्षों तक तथ्यों की जाँच करते हुए सबूत और गवाहों को ढूँढ़ती रही। सी.बी.आई. के लखनऊ स्थित विशेष न्यायालय में मामले की सुनवाई शुरू हुई।

वर्ष 1997 में लखनऊ कोर्ट के जज ने आदेश दिया कि ढाँचा विध्वंस प्रकरण के अब तक के 48 आरोपियों (साध्वी ऋतंभराजी सहित) के विरुद्ध आरोप तय किए जाएँ। इसके विरुद्ध 48 में से कुल 33 आरोपियों ने इलाहाबाद हाईकोर्ट में विशेष अदालत के आरोप तय करने के फैसले को चुनौती दी। लगभग चार सालों तक इस केस में कोई भी विशेष तेजी नहीं दिखाई दी, परंतु 12 फरवरी, 2001 को इलाहाबाद हाईकोर्ट ने कहा कि 'प्रकरण क्रमांक 198/92 के तहत सुनवाई के लिए जो आदेश जारी हुआ था, वह गलत था।' हाईकोर्ट ने यह भी कहा, 'विशेष जज को 198/92 में सुनवाई करने का अधिकार नहीं है।'

इसके बाद इलाहाबाद हाईकोर्ट ने 198/92 के अंतर्गत चल रहे केस में आरोपियों के खिलाफ आपराधिक साजिश का चार्ज हटाने का आदेश दिया। विशेषज्ञों के अनुसार ऐसा करने से प्रकरण के संबंध में सी.बी.आई. का पक्ष कमजोर पड़ने लगा।

4 मई, 2001 को उत्तर प्रदेश की तत्कालीन बहुजन समाज पार्टी-भारतीय जनता पार्टी की गठबंधन सरकार ने, जिसके मुख्यमंत्री श्री राजनाथसिंह थे, इलाहाबाद हाईकोर्ट के फैसले के बाद प्रकरण क्रमांक 198/92 के तहत सभी 21 आरोपियों के विरुद्ध दर्ज किया गया मामला वापस ले लिया। सी.बी.आई. द्वारा तुरंत इसके विरुद्ध इलाहाबाद हाईकोर्ट में याचिका दायर की गई, जिसे संबंधित न्यायालय ने 20 मई, 2001 को खारिज कर दिया।

सी.बी.आई. ने हाईकोर्ट में ही पुनर्विचार याचिका दायर की। इसी साल 16 जून को सी.बी.आई. ने उत्तर प्रदेश सरकार को भी एक पत्र लिखा कि वह नए सिरे से सुनवाई करने के लिए अध्यादेश जारी करे।

17 सितंबर, 2002 को उत्तर प्रदेश सरकार ने कहा कि सी.बी.आई. रायबरेली में ही इस संपूर्ण प्रकरण की सुनवाई करे। 21 मार्च, 2003 को इस मामले की पत्रावली रायबरेली पहुँचने पर 29 मार्च को विशेष अदालत ने आदेश जारी किया कि प्रकरण से संबंधित सभी आरोपी न्यायालय में हाजिर हों।

19 सितंबर, 2003 को सी.बी.आई. की विशेष अदालत के न्यायिक मजिस्ट्रेट श्री विमल कुमार सिंह ने श्री लालकृष्ण आडवाणी को सभी आरोपों से बरी कर दिया। इसके पश्चात् 10 अक्तूबर, 2003 को भाजपा नेता डॉ. मुरली मनोहर जोशी ने भी इलाहाबाद हाईकोर्ट में याचिका दायर कर कहा कि उन पर तय किए गए आरोपों पर पुनर्विचार किया जाए।

यह मामला विचाराधीन ही था कि दो वर्ष बाद 6 जुलाई, 2005 को इलाहाबाद हाईकोर्ट द्वारा ढाँचा विध्वंस प्रकरण में दोबारा आदेश जारी करते हुए उन पर आरोप तय करने को कहा। 28 जुलाई, 2005 के दिन विशेष न्यायिक मजिस्ट्रेट श्री विनोद सिंह ने श्री लालकृष्ण आडवाणी पर फिर से सांप्रदायिक सौहार्द बिगाड़ने का आरोप तय कर दिया।

वर्ष 2010 में इलाहाबाद हाईकोर्ट में सी.बी.आई. द्वारा दायर की गई पुनर्विचार याचिका भी खारिज हो गई। श्री आडवाणी सहित अन्य सभी लोगों के विरुद्ध आपराधिक साजिश के आरोप रद्द ही रहे।

वर्ष 2010 तक रायबरेली की अदालत में प्रकरण क्रमांक 198/92 और लखनऊ की अदालत में प्रकरण क्रमांक 197/92 पर सुनवाई हो रही थी। इसी

वर्ष सी.बी.आई. ने सुप्रीम कोर्ट में पुनः एक याचिका दायर की। अगले कुछ वर्षों तक सुप्रीम कोर्ट में विवादित ढाँचा विध्वंस केस में कई याचिकाएँ दायर होती रहीं, जिसके कारण इस प्रकरण में निर्णय की गति धीमी पड़ गई।

अंततः 19 अप्रैल, 2017 को सुप्रीम कोर्ट के एक आदेश के अंतर्गत श्री आडवाणी और अन्य सभी आरोपितों को तत्संबंधी प्रकरण में आपराधिक साजिश के आरोप के अधीन लाया गया। सुप्रीम कोर्ट द्वारा सी.बी.आई. को यह आदेश जारी किया गया कि वह अगले दो वर्षों में इस मामले की सुनवाई पूरी कर ले। दो वर्ष बीत जाने पर फिर से 19 जुलाई, 2019 को सुप्रीम कोर्ट ने सुनवाई और फैसले की समयावधि को अगले नौ महीनों के लिए आगे बढ़ा दिया। उसने अपने आदेश में कहा कि अगले छह महीनों में सभी गवाहों और आरोपियों के बयान दर्ज कर लिये जाएँ और उसके बाद निर्णय सुनाया जाए।

इस केस के मुख्य आरोपित और ढाँचा विध्वंस के समय उत्तर प्रदेश के मुख्यमंत्री रहे श्री कल्याण सिंह से भी लंबे समय तक पूछताछ नहीं हो सकी थी। 4 सितंबर, 2014 को श्री कल्याण सिंह ने राजस्थान के राज्यपाल पद की शपथ ले ली थी। इस शपथ के बाद उन्हें भारतीय संविधान के तहत प्राप्त अधिकारों के कारण उनसे कोई पूछताछ अथवा उनकी गिरफ्तारी नहीं की जा सकती थी। सितंबर 2019 में राज्यपाल के पद से सेवानिवृत्त होने के बाद श्री कल्याण सिंह को सी.बी.आई. ने पुनः आरोपितों की सूची में सम्मिलित किया। 4 जून, 2020 से एक बार फिर से आरोपितों की पेशी कोर्ट में शुरू हुई।

□

बाबरी ध्वंस प्रकरण में साध्वी ऋतंभराजी को दोषमुक्त किया जाना

अब बारी थी 6 दिसंबर, 1992 को वहाँ लाखों कारसेवकों की भीड़ द्वारा ध्वस्त किए गए ढाँचे के बाद दर्ज प्रकरण के निर्णय की। 28 वर्षों तक चले इस प्रकरण में लंबी बहसों और गवाहों के बयानों के बाद न्यायालय ने माना कि श्रीरामजन्मभूमि अयोध्या में उस दिन हुआ वह विध्वंस कोई पूर्वनियोजित षड्यंत्र नहीं था। वह अज्ञात लोगों द्वारा परिसर में घुसकर की गई अकस्मात् घटना थी। आरोपितों की इसमें कोई भूमिका नहीं थी, बल्कि उनके द्वारा तो भीड़ को ऐसा करने से रोकने की कोशिशें की गई थीं। प्रस्तुत साक्ष्यों को भी माननीय न्यायालय ने अविश्वसनीय मानते हुए उनके विवरणों को खारिज कर दिया।

अंततः 30 सितंबर, 2020 को माननीय न्यायाधीश श्री सुरेंद्र कुमार यादव ने अपना निर्णय सुनाते हुए इस मामले में आरोपित सभी लोगों (साध्वी ऋतंभराजी सहित) को ससम्मान दोषमुक्त घोषित किया। 'ढाँचा ध्वंस' के आरोप से सब बरी कर दिए गए। इस प्रकरण में कुल 48 लोग आरोपित किए गए थे, जिनमें से 16 का निधन इस पुस्तक के लिखे जाने तक हो चुका था। 30 सितंबर को शेष सभी 32 लोगों ने प्रत्यक्ष और वीडियो कॉन्फ्रेंसिंग के द्वारा न्यायालय के समक्ष उपस्थित रहकर निर्णय सुना। घटना के 28 वर्षों बाद इस पर 2300 पृष्ठों का अपना निर्णय देने वाले विशेष न्यायालय के न्यायाधीश श्री यादव का यह अपने कार्यकाल का अंतिम निर्णय रहा। इसी दिन वे सेवानिवृत्त भी हो गए।

निर्णय सुनाते हुए उन्होंने कहा, 'प्रकरण में सी.बी.आई. किसी के भी खिलाफ एक भी आरोप साबित नहीं कर सकी। इसलिए सभी आरोपी बरी किए

जाते हैं।' यह संयोग ही कहा जाएगा कि श्रीरामजन्मभूमि-बाबरी मसजिद प्रकरण में इलाहाबाद हाईकोर्ट की लखनऊ खंडपीठ का निर्णय भी वर्ष 2010 की 30 सितंबर को ही आया था।

साढ़े चार सौ वर्षों से अपने आराध्य प्रभु श्रीरामलला को पराभवी युग के प्रतीक बाबरी ढाँचे में विराजमान देखकर आहत होते चले आ रहे विराट् हिंदू समाज का धैर्य 6 दिसंबर, 1992 को आखिरकार टूट ही गया था। मुगलकाल, ब्रिटिशकाल और फिर भारत के स्वाधीनकाल में अपनी आस्था के प्रति संपूर्ण न्याय की प्रतीक्षा करते-करते तंग आ चुके रामभक्तों ने आस्था पर लगा वह कलंक धो डाला।

बाबरी विध्वंस : 28 साल बाद गिराने की साजिश रचने के सभी 32 आरोपी बरी

चार्जशीट के आरोप भी साबित नहीं हुए...

जज बोले-आडवाणी, जोशी बाबरी ढांचा बचाने वालों में थे...गिराने वाले तो अज्ञात

भास्कर एक्सप्लेनर : समझिए...क्या है सीबीआई कोर्ट के फैसले का आधार

• तो फिर ढांचा गिराया किसने?

सत्य सबके सामने सदैव ही दर्पण के समान स्पष्ट होता है, लेकिन लोकतंत्र की तराजू पर राजनैतिक लाभ-हानि का तौल उसे सामने आने नहीं देता। जो लोग यश-अपयश और अपने जीवन की चिंता किए बिना उसे जनता-जनार्दन के सामने लाते हैं, उन्हें शासन-प्रशासन द्वारा प्रताड़ित किए जाने का मामला कोई नया नहीं है। सत्य-असत्य के संघर्ष का यह दृश्य हर युग में देखने को मिलता है।

'बाबरी विध्वंस प्रकरण' में 30 सितंबर, 2020 को लखनऊ स्थित विशेष न्यायालय के न्यायाधीश माननीय श्री एस.के. यादव ने अपने निर्णय में इन सभी तथाकथित आरोपितों को ससम्मान दोषमुक्त घोषित किया—

परमहंस महंत श्री रामचंद्रदासजी महाराज

महंत श्री अवैद्यनाथजी महाराज

श्री अशोक सिंहल

श्री विष्णुहरि डालमिया

आचार्य श्री गिरिराज किशोर

श्री लालकृष्ण आडवाणी

डॉ. मुरली मनोहर जोशी

श्री कल्याण सिंह

साध्वी ऋतंभराजी

साध्वी उमा भारतीजी

महंत श्री नृत्यगोपालदासजी महाराज

महंत श्री धर्मदासजी महाराज

डॉ. रामविलास वेदांतीजी

श्री चंपतराय बंसल

आचार्य धर्मेंद्र देवजी

श्री विनय कटियार

श्री सतीश प्रधान

श्री पवन कुमार पांडेय

श्री लल्लूसिंह

श्री प्रकाश शर्मा

श्री विजय बहादुर सिंह

श्री संतोष दुबे

श्री गांधी यादव

श्री रामजी गुप्ता

श्री बृजभूषणशरण सिंह

श्री जयभगवान् गोयल

श्री रामचंद्र खत्री

श्री सुधीर कक्कर

श्री अमरनाथ गोयल

श्री जयभानसिंह पवैया

श्री धर्मेंद्र सिंह गुज्जर

श्री रामनारायण दास

श्री रामजी गुप्ता
श्री ओमप्रकाश पांडेय
श्री विनय कुमार राय
श्री कमलेश त्रिपाठी
श्री नवीन भाल शुक्ला
श्री रवींद्रनाथ श्रीवास्तव
श्री मोरेश्वर सावे
श्री जगदीश मुनि महाराज
श्री बाला साहेब ठाकरे
श्री विनोद कुमार वत्स
श्री लक्ष्मीनारायण दास महात्यागी
श्री हरगोविंद सिंह
श्री रमेश प्रताप सिंह
श्री देवेंद्र बहादुर राय
श्री वैकुंठ लाल शर्मा
डॉ. सतीश कुमार नागर

□

बाबरी ध्वंस प्रकरण संबंधी न्यायालय का निर्णय आदेश

दिनांक : 30.09.2020

सुरेंद्र कुमार यादव

पीठासीन अधिकारी,

विशेष न्यायालय–अयोध्या प्रकरण,

लखनऊ

अभियुक्त लालकृष्ण आडवाणी, मुरली मनोहर जोशी, साध्वी ऋतंभरा, उमा भारती, विनय कटियार, आचार्य धर्मेंद्र देव के संबंध में पत्रावली पर जो साक्ष्य आई, उससे स्पष्ट है कि इन लोगों को घटना के समय मंच पर उपस्थित होना बताया गया है। अभियुक्तगण के विरुद्ध प्रस्तुत की गई साक्षी की विस्तारपूर्वक विवेचना की गई है। जहाँ तक अभियुक्तगण द्वारा नारे लगाने का प्रश्न है, किसी भी अभियुक्त द्वारा लगाए गए विशेष नारे की रिकॉर्डिंग, उनकी आवाज का नमूना लेकर न्यायालय में पेश नहीं किया गया, जो एक प्रबल साक्ष्य था कि किस अभियुक्तों द्वारा कौन सा विशिष्ट नारा लगाया गया, जिससे किसी की धार्मिक भावना आहत हुई होती, तो वह स्थापित होता।

साध्वी ऋतंभरा ने जो भाषण महाराष्ट्र की विभिन्न सभाओं में दिया, वह भाषण टाइप करके प्रिंट निकालकर न्यायालय में पेश किया गया, वह फोटो कॉपी है तथा टेप रिकॉर्ड को सील भी नहीं किया गया। इस संबंध में भी विस्तारपूर्वक समीक्षा करने के बाद अभियुक्तगण की घटना में संलिप्तता नहीं पाई गई।

अभियुक्त महाराज स्वामी साक्षी को, मात्र एक अखबार में साक्षात्कार दिया और अखबार में उनका नाम छप गया, मात्र इसी आधार पर अभियुक्त बनाया गया। इस अभियुक्त की भी कोई संलिप्तता घटना में नहीं पाई गई है।

अभियुक्त नृत्यगोपाल दास, रामविलास वेदांती को दिनांक 6-12-92 को घटना कारित करने में किसी प्रकार से संलिप्त होने की कोई साक्ष्य पत्रावली पर उपलब्ध नहीं है।

अभियुक्त चंपतराय पर यह आरोप है कि उन्होंने कारसेवा के आयोजन के संबंध में सामान टेंट वाले से मँगाने का आदेश दिया था तथा उन सामानों की रसीद आदि की भी समीक्षा की जा चुकी है। इस संबंध में पी.डब्ल्यू. 101 द्वारा वस्तु प्रदर्श-76 व पी.डब्ल्यू.-2 द्वारा वस्तु प्रदर्श-77 तथा वस्तु प्रदर्श-78, जिसमें रसीदों की संख्या 282 है, वस्तु प्रदर्श-77 पर प्रदर्श क-120 भी अंकित है, जिसके संबंध में पी.डब्ल्यू. 103 ने भी बयान दिया है। इस रसीद बुक में रामकथा कुंज व रामजन्मभूमि न्यास के नाम चादर आदि का वर्णन अंकित है और उसके सामने उसका मूल्य अंकित है।

सी.बी.आई. का यह कहना है कि ये सभी सामान विवादित ढाँचे को क्षति पहुँचाने के लिए खरीदे गए थे, किंतु प्रदर्श क-122, जिसमें 6 नग चादर का उल्लेख है, उससे कैसे विवादित ढाँचे को क्षति पहुँचाई जा सकती है? यह विश्वसनीय नहीं प्रतीत होता है तथा इन्हीं सामानों से विवादित ढाँचे को क्षति पहुँचाई गई, इसका कोई साक्ष्य सी.बी.आई. द्वारा नहीं प्रस्तुत किया गया है। कारसेवा हेतु जो भी सामान टेंट आदि लाया गया, उससे इस अभियुक्त द्वारा कोई आपराधिक षड्यंत्र करने या घटना कारित करने में कोई संलिप्तता पाई गई हो, इसका कोई साक्ष्य नहीं है, क्योंकि जो भी सामग्री थी, वह मकान की पुताई व मरम्मत आदि से संबंधित था। अभियुक्त लल्लू सिंह को भी विवादित परिसर में मात्र मौजूद होना कहा गया है तथा कारसेवकों के खाने पीने का इंतजाम करना बताया गया है तथा इनके विरुद्ध भी सी.बी.आई. द्वारा प्रस्तुत साक्ष्य से आरोप की पुष्टि नहीं होती है।

अभियुक्त कल्याण सिंह द्वारा अपने धारा 313 द.प्र.सं. के बयान में प्रश्न संख्या 1044 वस्तु प्रदर्श 311 माननीय उच्चतम न्यायालय के आदेश दिनांक

6-12-92 के संबंध में अभियुक्त कल्याण सिंह द्वारा कुछ नहीं कहा गया है। कहने का तात्पर्य है कि विवादित ढाँचा दिनांक 6-12-92 को कारसेवकों के समूहों में से एक अराजक समूह द्वारा गिरा दिया गया, लेकिन उसकी सुरक्षा की व्यवस्था प्रदेश सरकार द्वारा की गई थी, इसकी पुष्टि इस साक्ष्य से भी होती है कि विवादित परिसर में दिनांक 6-12-92 को लाखों कारसेवक मौजूद थे, महिलाएँ, बुजुर्ग थे एवं पत्रकार, मीडियाकर्मी थे और सबके बैठने के लिए उचित व्यवस्था की गई थी, टेंट लगाए गए थे। वी.एच.पी. व आर.एस.एस. के कार्यकर्ता कारसेवकों को नियंत्रित कर रहे थे। मंच से उपद्रवी कारसेवकों को बाहर निकालने का निर्देश दिया गया तथा अशोक सिंहल द्वारा भी कारसेवकों को विवादित ढाँचे की तरफ जाने से मना किया गया तो वे उन्हीं पर हमलावर हो गए और किसी की न सुनते हुए विवादित ढाँचे पर चढ़कर उसे तोड़ दिया गया, जिससे यह स्पष्ट है कि घटना अचानक शुरू हुई थी और इसकी आशंका स्वयं अभियुक्तगणों को नहीं थी। इस बात की पुष्टि भी अभियोजन के कई साक्षीगणों ने अपने-अपने बयानों में की है।

अभियुक्त कल्याण सिंह द्वारा किसी व्यक्ति की धार्मिक भावना को चोट पहुँचाने या किसी उपासना स्थान को या व्यक्तियों के किसी वर्ग द्वारा पवित्र मानी गई किसी वस्तु को नष्ट, नुकसानग्रस्त या अपवित्र करने के आशय से कोई अपमान किए जाने का कोई साक्ष्य पत्रावली पर नहीं है, जिससे यह साबित हो सके कि अभियुक्त द्वारा किसी वर्ग की धार्मिक भावनाओं को आहत किया गया या पूजा स्थल को अपमानित किया गया तथा देश की एकता व अखंडता को कोई चोट पहुँचाई गई। वैसे भी विवादित ढाँचे में नमाज अदा करने का कोई साक्ष्य भी नहीं है।

विवादित ढाँचा गिरा दिए जाने के बाद सह अभियुक्त लालकृष्ण आडवाणी द्वारा इस पर दुःख भी प्रकट किया गया था, जिसकी आलोचना किसी अभियुक्त द्वारा नहीं की गई, इस बात की साक्ष्य पत्रावली पर मौजूद है। माननीय उच्चतम न्यायालय के आदेश की अवहेलना कोई नहीं करना चाहेगा, क्योंकि माननीय उच्चतम न्यायालय का आदेश सभी के लिए आदरणीय व बाध्यकारी है। धारा-120बी के आरोप के संबंध में सभी अभियुक्तगणों के विरुद्ध विस्तार से विवेचना

की जा चुकी है तथा अभियुक्त कल्याण सिंह द्वारा भी आपराधिक षड्यंत्र में शामिल होकर विवादित ढाँचे को गिरवाया गया, इसकी भी कोई साक्ष्य नहीं है, क्योंकि किसी समाचार-पत्र में कोई वक्तव्य दे देने से भी व अभियुक्त की स्वीकृति या संस्वीकृति नहीं होगी, जब तक इसे प्रबल साक्ष्य से साबित न कर दिया जाए।

अभियुक्तगण पवन कुमार पांडेय, बृजभूषण शरण सिंह, जय भगवान् गोयल, ओमप्रकाश पांडेय को धारा 120-बी, 147, 153-ए सपठित धारा 149/120-बी, 153-बी सपठित धारा 149/120-बी, 295 सपठित धारा 149/120-बी, 295-ए सपठित धारा 149/120-बी, 505 सपठित धारा 149/120-बी, 395, 332 सपठित धारा 149 विकल्पत: 338 सपठित धारा 149 एवं धारा 201 सपठित धारा 149 भारतीय दंड संहिता के अंतर्गत लगाए गए आरोप से दोषमुक्त किया जाता है।

अभियुक्तगण रामचंद्र खत्री, सुधीर कक्कर, अमरनाथ गोयल, संतोष दुबे, श्री प्रकाश शर्मा, जयभान सिंह पवैया, धर्मेंद्र सिंह गुर्जर, विनय कुमार राय, लल्लू सिंह, रामजी गुप्ता, कमलेश त्रिपाठी, गांधी यादव, हरगोविंद सिंह, विजय बहादुर सिंह, नवीन भाई शुक्ला एवं आचार्य धर्मेंद्र देव को धारा 120-बी, 147, 395, 332 सपठित धारा 149 विकल्पत: 338 सपठित धारा 149, 201 सपठित धारा 149, 153-ए सपठित धारा 149/120-बी, 153-बी सपठित धारा 149/120-बी, 295 सपठित धारा 149/120-बी, 295, सपठित धारा 149/120-बी, 505 सपठित धारा 149/120-बी भारतीय दंड संहिता के आरोप से दोषमुक्त किया जाता है।

अभियुक्त महाराज स्वामी साक्षी को धारा 120-बी, 147, 153-ए सपठित धारा 149/120-बी, 153-बी सपठित धारा 149/120-बी, 295 सपठित धारा 149/120-बी, 295 सपठित धारा 149/120-बी, 505 सपठित धारा 149/120-बी भारतीय दंड संहिता के अंतर्गत लगाए गए आरोप से दोषमुक्त किया जाता है।

अभियुक्त कल्याण सिंह को धारा 120-बी, 153-ए, सपठित धारा 120-बी, 153-बी सपठित धारा 120-बी, 295 सपठित धारा 120-बी, 295, सपठित

धारा 120-बी, 505 सपठित धारा 120-बी, भारतीय दंड संहिता के अंतर्गत लगाए गए आरोप से दोषमुक्त किया जाता है।

अभियुक्तगण लालकृष्ण आडवाणी, डॉ. मुरली मनोहर जोशी, विनय कटियार, उमा भारती एवं साध्वी ऋतंभरा को धारा 120-बी, 147, 153-ए, सपठित धारा 149/120-बी, 153-बी सपठित धारा 149/120-बी, 505 (1) (बी) सपठित धारा 149/120-बी भारतीय दंड संहिता के आरोप से दोषमुक्त किया जाता है।

अभियुक्तगण सतीश प्रधान, चंपतराय बंसल, महंत नृत्य गोपालदास एवं धरम दास को धारा 120-बी, 147, 153-ए, सपठित धारा 149/120-बी, 153-बी सपठित धारा 149/120-बी, 295 सपठित धारा 149/120-बी, 295-ए सपठित धारा 149/120-बी, 505 सपठित धारा 149/120-बी, भारतीय दंड संहिता के अंतर्गत लगाए गए आरोप से दोषमुक्त किया जाता है।

अभियुक्त रवींद्रनाथ श्रीवास्तव को धारा 120-बी, विकल्पतः 114, 153-ए सपठित धारा 120-बी/114, 295, सपठित धारा 120-बी/114, 295-ए सपठित धारा 120-बी/114, 505 सपठित धारा 120-बी/114, 201 सपठित धारा 120-बी/114 भारतीय दंड संहिता के अंतर्गत लगाए गए आरोप से दोषमुक्त किया जाता है।

दिनांक : 30-09-2020

(सुरेंद्र कुमार यादव)

पीठासीन अधिकारी,

विशेष न्यायालय, अयोध्या प्रकरण,

लखनऊ

निर्णय एवं आदेश मेरे द्वारा दिनांकित एवं हस्ताक्षरित कर खुले न्यायालय में उद्घोषित किया गया।

दिनांक : 30-09-2020

(सुरेंद्र कुमार यादव)

पीठासीन अधिकारी,

विशेष न्यायालय, अयोध्या प्रकरण,

लखनऊ

(माननीय न्यायालय के उपरोक्त आदेश को हमने शब्दशः संपूर्ण या आंशिक रूप में प्रकाशित करने का प्रयत्न किया है, फिर भी यदि कहीं कोई शाब्दिक त्रुटि रह गई हो तो हम क्षमाप्रार्थी हैं—लेखक)

और अंततः 491 वर्षों के संघर्षों के बाद श्रीरामजन्मभूमि पर रामलला विराजमान को कानूनी स्वामित्व मिला

9 नवंबर, 2019 को भारत के सर्वोच्च न्यायालय द्वारा श्रीरामजन्मभूमि परिसर, अयोध्या का संपूर्ण अधिकार विराजमान श्री रामलला को सौंपकर वहाँ एक भव्य मंदिर निर्माण का पथ-प्रशस्त किया गया। चीफ जस्टिस माननीय श्री रंजन गोगोई के नेतृत्व में जस्टिस माननीय श्री एस.एस. बोबड़े, जस्टिस माननीय श्री डी.वाई. चंद्रचूड़, जस्टिस माननीय श्री अशोक भूषण एवं जस्टिस माननीय श्री एस.ए. नजीर सुप्रीम कोर्ट की संविधान पीठ ने अयोध्या विवाद पर अपना निर्णय सुनाते हुए विवादित स्थल की 2.77 एकड़ भूमि श्री रामलला विराजमान को सौंपने का आदेश जारी करते हुए सरकार को आदेश दिया कि अब इस स्थान पर रामलला का मंदिर बनाने के लिए शीघ्र ही ट्रस्ट का गठन किया जाए। साथ ही मुस्लिम समुदाय की भावना का सम्मान करते हुए अयोध्या में ही नई मसजिद के निर्माण हेतु 5 एकड़ भूमि उपलब्ध कराने का भी आदेश दिया। संविधान पीठ ने कहा, "यह निर्णय आस्था नहीं, बल्कि तथ्यों के आधार पर किया गया है।"

दैनिक भास्कर

मंदिर सुप्रीम कोर्ट ने 2.77 एकड़ विवादित भूमि रामलला को सौंपी, मंदिर बनेगा | मस्जिद सरकार अयोध्या में ही दूसरी जगह मस्जिद के लिए 5 एकड़ जमीन देगी

रामलला ही विराजमान

5 जजों की संविधान पीठ ने सर्वसम्मति से सुनाया फैसला, देश ने संयम से स्वीकारा

आगे क्या: 2000 कारीगर लगें तो ढाई साल में तैयार होगा मंदिर

संविधान पीठ ने कहा- फैसला आस्था नहीं, तथ्यों के आधार पर किया

एएसआई रिपोर्ट फैसले का आधार बनी; विवादित ढांचे की दीवारों पर मंदिर के 14 स्तंभ थे, खुदाई में मिले 263 अवशेषों ने अयोध्या में मंदिर की पुष्टि की

इस ऐतिहासिक और अभूतपूर्व निर्णय के बाद सुप्रीम कोर्ट के चीफ जस्टिस माननीय श्री रंजन गोगोई ने कहा, "यह ऐसा विवाद था, जो भारत के विचार के साथ ही पनपा था। संवैधानिक मूल्य देश की आधारशिला हैं। इन्हीं की मदद से हम समाधान निकाल पाए हैं।"

जस्टिस माननीय श्री एस.ए. बोबड़े ने कहा, "इस केस के तथ्य, सबूत और दलीलें इतिहास, धर्म और कानून के गलियारों से गुजरे हैं, लेकिन हमें सियासी और धार्मिक दावों से अलग खड़ा होना होगा।"

जस्टिस माननीय श्री डी.वाई. चंद्रचूड़ ने कहा, "हमारे देश की धरती आक्रमणों और असंतोष की गवाह रही है। फिर भी भारत के विचार में उन सभी को स्थान मिला, जिन्होंने अपना महत्त्व साबित किया है।"

जस्टिस माननीय श्री अशोक भूषण ने कहा, "यह विवाद अचल संपत्ति को लेकर है। अदालत स्वामित्व के मामले का फैसला आस्था या यकीन के आधार पर नहीं, बल्कि सबूतों के आधार पर करती है।"

जस्टिस माननीय श्री एस.ए. नजीर ने कहा, "कोर्ट को ऐसे मामले में न्याय करना है, जिसमें सत्य की खोज के दो तरीके, एक-दूसरे की स्वाधीनता का हनन करते हैं और कानून का उल्लंघन करते हैं।

□

श्रीरामजन्मभूमि की कानूनी लड़ाई में जिनका योगदान चिर स्मरणीय रहेगा

निर्णय का मुख्य आधार बनी ए.एस.आई. की रिपोर्ट—

श्रीरामजन्मभूमि पर अपने जिस निर्णय के अंतर्गत सुप्रीम कोर्ट ने इस भूमि पर रामलला विराजमान का अधिकार माना है, उसका प्रमुख आधार रही भारतीय पुरातत्त्व सर्वेक्षण विभाग की एक रिपोर्ट। विभाग के निदेशक श्री के.के. मोहम्मद बताते हैं कि विवादित स्थल पर रामजन्मभूमि होने के पुरातात्त्विक प्रमाण वर्ष 1976 में ही मिल गए थे, जब मैं वहाँ पहुँची पुरातत्त्व विभाग की एक दस सदस्यीय टीम का सदस्य था। इन साक्ष्यों के आधार पर मैंने 1990 में कहा था कि विवादित ढाँचे के नीचे एक मंदिर है। मेरी इस बात से कुछ लोग नाराज हुए और मुझे जान से मारने की धमकियाँ मिलने लगीं। इसके बाद वर्ष 2003 में इलाहाबाद हाईकोर्ट के आदेश पर ध्वस्त ढाँचे के स्थान पर खुदाई की गई, जिसमें 50 स्तंभों के नीचे ईंटों से बना चबूतरा मिला। वहाँ पर मंदिर निर्माण में प्रयुक्त किए जाने वाले 263 अवशेष भी मिले। खुदाई में प्राप्त वस्तुओं पर कोई विवाद न हो, इसके लिए मैंने कुल 137 मजदूरों में 52 मुस्लिम मजदूर भी शामिल किए। बाबरी मसजिद एक्शन कमेटी के प्रतिनिधियों के अतिरिक्त हाई कोर्ट के एक मजिस्ट्रेट भी उनके साथ हमेशा रहे।

विवाद के हिंदू पक्षकार और उनकी अमूल्य सेवाएँ—

जन्मभूमि विवाद प्रकरण में रामलला को नाबालिग और न्यायिक व्यक्ति मानते हुए विश्व हिंदू परिषद के श्री त्रिलोकीनाथ पांडे ने मुकदमा दायर किया था। इसके बाद वर्ष 1989 में विश्व हिंदू परिषद के कार्यकारी अध्यक्ष रहे एवं

इलाहाबाद हाईकोर्ट के पूर्व जज श्री देवकीनंदन अग्रवाल ने भगवान् राम के सखा के रूप में एक दावा फैजाबाद की अदालत में दायर किया। 93 वर्ष की वयोवृद्ध आयु में भी प्रतिदिन घंटों-घंटों खड़े रहकर रामलला का पक्ष रखने वाले वकील श्री केशव परासरन वंदनीय हैं। जब चीफ जस्टिस श्री रंजन गोगोई ने उन्हें कहा, 'आप बैठकर भी अपना पक्ष रख सकते हैं' तो उन्होंने कोर्ट प्रोटोकाल का हवाला देकर विनम्रतापूर्वक इससे इनकार कर दिया। रामलला के प्रति उनकी इतनी गहरी श्रद्धा रही कि वे सुनवाई के दौरान अपने जूते कोर्ट रूम के बाहर ही उतारकर आते थे। इनके साथ ही हिंदू पक्ष के दूसरे वकील के रूप में श्री सी.एस. वैद्यनाथन ने भी अपनी अमूल्य सेवाएँ प्रदान कीं।

इस प्रकरण के हिंदू पक्षकारों पूज्य महंत रघुवरदास एवं पूज्य महंत रामचंद्र परमहंस का देहांत हो चुका था, इसलिए उनकी ओर से पूज्य महंत नृत्यगोपालदासजी तथा पूज्य महंत धर्मदासजी नियमित रूप से न्यायालय में आते रहे।

श्रीरामजन्मभूमि मुक्ति आंदोलन में जिन आध्यात्मिक, सामाजिक और राजनैतिक विभूतियों का योगदान अनंतकाल तक स्मरणीय रहेगा—

पूज्य महंत श्री रामचंद्रदासजी परमहंस
पूज्य महंत श्री अवैद्यनाथजी महाराज
पूज्य देवराहा बाबाजी
पूज्य स्वामी वामदेवजी महाराज
पूज्य युगपुरुष स्वामी परमानंदजी महाराज
पूज्य महंत श्री नृत्यगोपालदासजी महाराज
पूज्य डॉ. रामविलास वेदांतीजी महाराज
निवृतमान शंकराचार्य पूज्य स्वामी सत्यमित्रानंदजी महाराज
जगद्गुरु शंकराचार्य पूज्य स्वामी वासुदेवानंदजी महाराज
जगद्गुरु रामानुजाचार्य पूज्य स्वामी वासुदेवाचार्यजी महाराज
जगद्गुरु रामानंदाचार्य पूज्य स्वामी हंसदेवाचार्यजी महाराज
जगद्गुरु मध्वाचार्य पूज्य स्वामी विश्वेशतीर्थजी महाराज
जगद्गुरु शंकराचार्य पूज्य स्वामी जयेंद्र सरस्वतीजी महाराज

जगद्गुरु शंकराचार्य पूज्य स्वामी दिव्यानंद तीर्थजी महाराज

पूज्या साध्वी ऋतंभराजी

पूज्या साध्वी उमा भारतीजी

पूज्य आचार्य धर्मेंद्रजी महाराज

बौद्ध जगद्गुरु पूज्य भिक्षु ज्ञानजगतजी महाराज

दिगंबर जैन मुनि उपाध्याय पूज्य श्री गुप्तिसागरजी महाराज

श्री अशोक सिंहल

श्री विष्णु हरि डालमिया

आचार्य गिरिराज किशोर

राजमाता श्रीमती विजयाराजे सिंधिया

डॉ. मुरली मनोहर जोशी

श्री लालकृष्ण आडवाणी

श्री विनय कटियार

श्री श्रीशचंद्र दीक्षित

□

पूज्य गुरुदेव युगपुरुष स्वामी परमानंद गिरिजी महाराज की दृष्टि में अयोध्या आंदोलन में साध्वी ऋतंभराजी का योगदान

श्रीरामजन्मभूमि मुक्ति के लिए अयोध्या का बहुत पुराना संघर्ष रहा है। देश भर में कई स्थानों पर मंदिरों को तोड़कर मसजिदें बनाई गईं। इसमें अयोध्या का इतिहास भी सुना और पढ़ा है। इस प्रकार के अनेक स्थानों पर संघर्ष हुआ, लेकिन रामजन्मभूमि के लिए भारत के लोग उत्सुक थे। वे संत जो कभी सभाओं में नहीं गए, केवल अपने आश्रमों में धर्म की बातें पढ़ाया करते थे, उन्होंने भी अयोध्या के श्रीरामजन्मभूमि मुक्ति आंदोलन हेतु बड़ी-बड़ी सभाएँ करते हुए हिंदुओं के बीच व्यापक जन-जागरण किया। इस लंबे जन-जागरण और आंदोलन के बाद वह समय भी आया, जब निर्णय हमारे पक्ष में हुआ।

बहुत प्रसन्नता की बात है कि वर्तमान में सुप्रीम कोर्ट का जो निर्णय आया है, उससे सुखद निर्णय और कोई हो नहीं सकता। सारा देश इसका स्वागत करता है। हमें भी बहुत प्रसन्नता है कि कितने ही संत-महात्मा, जिनमें संप्रदायों की दूरियाँ थीं, वैष्णव और शैव संन्यासी एक साथ बैठना भी पसंद नहीं करते थे, वे भी इस आंदोलन में एक-दूसरे के निकट आए। सारी जातियाँ एक हो गईं। सारे संत-महात्मा एक हो गए। इसी एकता के साथ जो जनजागरण हुआ, उसी के फलस्वरूप वह ढाँचा चला गया और श्रीराम मंदिर बनने का मार्ग प्रशस्त हुआ।

कई विवादों के चलते रहने के बाद अंततः जो निर्णय आया, वह बहुत प्रसन्नता की बात है।

साध्वी ऋतंभरा ने भी जन्मभूमि आंदोलन के लिए देश के अनेक स्थानों पर जाकर निरंतर जनजागरण किया। कभी-कभी अपने खिलाफ निंदा भी सुनने को मिली, क्योंकि कई लोग हमें राजनैतिक पार्टी से संबंधित मानने लगे थे, लेकिन वास्तव में श्रीरामजन्मभूमि का आंदोलन कभी भी राजनैतिक नहीं रहा। यह विशुद्ध रूप से धार्मिक आंदोलन था और अपने आराध्य प्रभु श्रीराम की जन्मभूमि पर भव्य मंदिर को प्राप्त करने के लिए चलाया गया था।

इस आंदोलन से जुड़ी अपनी अविस्मरणीय स्मृतियों के बारे में कहूँ तो मुझे भदोही की एक घटना याद आती है। श्रीरामजन्मभूमि आंदोलन जनजागरण के संदर्भ में आयोजित एक धर्मसभा में शामिल होने के लिए हम लोग भदोही जा रहे थे। हमने स्टेशन पर अखबार देखा तो उसमें छपा था कि भदोही जिले में साध्वी ऋतंभरा का आना प्रतिबंधित है, लेकिन हमने तय कर रखा था कि किसी भी स्थिति में हम भदोही की जनता के बीच अवश्य जाएँगे। कोई हमें पहचान न ले, इसलिए मैंने मंकी कैप से अपना सिर और दाढ़ी को ढक लिया था। अपने भगवा चोले पर एक काला वस्त्र भी ओढ़ लिया। चप्पे-चप्पे पर पुलिस थी और हम सोचते थे कि वाराणसी स्टेशन के प्लेटफॉर्म से ही बाहर नहीं जा पाएँगे, लेकिन कार्यकर्ता बहुत ही गोपनीय तरीके से हम लोगों को स्टेशन की दूसरी ओर से बाहर निकालकर शहर की तरफ ले गए।

जब हम भदोही पहुँचे तो वहाँ जिला प्रशासन द्वारा साध्वी ऋतंभरा के नगर प्रवेश पर प्रतिबंध की घोषणा की जा रही थी। वहाँ हमें रोकने के लिए बड़ी पुलिस फोर्स लगी हुई थी। जिला कलेक्टर हमारे सामने हाथ जोड़कर हमें नगर प्रवेश न करने का आग्रह कर रहे थे। वे कहते थे कि 'स्वामीजी, अगर ऐसा हुआ तो मेरी नौकरी चली जाएगी।' उधर जनता का भारी दबाव प्रशासन पर था कि वह साध्वीजी को नगर प्रवेश करने दे। भीड़ के कारण हमारी कार बंद हो गई, तब लोग धीरे-धीरे धकाते हुए उसे आगे बढ़ाने लगे। प्रशासन हाथ जोड़कर आगे न बढ़ने का निवेदन करता और जनता कहती कि 'बस थोड़ी दूर और, थोड़ी

दूर और।' यह सिलसिला बहुत दूर तक चला और हजारों जनता उस गाड़ी को धकाते हुए चार-पाँच किलोमीटर तक ले गई।

प्रशासन यह नहीं समझ पा रहा था कि अब वह क्या करे। जनता का बहुत दबाव था कि वह सभा हो। मैंने कलेक्टर से कहा, 'आप चिंता मत करिए, हम मंच से सभा नहीं होने देंगे। आपके नियम का पालन करेंगे।' सभा स्थल तक पहुँचने के पहले ही हजारों-हजार भक्तों का जनसैलाब साध्वी ऋतंभरा की कार के आस-पास एकत्र हो गया। अंततः साध्वी ऋतंभरा गाड़ी की छत पर चढ़ गई, किसी ने उनके हाथ में माइक पकड़ा दिया और वहीं से सभा शुरू हो गई।

कई बार हम स्वयं या साध्वी ऋतंभरा वेश बदलकर पुलिस को चकमा देते थे। ऐसे ही एक बार हम कहीं सभा के लिए जा रहे थे तो रास्ते में साध्वी ऋतंभरा को पकड़ने के लिए पुलिस ने उनकी गाड़ी घेरी, लेकिन उस कार में ऋतंभरा की जगह साध्वी साक्षी चेतना मिलीं। विश्व हिंदू परिषद के कार्यकर्ताओं ने साध्वी ऋतंभरा को किसी दूसरी गाड़ी में ही बैठाकर सभा स्थल की ओर रवाना कर दिया था। कई बार ऐसा भी होता कि बजरंग दल और विश्व हिंदू परिषद के कार्यकर्ता किसी और गाड़ी को घेरकर नारे लगाते, दूसरी ओर ऋतंभरा को किसी और गाड़ी से चुपचाप सभा स्थल की ओर रवाना कर दिया जाता। पुलिस को लगता था कि कार्यकर्ता जिस गाड़ी को घेरकर नारे लगा रहे हैं, उसी में साध्वी ऋतंभरा होंगी और वे उसकी तलाशी लेने पहुँचते, लेकिन तब तक वे किसी अन्य गाड़ी से चुपचाप मंच पर पहुँचकर अपना भाषण शुरू कर चुकी होती थीं। उस आंदोलन की ऐसी अनेक घटनाएँ हैं, जिन्हें आज याद करके मन में आनंद का अनुभव होता है। आंदोलन की कई तरकीबें, जो हमें पहले नहीं आती थी, लेकिन धीरे-धीरे आंदोलन के दौरान सब आ गई।

मुझे स्मरण है कि इस आंदोलन की अनेक सभाओं में पूज्य स्वामी वामदेव जी महाराज मंच पर डंडा लेकर खड़े होते थे। उन्होंने एक लंबा संघर्ष श्रीरामजन्मभूमि मुक्ति के लिए किया, लेकिन वह इसका निर्णय नहीं देख पाए। कई बार तो वो निराश भी हो जाते थे। एक बार तो उन्होंने हम सबसे यह भी कहा, 'अब इन राजनीतिक लोगों से आशा छोड़ो और चुपचाप राम का भजन करो।' कई बार हम लोगों को भी इस संबंध में निराशा होने लगती थी। ऐसा लगता था

कि जैसे यह मंदिर अब कभी नहीं बन सकेगा, लेकिन इस आंदोलन के लिए देश के लाखों रामभक्तों सहित तमाम संतों ने अपना जीवन लगाया और आज परिणाम हमारे सामने है।

मुझे याद आते हैं विश्व हिंदू परिषद के तत्कालीन कार्यकारी अध्यक्ष श्री अशोक सिंहल, जिन्होंने लाखों कार्यकर्ताओं के साथ एक लंबी लड़ाई रामजन्मभूमि के लिए लड़ी। दुःख की बात है कि वे आज हमारे बीच नहीं हैं। अभी पिछले ही दिनों मैंने कहा था कि 'भले ही अशोकजी रामलला के पक्ष में इस निर्णय को नहीं देख पाए, लेकिन देश की करोड़ों आँखों के माध्यम से आज वे इस निर्णय को जरूर देख पा रहे हैं।' एक बार अयोध्या में मैंने स्वयं अपने लिए भी कहा, 'मैं संपूर्ण अयोध्या आंदोलन का साक्षी हूँ और मुझे विश्वास है कि मैं मंदिर का निर्माण होते हुए भी देखूँगा। उसके पहले मैं इस दुनिया से जाने वाला नहीं हूँ।'

हजारों लोग इस आंदोलन में बलिदान हुए। अयोध्या में गोलियाँ चलीं, इसका पूज्य संत वामदेवजी महाराज को बहुत गहरा दुःख था। उनके सामने मंदिर नहीं बन सका, इसका दुःख उन्हें अपने जीवन के आखिरी तक रहा, लेकिन हम सब लोग बहुत भाग्यशाली हैं, जो आज इस मंदिर के निर्माण का पथ-प्रशस्त होते हुए देख रहे हैं। मैं ऐसा मानता हूँ कि हम पुनर्जन्म में विश्वास करने वाले हिंदू हैं और मेरा विश्वास है कि जो लोग इस आंदोलन के प्रमुख आधार-स्तंभ रहकर मंदिर बनने की आशा में दुनिया छोड़ गए, वे निश्चित ही किसी दूसरे जन्म में आकर आज का यह दृश्य देख रहे होंगे। जैसे देश की आजादी के लिए जूझने वाले लोग कहते थे कि हम मरने नहीं जा रहे, बल्कि देश की आजादी का दर्शन करने के लिए नए शरीर में जन्म लेने जा रहे हैं। इसी प्रकार मंदिर आंदोलन से जुड़े रहे वे सभी लोग, जो आज इस दुनिया में नहीं हैं, लेकिन निश्चित ही वे मंदिर को बनता देखने के लिए किसी नए शरीर में होंगे, ऐसा हमारा विश्वास है।

मैंने सुना है कि रामलला विराजमान की ओर से सुप्रीम कोर्ट में केस लड़ने वाले 92 वर्ष के वयोवृद्ध वकील श्री केशव परासरन जब अदालत में जिरह करते थे तो अपने जूते उतारकर अंदर जाते थे और खड़े रहकर बहस करते थे। जब सुप्रीम कोर्ट के मुख्य न्यायाधीश श्री गोगोई ने उन्हें कहा, 'आप चाहें तो कुरसी

पर बैठकर जिरह कर सकते हैं', तब उन्होंने कहा, 'जब मैं जीवन भर आम लोगों के लिए खड़ा रहकर केस लड़ता रहा तो अब अपने रामलला के लिए बैठकर कैसे केस लड़ सकता हूँ? मैं खड़ा रहकर ही बहस करूँगा।'

यह उनकी श्रद्धा का चरम ही था कि वे अदालत में रामलला को विराजमान मानते हुए अपने जूते बाहर उतारकर आते थे। वे बहुत बधाई के पात्र हैं। उनकी श्रद्धा वंदनीय और अनुकरणीय है। इस मुकदमे में न्यायाधीश रहे सुप्रीम कोर्ट के तत्कालीन मुख्य न्यायाधीश श्री रंजन गोगोई सहित उन सभी न्यायाधीशों का भी मैं अभिनंदन करता हूँ, उन्हें आशीर्वाद देता हूँ, जिन्होंने न्यायपूर्वक श्रीरामजन्मभूमि-बाबरी मसजिद विवाद का एक सुखद और सत्य निर्णय दिया।

□

अयोध्या विवाद के निर्णय पर साध्वी ऋतंभराजी की अपार प्रसन्नता

श्रीरामजन्मभूमि आंदोलन, जिसमें एक ही इच्छा थी कि वहाँ भव्य राम मंदिर का निर्माण हो, उसके लिए माननीय उच्चतम न्यायालय का जो फैसला आया है, और जिसने एक स्वर्णिम इतिहास को रचा है। संकल्प साधना जब दृढ़ होती है तो वह साधक को सिद्धि के द्वार तक पहुँचाती है। रामजन्मभूमि के आंदोलन को यदि हम छोटे परिप्रेक्ष्य में देखेंगे तो बात बनती नहीं है, क्योंकि लगभग पाँच सौ वर्षों तक लगातार यह संघर्ष चला कि भगवान् का जो जन्मस्थान है, वह पराभवी युग से मुक्त हो। इस आंदोलन के साथ-साथ भारत की मनीषा यह भी जानती रही कि यह संघर्ष केवल भगवान् के जन्मस्थान का ही नहीं, बल्कि सारा विश्व जिस भौतिकवाद और आतंकवाद की मार को झेल रहा है, उसके विरोध का मार्ग भी प्रशस्त करना होगा। यह जिम्मेदारी भी भारत की ही बनती है, क्योंकि जिनके पास ज्ञान का अमृत होता है, उनको उसे सुरक्षित भी रखना होता है और उसे पूरे विश्व तक उसे बाँटने की जिम्मेदारी भी उन्हीं की होती है।

बरसों-बरस हम राजनैतिक गुलामी के शिकार रहे और फिर उसके बाद मानसिक गुलामी के। श्रीरामजन्मभूमि के आंदोलन ने हमारी उस जड़ता को छीना और हमें चेतना दी। मंदिर का ताला ही नहीं खुला, बल्कि हिंदू समाज की चेतना और बुद्धि के भी ताले खुले। हिंदू समाज को यह समझ आने लगा कि यदि हमें पोषण चाहिए तो हमें अपनी जड़ों से जुड़ना होगा। राम मंदिर की लड़ाई सिर्फ मंदिर निर्माण का ही संघर्ष नहीं रहा, बल्कि उसके पीछे दृष्टि यह रही कि हमारी संस्कृति और सभ्यता एक ऐसी वृहद भूमि है, जो हमारी जड़ों का पोषण करती

है। किसी दूसरे वृक्ष की अमरबेल बनना उन्हें शोभा नहीं देता, जिनके पास स्वयं अपना अस्तित्व एक वट वृक्ष की तरह हो।

श्रीरामजन्मभूमि-बाबरी मसजिद विवाद पर माननीय उच्चतम न्यायालय का जो फैसला आया, उसने बहुत बड़ा इतिहास रचा है। सत्य की पुनर्प्रतिष्ठा हुई है और मैं सोचती हूँ कि यदि संकल्प श्रेष्ठ हो, इरादे साफ हों और लगातार चलते रहने की दृढ़ता हो तो निश्चित ही मंजिल चरण चूमती है। इस शुभ अवसर पर मैं विश्व के सारे रामभक्तों के साथ दुनिया भर की उन सज्जन शक्तियों को बधाई देती हूँ, जिन्होंने इस प्रकरण का निर्णय रामलला के पक्ष में आने के लिए प्रार्थनाएँ की थीं। हम राजनीतिक रूप से तो 1947 में आजाद हो गए थे, लेकिन सांस्कृतिक दृष्टि से भारत अब आजादी की तरफ कदम बढ़ा रहा है। अपनी पहचान के साथ जीने की प्रतिबद्धता ने हमको यह दिन दिखाया, जबकि हमें 9 नवंबर, 2019 को सुप्रीम कोर्ट के फैसले के रूप में देखने को मिला।

एक स्वर्णिम इतिहास रचा गया है। 'पंच परमेश्वर' के रूप में इसका फैसला लिखने वाली माननीय सुप्रीम कोर्ट की जो बेंच है, वह अजर-अमर हो गई है। सत्य की जीत हुई है। अब रामलला का भव्य मंदिर बन रहा है। हमारे देश की एक अलग ही सांस्कृतिक पहचान है। जैसे दुनिया के सभी देश और समाज अपनी-अपनी पहचान रखते हैं, वैसे ही हमारी भी पहचान हैं हमारे राम और कृष्ण। वे हमारी आत्मा हैं, हमारा सर्वस्व हैं, भारतीय समाज धर्म पारायण है, इसलिए इस निर्णय से आज चारों ओर आनंद है कि हमारे रामलला अब भव्य मंदिर में विराजेंगे, जिन्होंने अपनी जन्मभूमि को स्वर्ग से भी अधिक पवित्र माना, सुंदर माना। जब लक्ष्मण ने उनसे कहा, 'देखो भैया, लंका कितनी सुंदर है। क्यों न हम यहीं रह जाएँ।' तब भगवान् राम ने कहा, 'लक्ष्मण लंका भले ही सोने की हो, लेकिन मेरी जननी और जन्मभूमि जैसा सुंदर संसार में दूसरा और कोई नहीं है।' ऐसी पवित्र भावना रखने वाले प्रभु श्रीराम भव्य राम मंदिर में विराजेंगे।

मैं इस सुंदर अवसर पर सारे विश्व की सज्जन शक्तियों को बधाई देती हूँ कि भारत के उन सारे लोगों का तप और बलिदान सार्थक हुआ, जिन्होंने अपनी भरी जवानीयों में अपने आपको रामलला के काम के लिए समर्पित किया। किसी वृक्ष की डाल से पुष्प तोड़कर समर्पित करना तो आसान होता है, परंतु अपनी

जवानी का पुष्प भगवान् के चरणों में अर्पित करना आसान नहीं होता। आज मैं अयोध्या आंदोलन के राम कोठारी और शरद कोठारी जैसे सभी कारसेवक बलिदानियों को कृतज्ञता के साथ नमन करती हूँ, जिन्होंने रामद्वारे पर स्वयं को न्योछावर कर अपना जीवन सार्थक कर लिया।

इस आनंददायी अवसर पर मैं कहना चाहती हूँ कि भारत की जड़ों से जुड़कर ही सबका कल्याण है। यदि सारे संसार में शांति और आनंद का संदेश देना है तो सबको अपना मन बड़ा करना चाहिए। आज भारत का कोई भी समाज हो, जाति हो, पंथ हो, संप्रदाय हो, सबने माननीय सुप्रीम कोर्ट के फैसले को बड़े मन के साथ स्वीकार किया है। यह हमारी 'वसुधैव कुटुम्बकम्' की भावना का परिचायक है। हम सवा सौ करोड़ भारतवासी किसी भी निर्णय को एक मत से स्वीकार करते हैं, यह संदेश हमने इस फैसले के बाद सारे विश्व को दिया है। जिनको यह फैसला स्वीकार नहीं, वे संख्या में बहुत थोड़े से ही लोग हैं।

भारत में रहने वाला कोई भी व्यक्ति अपने धर्म को, अपनी भावनाओं को, अपनी आस्थाओं को व्यक्त कर सकता है और यही भारत की खूबसूरती है। भारत में न जाने कितनी पूजा-पद्धतियाँ हैं, न जाने कितनी भाषाएँ, न जाने कितनी वेश-भूषाएँ और न जाने कितने प्रकार के भोजन हैं! हमारी यह इंद्रधनुषीय संस्कृति सारे विश्व के आकाश पर छाई हुई है। यही भारत की पहचान है, जो बहुत शुभ है। विविधताओं के बीच हम सबमें यही प्रगाढ़ता भविष्य में भी बनी रहे, मैं ईश्वर से ऐसी प्रार्थना करती हूँ।

सुप्रीम कोर्ट ने जिस तरह से भी क्रमवार इस विषय को रखा, जिस तरह से उसका प्रस्तुतीकरण किया, उससे सारे रामभक्तों को प्रसन्नता मिली होगी। सबसे बड़ी बात यह है कि हमें यह निश्चित करना है कि हम सब प्रभु श्रीराम के वंशज हैं। हमारी पूजा-पद्धतियाँ भले ही बदली हों, किंतु हमारे पुरखे नहीं बदल गए। इस बात का निश्चय कर लेने पर सारी समस्याओं का समाधान अपने आप हो जाएगा। मैं समझती हूँ कि यही वह सोच है, जो हम सब देशवासियों को एकता के सूत्र में बाँधकर मजबूत करेगी। यही सोच हमें आगे बढ़ने की शक्ति देती है।

इस संदर्भ में कहना चाहती हूँ कि हिंदुत्व सभी समस्याओं का समाधान है। हिंदुत्व जो है, वह सबको अपने भीतर आत्मसात् करता है। यहाँ यीशु पुत्र

निर्भय रहे। यहाँ अल्लाह-हू-अकबर की अजान हो। यहाँ पर मंदिर की घंटियों से वातावरण दिव्य हो। ईद के दिन मुस्लिम भाइयों के गले लगने से भी हमें कोई गुरेज नहीं होता। हरेक मत, पंथ और संप्रदाय के साथ मिल-जुलकर रहना भारतीयों की संस्कृति है, इसलिए भारत को जैसा होना चाहिए, वह वैसा ही रहेगा। तमाम संस्कृतियों के इंद्रधनुषीय रंगों के साथ रहेगा। हमें कोई फर्क नहीं पड़ता ईश्वर की आराधना में। आप किस प्रकार से इबादत कर रहे हो या हम किस प्रकार से ईश्वर की पूजा--प्रार्थना कर रहे हैं, क्योंकि हम तो तत्त्व को जानने वाले सनातनधर्मी हैं।

एक ज्योत है सब दीपों में सारे जग में नूर एक है
सच तो यह है इस दुनिया का हाकिम और हुजूर एक है।

यह निश्चय हमारा गहरा है, इसलिए बहुत सारे आकारों के भीतर भी हम लोग निराकार सत्ता का दर्शन करते हैं। स्वयं अपने हृदय में और फिर सबके हृदय में उतर जाने की विधा हम लोगों को अच्छी प्रकार से आती है। तो मैं समझती हूँ कि 'श्रीरामजन्मभूमि-बाबरी मसजिद' विवाद का जिस प्रकार से सुखद निर्णय हुआ और जिस अभूतपूर्व शांति के साथ भारत के विभिन्न धर्मों ने इसे स्वीकार किया, वह चिरकाल तक अभिनंदनीय रहेगा।

मैं अपनी अश्रुधारों से उन सभी माताओं का अभिषेक करती हूँ, जिन्होंने यह जानते हुए भी कि अयोध्या कारसेवा को नृशंस हत्यारे चुनौती दे रहे हैं, अपनी संतानों को तिलक करके अयोध्या भेजा, जहाँ से वे कभी नहीं लौट सके। अयोध्या कारसेवा में हुए गोलीकांड से जाने कितनी माताओं की कोख सूनी हुई, जाने कितनी बहनों की राखी रखी रह गई, जाने कितनी माँगों के सिंदूर उजड़े। जब तक अयोध्या विवाद का निर्णय नहीं हुआ था, तब तक एक 'अपराध-बोध' मन में था कि हमारे लोगों के एक आह्वान पर कारसेवकों ने अयोध्या के मंदिर की नींव को अपने रक्त से सींच दिया, यदि मंदिर नहीं बना तो हम उनके परिजनों के सामने कैसे जा सकेंगे।

परंतु मैं बड़ी ही कृतज्ञतापूर्वक आभारी हूँ भारत के सर्वोच्च न्यायालय की 'संविधान पीठ' के प्रति, जिसके माननीय न्यायाधीशों ने हिंदू समाज के साथ संपूर्ण न्याय किया और अयोध्या संघर्ष के सभी बलिदान सार्थक हो गए।

मैं आभारी हूँ प्रधानमंत्री माननीय श्री नरेंद्रभाई मोदी और उत्तर प्रदेश के मुख्यमंत्री महंत योगी आदित्यनाथजी के प्रति, जिनके प्रयास भी इस ऐतिहासिक और अभूतपूर्व निर्णय में अपना योगदान दे सके।

और अंत में आपको उन प्रभु श्रीराम का दर्शन कराती हूँ, जिन्हें मैंने सदैव इस रूप में देखा है—

राम नहीं हैं नारा, बस विश्वास है
भौतिकता की नहीं, दिलों की आस हैं
राम नहीं मोहताज, किसी के झंडों का
साधू, संन्यासी या संतों, पंडों का
राम नहीं मिलते, ईंटों में गारों में
राम मिले, निर्धन की आँसू धारों में
राम मिले हैं, पंचवटी की छाँव को
राम मिले हैं, अंगद वाले पाँव को
राम मिले हैं, वचन निभाती आयू को
राम मिले हैं, घायल पड़े जटायू को
राम मिलेंगे, मर्यादा में जीने में
राम मिलेंगे, हनुमान के सीने में
राम मिलेंगे, तटों में वनवासों में
राम मिलेंगे, केवट के विश्वासों में
राम मिले हैं, अनसूइया की वत्सलता को
राम मिले हैं, सीता की पावनता को
राम मिले हैं, ममता की मूरत कौशल्या को
राम मिले हैं, पत्थर बनी अहिल्या को
राम नहीं मिलते, मंदिर के फेरों में
राम मिले, शबरी के जूठे बेरों में।

□

वर्ष 1949 के बाद श्रीरामजन्मभूमि, अयोध्या विवाद से जुड़ी मुख्य घटनाएँ

- 23 दिसंबर, 1949 की आधी रात को बाबरी ढाँचे के भीतर रामलला के श्रीविग्रह के प्रकट हो जाने की अलौकिक घटना के बाद अयोध्या के मुसलमानों ने श्रीरामजन्मभूमि पर नमाज पढ़ना बंद कर दिया। जब यह विवाद स्थानीय न्यायालय पहुँचा तो तत्कालीन सिटी मजिस्ट्रेट ठाकुर श्री गुरुदत्त सिंह ने मंदिर के गर्भगृह में रामलला के प्रकट होने की घटना को तथ्यों और प्रत्यक्षदर्शियों के आधार पर सत्य मानते हुए वहाँ रामलला की नियमित पूजा-अर्चना का आदेश जारी कर दिया।
- इस घटना के बाद प्रधानमंत्री पंडित जवाहरलाल नेहरू के निर्देश पर उत्तर प्रदेश के तत्कालीन मुख्यमंत्री श्री गोविंद वल्लभ पंत ने फैजाबाद के जिलाधीश श्री कृष्णकुमार नायर को यह आदेश दिया कि वे रामजन्मभूमि के गर्भगृह में प्रकट हुई रामलला की मूर्ति को हटवा दें, लेकिन जिलाधीश ने ऐसा करने से मना करने के साथ ही मंदिर के आस-पास निषेधाज्ञा लागू कर दी, ताकि मुस्लिम धर्मावलंबी वहाँ एकत्र होकर मूर्ति को हटा न सकें। इसके बाद किसी भी सरकारी दबाव के आगे न झुकते हुए उन्होंने अपने पद से त्याग-पत्र दे दिया। कालांतर में श्री कृष्णकुमार नायर चुनाव जीतकर सांसद भी बने।
- 16 जनवरी, 1950 को श्री गोपाल सिंह विशारद ने फैजाबाद अदालत में एक अपील दायर कर रामलला की पूजा-अर्चना की विशेष इजाजत माँगी।

- 5 दिसंबर, 1950 को दिगंबर अखाड़ा के महंत पूज्य स्वामी रामचंद्र दासजी परमहंस ने हिंदू प्रार्थनाएँ जारी रखने और बाबरी मसजिद में प्रभु श्रीराम की मूर्ति को रखने के लिए मुकदमा दायर किया। परिसर को 'ढाँचा' नाम दिया गया।
- 17 दिसंबर, 1959 को निर्मोही अखाड़ा ने विवादित स्थल हस्तांतरित करने के लिए मुकदमा दायर किया।
- 18 दिसंबर, 1961 को उत्तर प्रदेश सुन्नी वक्फ बोर्ड ने बाबरी मसजिद के मालिकाना हक के लिए मुकदमा दायर किया।
- वर्ष 1984 में संपूर्ण विश्व के हिंदुओं को एक नेतृत्व देने वाली संस्था 'विश्व हिंदू परिषद' ने श्रीरामजन्मभूमि पर लगे ताले खोलने, जन्मस्थान को स्वतंत्र कराने एवं उस पर एक भव्य मंदिर के निर्माण हेतु व्यापक अभियान शुरू किया, जिसका प्रभाव सारे देश में देखा गया। जाति-पाँतियों को भूलकर सारा हिंदू समाज एकात्म भाव के साथ अपने आराध्य प्रभु श्रीराम की जन्मभूमि को मुक्त कराने के लिए संकल्पित हुआ।
- 1 फरवरी, 1986 को फैजाबाद जिला न्यायाधीश ने विवादित स्थल पर हिंदुओं को पूजा की इजाजत दी। ताले दोबारा खोले गए। नाराज मुस्लिमों ने विरोध में 'बाबरी मसजिद एक्शन कमेटी' का गठन किया।
- जून 1989 में भारतीय जनता पार्टी ने विश्व हिंदू परिषद के इस आंदोलन को अपना औपचारिक समर्थन देकर राजनैतिक ऊर्जा भी प्रदान कर दी। फलस्वरूप सारे देश में लोग इस आंदोलन के साथ जुड़ते गए।
- 1 जुलाई, 1989 को भगवान् रामलला विराजमान नाम से पाँचवाँ मुकदमा दाखिल किया गया।
- 9 नवंबर, 1989 को भारत के तत्कालीन प्रधानमंत्री श्री राजीव गांधी की सरकार ने विश्व हिंदू परिषद को विवादित श्रीरामजन्मभूमि परिसर के निकट ही शिलान्यास की अनुमति प्रदान की।

- 25 सितंबर, 1990 को भारतीय जनता पार्टी के राष्ट्रीय अध्यक्ष श्री लालकृष्ण आडवाणी ने सोमनाथ से अयोध्या तक 'राम रथयात्रा' का शुभारंभ किया। वे स्वयं इस पूरी यात्रा का नेतृत्व करते हुए श्रीरामजन्मभूमि मुक्ति के लिए सारे देश के हिंदुओं से एक हो जाने का आह्वान कर रहे थे।
- नवंबर 1990 में श्री आडवाणी को बिहार के समस्तीपुर में गिरफ्तार कर लिया गया। इस घटना के बाद भारतीय जनता पार्टी ने तत्कालीन प्रधानमंत्री विश्वानाथ सिंह की सरकार से अपना समर्थन वापस ले लिया।
- अक्तूबर 1991 में उत्तर प्रदेश की कल्याण सिंह सरकार ने श्रीरामजन्मभूमि-बाबरी मसजिद परिसर के आस-पास की 2.77 एकड़ भूमि को अपने अधिकार में ले लिया।
- 6 दिसंबर, 1992 इस आंदोलन का एक निर्णायक मोड़ था, जिस दिन लाखों कारसेवकों ने अयोध्या पहुँचकर उस तथाकथित 'बाबरी मसजिद' को ढहा दिया, जो साढ़े चार सौ वर्षों से हिंदुओं के दिलों पर एक गहरे घाव की तरह कष्ट दे रही थी। ढाँचा ध्वंस के तुरंत बाद कारसेवकों ने वहाँ एक अस्थायी 'राम मंदिर' बना दिया।
- 16 दिसंबर, 1992 को अयोध्या के विवादित स्थल पर हुई तोड़फोड़ की जिम्मेदार स्थितियों की जाँच हेतु 'लिब्राहन आयोग' का गठन हुआ।
- जनवरी 2002 में तत्कालीन प्रधानमंत्री श्री अटल बिहारी वाजपेयी ने अपने कार्यालय में 'अयोध्या विभाग' शुरू किया, जिसका काम इस विवाद को सुलझाने के लिए हिंदुओं और मुसलमानों से बातचीत करना था।
- अप्रैल 2002 में अयोध्या के विवादित स्थल पर मालिकाना हक को लेकर उच्च न्यायालय के तीन जजों की पीठ ने सुनवाई शुरू की।
- मार्च-अगस्त 2003 में इलाहाबाद उच्च न्यायालय के निर्देशों पर भारतीय पुरातत्त्व सर्वेक्षण ने अयोध्या में ध्वस्त हुए ढाँचे के नीचे

खुदाई की। भारतीय पुरातत्त्व सर्वेक्षण का दावा था कि मसजिद के नीचे मंदिर के अवशेष होने के प्रमाण मिले हैं। मुस्लिमों में इसे लेकर अलग-अलग मत थे।

- सितंबर 2003 में एक अदालत ने फैसला दिया कि मसजिद के विध्वंस को उकसाने वाले हिंदू नेताओं को सुनवाई के लिए बुलाया जाए।
- जुलाई 2009 में लिब्राहन आयोग ने गठन के सत्रह वर्षों बाद प्रधानमंत्री श्री मनमोहन सिंह को अपनी रिपोर्ट सौंपी।
- 28 सितंबर, 2010 को सर्वोच्च न्यायालय ने इलाहाबाद उच्च न्यायालय को विवादित मामले में फैसला देने से रोकने वाली याचिका खारिज करते हुए फैसले का मार्ग प्रशस्त किया।
- 30 सितंबर, 2010 को इलाहाबाद उच्च न्यायालय की लखनऊ पीठ ने ऐतिहासिक फैसला सुनाया। इलाहाबाद उच्च न्यायालय ने विवादित जमीन को तीन हिस्सों में बाँटा, जिसमें एक हिस्सा राम मंदिर, दूसरा सुन्नी वक्फ बोर्ड और तीसरा निर्मोही अखाड़े को दिया गया था।
- 9 मई, 2011 को सुप्रीम कोर्ट ने इलाहाबाद उच्च न्यायालय के फैसले पर रोक लगा दी।
- जुलाई 2016 को श्रीरामजन्मभूमि-बाबरी मसजिद विवाद के मुस्लिम पक्षकार हाशिम अंसारी का निधन।
- 21 मार्च, 2017 को सर्वोच्च न्यायालय ने आपसी सहमति से विवाद सुलझाने की बात कही।
- 19 अप्रैल, 2017 को उच्चतम न्यायालय ने बाबरी मसजिद ध्वंस मामले में श्री लालकृष्ण आडवाणी, श्री मुरली मनोहर जोशी, साध्वी ऋतंभराजी, साध्वी उमा भारती सहित कुल बारह नेताओं के विरुद्ध आपराधिक प्रकरण चलाने का आदेश दिया।
- 29 जुलाई, 2018 को उच्चतम न्यायालय के मुख्य न्यायाधीश ने श्रीरामजन्मभूमि-बाबरी मसजिद पर जल्दी सुनवाई की अपील को

यह कहते हुए जनवरी 2019 तक के लिए टाल दिया कि 'यह विषय हमारी प्राथमिकता पर नहीं है।'

- 8 जनवरी, 2019 को उच्चतम न्यायालय के मुख्य न्यायाधीश श्री रंजन गोगोई की अध्यक्षता में पाँच जजों की संवैधानिक पीठ का गठन किया गया, जिसमें उनके अतिरिक्त जस्टिस एस.ए. बोबड़े, जस्टिस एन.वी. रमन्ना, जस्टिस यू.यू. ललित और जस्टिस डी.वाई. चंद्रचूड़ को शामिल किया गया।
- 10 जनवरी, 2019 को पीठ में शामिल जस्टिस यू.यू. ललित ने खुद को संवैधानिक पीठ से अलग कर लिया, जिसके बाद उच्चतम न्यायालय ने इस मामले की सुनवाई के लिए नई बेंच का गठन करने के लिए 29 जनवरी की तारीख तय की।
- 25 जनवरी, 2019 को उच्चतम न्यायालय ने मुख्य न्यायाधीश श्री रंजन गोगोई की अध्यक्षता में इस मामले की सुनवाई के लिए संवैधानिक पीठ का गठन किया। चीफ जस्टिस रंजन गोगोई की अध्यक्षता वाली इस पीठ में जस्टिस एस.ए. बोबड़े, जस्टिस डी.वाई. चंद्रचूड़, जस्टिस अशोक भूषण और जस्टिस एस.ए. नजीर को सम्मिलित किया गया।
- 6 अगस्त, 2019 से 16 अक्तूबर, 2019 तक लगातार चालीस दिनों तक इस केस की रोजाना सुनवाई हुई।
- 9 नवंबर, 2019 को शीर्ष न्यायालय की विशेष खंडपीठ ने अपना निर्णय सुनाते हुए कहा कि यह संपूर्ण विवादित भूमि रामलला विराजमान के स्वामित्व की है। केंद्र सरकार तीन महीने में ट्रस्ट बनाकर मंदिर निर्माण शुरू करे। इस प्रकरण में सुप्रीम कोर्ट ने मुस्लिम पक्ष को पाँच एकड़ भूमि देने का भी निर्देश दिया, जिस पर एक नई मसजिद बनाई जा सके। इस प्रकार से वर्षों पुराने इस विवाद का शांतिपूर्ण अंत हुआ।

सुप्रीम कोर्ट द्वारा श्रीरामजन्मभूमि का स्वामित्व विराजमान श्रीरामलला को कानूनी रूप से सौंपते हुए सरकार को निर्देशित किया कि वह एक ट्रस्ट का गठन

करके इस मंदिर का निर्माण करे। इसके बाद 'श्रीरामजन्मभूमि तीर्थ क्षेत्र' ट्रस्ट का गठन हुआ। देश के कई ख्यात औद्योगिक घरानों ने यह प्रस्ताव दिया कि जन-भावनाओं के अनुरूप ट्रस्ट जैसा चाहेगा, इस मंदिर का वैसा ही निर्माण वे स्वयं के धन से करवाकर देंगे। यह निर्णय स्वागत योग्य था, किंतु ट्रस्ट चाहता था कि इस मंदिर के लिए हिंदू समाज विगत 491 वर्षों से सामूहिक संघर्ष करता आया है तो इसका निर्माण भी हिंदू समाज की सामूहिक शक्ति द्वारा ही किया जाना चाहिए। इसके लिए देशभर का आर्थिक सहयोग लेने हेतु 'निधि समर्पण महाभियान' चलाया गया। इस अभियान के अंतर्गत देश के कुल साढ़े छह लाख में से सवा पाँच लाख गाँवों के 13 करोड़ से अधिक परिवारों के 65 करोड़ लोगों से संपर्क किया गया, जिसमें लगभग दस लाख टोलियों के रूप में 40 लाख से अधिक कार्यकर्ताओं ने अपना योगदान दिया।

किसी माँ ने अपनी जीवनभर की कमाई, जो उन्हें अपने रिटायरमेंट पर मिली थी, अयोध्या राम मंदिर के निर्माण में समर्पित की तो किसी ने अपने हाथों से सोने की चूड़ियाँ ही उतारकर रामलला को समर्पित कर दीं। अयोध्या आंदोलन के इस अंतिम पड़ाव पर हिंदू समाज के गहरे जुड़ाव से जुड़ी ऐसी सैकड़ों कहानियाँ सामने आईं, जिनपर एक पुस्तक लिखी जा सकती है। रामलला का जो जन्मस्थान सदियों से कभी उजाड़, तो कभी तालों का बंदी रहा, उसके हिंदू समाज ने भर-भर मुट्ठी आर्थिक सहयोग प्रदान किया। स्थिति यह हो गई कि एक समय के बाद 'श्रीरामजन्मभूमि तीर्थ क्षेत्र' ट्रस्ट के बैंक खातों में तीन हजार करोड़ रुपए जमा हो जाने के बाद निधि संग्रहण अभियान कुछ समय के लिए रोकना पड़ा।

आज प्रधानमंत्री श्री नरेंद्र मोदी के सत्संकल्प से रामजी की अयोध्या ठीक उसी दिव्य और भव्य स्वरूप में सामने आ रही है, जैसा कि उसे होना चाहिए। अयोध्या पहुँचने के लिए शानदार राजमार्ग, सर्व सुविधायुक्त रेलवे स्टेशन और अंतरराष्ट्रीय विमानतल का निर्माण इसे विश्वस्तरीय बना रहा है। आने वाले वर्षों में अयोध्या संपूर्ण विश्व का ऊर्जा-केंद्र होगी।

इस पुस्तक के प्रकाशित किए जाने तक अयोध्या की पावन भूमि पर 'श्रीराम जन्म भूमि तीर्थ क्षेत्र' ट्रस्ट द्वारा रामलला के भव्य मंदिर का निर्माण

अपने अंतिम चरण में है। आगामी 22 जनवरी, 2024 के दिन देश के प्रधानमंत्री श्री नरेंद्र मोदी पूज्य संत शक्तियों के सान्निध्य में इस मंदिर को राष्ट्रार्पण करेंगे।

चूँकि 'श्रीरामजन्मभूमि मुक्ति आंदोलन' में अपनी तरुणाई से लेकर सर्वस्व समर्पित कर देने वाली परम पूज्य दीदीमाँ साध्वी ऋतंभराजी आगामी 1 जनवरी, 2024 को अपने जीवन के साठ वर्ष पूर्ण कर रही हैं, अत: इस पुस्तक का विमोचन उनके 'षष्ठी पूर्ति महोत्सव' पर भगवान् श्रीकृष्ण की पावन लीलाभूमि वात्सल्य ग्राम, वृंदावन में अयोध्या के श्रीरामलला जन्मस्थान मंदिर राष्ट्रार्पण से कुछ ही दिनों पूर्व किया गया, जिसके कारण यह पुस्तक अयोध्या आंदोलन की अकल्पनीय पूर्णाहुति के दृश्यों को अपने भीतर नहीं समेट सकी। विश्वास है, यदि माँ सरस्वती ने कृपा की तो इस पुस्तक के द्वितीय संस्करण में यह दृश्य भी सम्मिलित होगा।

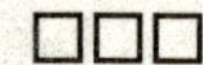